公共交通客流分配与系统优化建模方法

任华玲　龙建成　四兵锋　杜浩铭　著

人民交通出版社股份有限公司
北　京

内 容 提 要

本书系统介绍了城市公共交通客流分配理论与方法有关的国内外最新研究成果,包括作者近年来研究成果在内的先进模型和算法。在重点分析公交网络上乘客出行选择特点的基础上,介绍了公共交通客流分配的理论和各种不同的研究方法,并建立了跨区整合公交系统的优化方法。

本书可作为高等院校交通运输规划与管理、交通工程等专业的研究生教材和高年级本科生选修教材,也可供公交管理部门、科研单位和公交企业研发部门参考。

图书在版编目(CIP)数据

公共交通客流分配与系统优化建模方法/任华玲,等著.—北京:人民交通出版社股份有限公司,2022.8

ISBN 978-7-114-17384-4

Ⅰ.①公… Ⅱ.①任… Ⅲ.①公共交通系统—客流—系统优化—研究 Ⅳ.①U491.1

中国版本图书馆 CIP 数据核字(2021)第 104228 号

Gonggong Jiaotong Keliu Fenpei yu Xitong Youhua Jianmo Fangfa

书　　名:公共交通客流分配与系统优化建模方法
著 作 者:任华玲　龙建成　四兵锋　杜浩铭
责任编辑:任雪莲
责任校对:席少楠　卢　弦
责任印制:张　凯
出版发行:人民交通出版社股份有限公司
地　　址:(100011)北京市朝阳区安定门外外馆斜街 3 号
网　　址:http://www.ccpcl.com.cn
销售电话:(010)59757973
总 经 销:人民交通出版社股份有限公司发行部
经　　销:各地新华书店
印　　刷:北京虎彩文化传播有限公司
开　　本:720 × 960　1/16
印　　张:12.25
字　　数:235 千
版　　次:2022 年 8 月　第 1 版
印　　次:2023 年 7 月　第 2 次印刷
书　　号:ISBN 978-7-114-17384-4
定　　价:65.00 元
(有印刷、装订质量问题的图书由本公司负责调换)

前言
PREFACE

城市交通是城市经济发展的"动脉",是联系社会生产、流通和人民生活的纽带,城市交通对生产要素的流动、优化城市空间布局、促进城镇体系的发展、改善人居环境、提升城市竞争力有着重要影响。城市公共交通具有集约高效、节能环保等优点,优先发展公共交通是城市健康发展和城市交通可持续发展的必然要求,是建设资源节约型、环境友好型社会的重要方面,也是构建社会主义和谐社会的重要举措。

公交系统规划的好坏直接影响着整个城市交通运输系统的交通状况,影响整个区域的经济发展,关系到现代化基础设施体系的构建,关系到碳达峰目标、碳中和愿景的实现。政府部门在对公共交通提供基础设施、政策导向、财政补贴等支持,或公交企业对公共交通进行网络优化、票制设置、技术革新的决策时,必须考虑广大出行者在这些措施下可能采取的出行行为。一方面,公交系统规划的目的本身就是为了给公交出行者提供高效便捷、安全可靠的出行服务;另一方面,规划者也必须掌握各种规划决策对公共交通使用者所产生的影响效果,并评估实施结果是否达到了规划的预期,进而对决策进行调整和修正。

本书整理了交通网络配流问题的理论基础,介绍了公交配流模型中的经典概念和经典模型,总结了现有经典公交配流模型的几类最新拓展方法。进而对比了公交网络配流问题和道路交通网络配流问题之间的差异性,详细剖析了乘客路径选择行为过程和行为结果的关系,在此基础上,通过引入线路策略和节点策略的概念,推广了现有策略模型,并增加了反映实际出行需要的换乘次数约束,从多个层次降低了模型的复杂度、减少了计算量。

另外,在公交配流问题的基础上,研究了其在网络设计和系统优化中的应用,包括探讨了固定需求下和弹性需求下跨区域整合公交系统的补贴优化问题,以及整合公交系统补贴和票价的组合优化问题。通过建立多层规划模型来描述公交市场内公交管理部门、公交运营者及乘客出行选择之间的决策关系，利用票价和补贴等策略引导运营者的竞争与合作行为，从而对整合公交系统进行优化。

本书对现有经典公交配流模型进行了详细的对比分析，阐释了各类模型方法的优缺点，并提出了改进的新方法，为读者全面了解公交出行选择的特点和建模的思路提供了有效的工具，为公交系统规划和优化提供了底层理论基础和应用方式。全书各章节层层递进，逻辑明确，结构完善，自成体系。

作者长期从事城市道路交通网络配流理论和公交客流分析理论研究，本书反映了作者在公交网络客流分配与客流分析及公交系统优化方面的主要成果。在编写过程中，作者查阅了大量参考资料，力图阐述公交客流分配及系统优化的最新成果。由于作者学术水平有限，书中难免存在错误和欠缺之处，恳请广大读者批评指正。

全书撰写分工为：任华玲负责第1章、第5~7章的内容；龙建成负责第2、3章的内容；四兵锋负责第4章的内容；杜浩铭负责第8、9章的内容。参加本书相关工作的还有北京交通大学博士研究生蔡浩、张文怡，以及硕士研究生张琳超、董志衡、李欣悦、张翔、李翰文、张正廷、宋英杰、马锦驰、张咪。

感谢北京交通大学高自友教授、毛保华教授、邵春福教授、关伟教授以及国家自然科学基金创新研究群体项目“城市交通管理理论与方法”课题组全体成员及北京交通大学交通系统科学与工程学院全体老师对本书的指导和帮助，在此一并表示感谢。

本书的科研工作得到了国家自然科学基金项目（71621001、71771019、72091513）和山东省自然科学基金青年项目（ZR2020QG011）的资助，在此表示诚挚的感谢。

作　者

2022年3月

中英文名称对照表

英 文 缩 写	英 文 全 称	中 文 全 称
TOD	Transit Oriented Development	公共交通引导发展
SOD	Service Orient Development	服务引导发展
BP	Bi-level Programming	双层规划
OD	Origin Destination	起讫点
CLP	Common Line Problem	共线问题
UE	User Equilibrium	用户平衡
SUE	Stochastic User Equilibrium	随机用户平衡
FPP	Fixed Point Problem	不动点问题
MSA	Method of Successive Average	相继平均法
VI	Variational Inequality	变分不等式
VIP	Variational Inequality Problem	变分不等式问题
BPR	Bureau of Public Road	美国联邦公路局
HRB	Highway Research Board	公路研究委员会
CL	Common Line	共线
LP	Linear Programming	线性规划问题
LJM	Linearized Jacobi Method	雅可比矩阵
LS	Line Strategy	线路策略
NS	Node Strategy	节点策略
LNS	Line and Node Strategy	线路节点策略
TNL	Transit Network Loading	公交网络加载
NCP	Nonlinear Complementarity Problem	非线性互补问题
IIA	Independence of Irrelevant Alternatives	无关选择的独立性
OP	Optimization Problem	优化问题
CP	Complementarity Problem	互补问题

目录 CONTENTS

第1章 绪论

1.1 城市公共交通的重要性

城市交通和城市发展相辅相成,城市规模变大,城市发展及活动的活力加强,交通强度也会随之变大。而如果城市布局有缺陷,或城市交通与城市发展不匹配,则会使交通强度变大,从而限制城市的发展。因此,在城市不断发展的过程中,城市交通影响着城市规模效益的实现,城市交通方式的需求和发展,与城市规模存在着必然的联系。

随着社会经济的发展,私家车数量迅速增长,导致很多城市道路拥堵问题严重,交通几近瘫痪。相对于私人交通方式,城市公共交通在出行成本、占用道路资源、能源消耗、环境污染和交通安全水平等方面,具有其他交通方式无法比拟的优越性,在城市发展中起着不可或缺的重要作用。面对严重的交通问题,各国政府陆续实施"公交优先"战略。法国巴黎市政府于20世纪60年代初提出了"公交优先"的理念,成为世界上最早提出优先发展公共交通的城市。自此之后,欧美各国纷纷效仿,借鉴法国公交优先的成功经验,结合本地实际状况推广实施此项政策。《中华人民共和国国民经济和社会发展第十二个五年规划纲要》中明确"实施公共交通优先发展战略,大力发展城市公共交通系统",提出将"城市建成区公共交通全覆盖"纳入国家基本公共服务体系,首次将公交优先发展战略上升为国家战略。

城市公共交通堪比城市运行的大动脉,是提高城市综合功能的重要基础设施之一,它对城市各产业的发展,经济、文化事业的繁荣,城乡间联系等起着重要的纽带和促进作用。在不改变土地利用率和道路密度的情况下,提高公共交通在城市交通中的比例,能够扩大城市发展规模。同时,公共交通具有支撑城市功能正常运转、引导城市功能布局、推动建设资源节约型社会、体现社会公平性等重要作用。因此,优先发展公共交通不仅是解决城市交通问题的必要手段,也是城市健康发展的重要保障。

城市公共交通作为城市交通的重要组成部分,其产生、发展必然与城市的形成、兴衰相联系。城市公共交通的发展应与城市的不同发展时期、不同发展规模相适应，否则诸如“车辆拥堵、环境恶化”等城市交通问题将会随之产生。因此，研究城市公共交通需从城市的发展历程入手，着眼于城市公共交通的生存环境和生存优势，剖析城市社会经济组成，明确城市当前的发展阶段，然后才能为中国城市走公共交通之路作出合理的战略选择。公共交通系统与城市形态协调规划和发展，大致上能够形成三种类型的关系（贾顺平，2019）。

（1）适应公共交通发展的城市

这类城市以公共交通引导城市土地开发利用。适应公共交通发展的城市往往都建成了以轨道交通为骨干的公共交通体系，新城镇的建设和发展多集中在轨道交通车站周围，通过轨道交通引导城市发展，轨道交通在优化城市交通结构、空间结构和产业结构等方面起到了积极作用。在强大的占主导地位的中央商务区的都市内，轨道交通将外围社区和次级中心与中央商务区连接起来。城市在轨道交通沿线的节点集中发展，并由此将出行限制在放射走廊的沿线，使得这样的布置从机动性方面来看是极有效率的。

（2）适应城市发展的公共交通

与适应公共交通的城市相比，适应城市发展的公共交通是一种被动发展的模式，是对城市中心分散化发展的一种被动的反应。这类城市以低密度向外扩展式发展，是许多人在财富增加后希望过上他们喜好的生活方式而产生的一种结果。这种模式中，小汽车是主要出行方式。公共交通随之被调整，以更好地服务于这样的模式。在低密度分散化发展模式的地区，通过合理地调整公共交通的服务和技术水平，以适应蔓延式的城市发展模式。公共交通的作用在于逐渐发展并尽可能好地服务于起讫点间分散的出行需求。

（3）混合型的城市

将介于以上两种公共交通之间的城市称为混合型城市。这类城市的发展模式是城市中部分地方由公共交通来引导，同时城市中的部分公共交通服务是来适应城市用地布局的。

随着城市轨道交通的发展，有效引导城市空间发展的公共交通系统概念逐渐得到认可。我国的土地资源有限，优先发展公共交通不仅可以缓解日益增加的交通压力，还可以引导城市基础设施向更合理、更优化的方向发展。TOD（Transit Oriented Development，公共交通引导发展）模式作为一种新的城市发展模式逐渐进入人们的视野，它符合城市及交通发展的方向，受到了世界许多城市的广泛认同和推广。近年来，国内外也出现了许多类似的规划概念，例如，SOD（Service Oriented Development，服务引导发展）模式，即政府利用行政垄断权的优势，通过规划将行政或其他城市功能进行空间迁移，使新开发地区的市政设施和社会设施同步形成，加大生地与熟地的价差，从而同时获得空间要素功能调整和所需资金保障。

《中华人民共和国国民经济和社会发展第十四个五年规划和2035年远景目标纲要》（以下简称《“十四五”规划》）提出“加快建设交通强国，完善综合运输大通道、综合交通枢纽和物流网络，加快城市群和都市圈轨道交通网络化，提高农村和边境地区交通通达深度。”因此，我国城市公共交通的发展处于关键的历史时期，既面临着难得的发展机遇，也面临着许多新的需求和挑战，如何满足新时期经济社会发展对不同城市的公共交通系统的新要求和人民群众日益增长的多样性、高质量的出行需求，成为我国城市公共交通发展面临的一项紧迫任务。

1.2 公共交通发展的阶段和趋势

我国经过改革开放四十多年高速城镇化和城市建设，快速的城市用地开发使城市发展快步走向以存量为主的发展阶段。在此阶段，将主要精力用于扩张道路规模以提高机动车车速的拥堵治理策略难以为继，没有出路，因此必须在城市交通空间的再分配中，专注于公共交通优先，通过公共交通优先提升公共交通竞争力，把公共交通作为在有限的城市交通空间下提升城市运行效率的支撑手段。

公共交通有多种形式，如地铁、轻轨、市郊铁路、单轨、磁悬浮、无轨电车、大巴士、小巴士和出租车等。随着城市规模的扩大，轨道交通网络加速形成，公共交通发展的重点在于完善轨道交通服务网络，提高网络的运行效率，加强轨道交通运营管理，改善轨道交通与其他交通方式的衔接条件，最大限度地发挥轨道交通的运行效率，使国际机场、国际海港等重要的国际进出口与市中心有高度的可达性，商务区与休闲娱乐景点、居住区之间有方便的交通，以此来满足商务游客的旅游和居民的通勤、购物休闲等出行需求。

一些大城市中心城轨道交通网络基本成型，新增线路里程客流增长放缓，而由于共享单车、网约车的出现，削弱了常规公交的竞争力，难以发挥常规公交的优势以有效承接轨道交通的溢出需求和接驳需求。新一轮轨道交通的建设为公共交通发展提供了新的契机：因地制宜地选择公共交通的发展模式，强化轨道交通与常规公交网络的融合，提高公共交通系统的整体效率；针对需求，对常规公交的内部结构比例进行优化，强调其内部的整合，发挥优势作用，提供低价、安全、高效、优质服务水平的公共交通，有力促进城市出行方式和结构的良性转变。各地在城市交通设施建设的硬件方面取得了快速发展，但在行业治理体系和治理能力建设等软实力方面，仍存在政府与市场边界不清、法规标准建设滞后、信息化治理手段不足、社会公众参与度低等突出问题；还存在行业服务质量不高，公交吸引力不强，比较优势未能充分发挥,行业可持续发展机制不健全等问题(刘小明,2017)。

而在城市化的过程中,区域合作显得越来越重要,城镇发展的日趋区域化和区域发展的日趋城镇化已经成为城市区域发展的全球化主体趋势。目前我国也正在形成以上海、南京、杭州为中心的长江三角洲城市群,以广东、香港、澳门为中心的粤港澳大湾区以及京、津、冀城市群。这种现象极大改变了城市间空间联系的方式,人口和产业的空间集聚由向城市地域的"点式聚集"变为向都市群地域的"面式聚集"。针对城市群交通的特点,在公共交通模式的选择上,区域间的主导方式为轨道交通,城市内部交通方式应以轨道交通、常规公交为主,以减轻城市内干道压力和缓解城市环境污染。对于城市进出口交通,更应从城市群整体最优的角度进行合理规划,建立大型区域性的公共交通枢纽,最终形成覆盖整个区域的多层次公共交通系统(严海、严宝杰,2004)。

当前我国城市公共交通发展的整体趋势体现在以下几个方面(刘小明,2017):

(1)城市公共交通向现代化发展的当前,在我国大多数城市中,公共交通的结构都以轨道交通作为主框架,常规公交为主体,其他公共交通为补充,共同构成城市公共交通网。在部分城市中,为降低城市交通压力,降低交通污染,增大市民使用公共交通的比例,在城市发展中,领导者将建设公交优先示范城市作为重要任务,将多种模式联为一体,形成一体化公交网。通过对多元化公交服务的探索,保障公共交通各项设施的建设,积极调整公共交通运力结构,及时更新公交车辆,构建连接市中心、城市景区、火车站、汽车站等主干道的公交网络,增强公交运行效率。

(2)城市公共交通向绿色集约化发展的同时,城市环境问题日益严重,土地供给降低,公共交通建设的形势越发严峻,改善城市生态环境、提高城市绿色文明越发迫切。在这种情况下,公共交通的发展应追求绿色集约化,构建资源节约型与环境友好型的公共交通体系,重视公共交通换乘间的衔接、场站的综合性开发等,打造绿色集约、低碳节能的绿色公共交通体系。

(3)出行需求的多元化。随着城市居民出行需求增多,推动了公共交通的多样化,同时,通勤出行品质也在不断增长,满足了人们对出行的高品质需求,如:在部分城市中,定制公交的出现,满足了部分市民的特殊要求,有效降低了私家车的出行比例。另外,随着城市建设进程的不断加速,休闲旅游、商务出行等明显增多,随之对公共交通提出了更高要求。对此,公共交通在发展中,应根据公众需求,加强公交服务均等化建设,同时注重公交服务多元化发展。而地铁等轨道交通的发展,极大便利了群众。近年来,选择地铁出行的人数明显增多,公共交通发展模式与发展体系逐渐建成,相信未来城市公共交通必然向一体化方向发展,并对城市经济与社会发展产生重要引领作用。

(4)智能信息化的发展、大数据技术的普及，为城市公共交通的各项服务提供了极大的发展空间。尤其是智能手机的普及，各种创新理念与模式被运用到城市公交领域，促进了公交服务的智能化。同时，智能信息化下，公众出行越来越依赖网络服务，如：网络约车、网络查看常规公交搭乘情况等，为人们提供了人性化、科学化的公交服务，极大便利了公众出行。

《"十四五"规划》强调"加快建设交通强国，完善综合运输大通道、综合交通枢纽和物流网络，加快城市群和都市圈轨道交通网络化，提高农村和边境地区交通通达深度。"因此，对于城市公共交通，在思考和总结"十三五"规划目标及发展现状的基础上，需要切实理顺关系、做好衔接，根据新的形势、利用新的技术，为实现新的规划目标、最大限度地满足公众出行发挥最大优势作用。

1.3 城市公共交通发展的要求和策略

刘小明(2017)阐述了《中华人民共和国国民经济和社会发展第十三个五年规划纲要》对我国城市公共交通行业发展提出的要求：

(1)城市公交的保障能力提升的要求。近年来，我国城市公交体系有了长足发展，但与整体经济社会发展及公众出行需求相比，城市公交发展仍处于滞后的局面尚没有彻底改变。因此，客观形势要求我们全面落实城市公交优先发展战略，加快提升城市公交保障能力，努力推动形成综合协调、运转高效、衔接顺畅的城市公交优先发展新格局。

(2)持续推动公交引领城市发展的要求。为适应新型城镇化建设需要，城市交通在新型城镇化建设进程中应该准确定位，做好城市公交前端规划，避免末端补救。应该将以往城市交通作为配套设施的被动适应需求，转变为主动引领城市空间发展格局。加大研究力度，探索城市公交导向发展模式，建立城市公共交通与城市协同发展机制，主动引导城市空间布局。

(3)加快提升城市公交服务品质的要求。随着社会经济的不断发展，社会公众的消费理念、消费内容和消费层次不断升级，人民群众的出行结构、出行需求和出行方式发生了深刻的变化，对城市公共交通的便捷程度、出行的舒适程度以及安全保障水平等服务品质的要求不断提高。要进一步优化公共交通供给结构，提高公交出行服务质量和效率，提升服务针对性和精准性。

(4)构建绿色低碳交通体系，努力推动城市交通节能减排的要求。我国城市面临的主要问题有人口总量大、居住密度高、土地资源匮乏、私人小汽车增长速度快等，空气治理压力和城市交通承载能力面临严峻挑战。因此，必须提升城市交通绿色低碳发展能力，充分发挥公共交通的主体作用，大力发展低碳、高效、大容量的公共交通系统，实现经济效益、社会效益、生态效益的三合一。

(5)发挥城市公交的引领作用，稳步推进城乡交通运输一体化的要求。城市公交是公众出行的基本及主要方式，需要发挥以城带乡的作用，统筹城乡、区域之间客运协调发展，带动城乡客运资源融合和服务衔接，不断提高公交服务的广度和深度，稳步推进城乡交通运输一体化，让城乡居民共享交通改革发展成果。

《"十四五"规划》中则进一步要求："构建系统完备、高效实用、智能绿色、安全可靠的现代化基础设施体系。""加快建设交通强国，完善综合运输大通道、综合交通枢纽和物流网络，加快城市群和都市圈轨道交通网络化，提高农村和边境地区交通通达深度。"可以看出，《"十四五"规划》对我国城市公共交通行业发展的要求上仍然包含了高效实用、绿色低碳，为新型城镇化建设服务，推进城乡交通运输一体化。另外，在城市区域发展的全球化趋势下，在构建城市群和都市圈的目标下，轨道交通网络化是必不可少的硬件支撑。公共交通模式就是区域间以轨道交通为主导方式，城市内部交通方式以轨道交通、常规公交为主，因此，还要求从城市群整体最优的角度进行合理规划，打破部门之间、子系统之间、平台之间的壁垒，统筹规划、分工协作，形成覆盖整个区域的多层次公共交通系统。

成功的公共交通体系不仅使城市能够具有良好的出行机动性，还能够支持更多的政策规划目的，如促进城市的可持续发展、提高出行的可达性、建设更宜居城市、保障社会的多元化发展、提升城市的竞争力、加强区域内城市之间及城乡之间的交流、共同打造城市群和都市圈，使得市民能够根据需要自由选择各种不同的交通方式出行。为此，公共交通系统的发展策略可以从以下几个方面考虑：

(1)公共交通与土地利用紧密联系，应制定土地利用的长远规划，并通过有效的管理机构推动规划实施。在城市和区域中最重要的要素是人所处的空间，而交通只是连接人所处位置的一种工具，因此公共交通的发展和土地利用的整合是十分重要的。如今，快速的城市用地开发使城市发展快步走向以存量为主的发展阶段，成功的公交系统应能很好地处理土地规划和交通的关系，以土地发展的长远规划来指导交通政策的制定，强调"以人为本"，尽可能让各类功能空间进行交错，比如站城一体化的复合型规划，使有限的设施设备发挥出最大的作用，由此完成多功能板块的有效整合。

(2)公共交通可以引入竞争机制，采用多种运营方式，降低运营成本，提高运营效率。公共交通并不意味着是公共拥有和经营的交通运输系统。公共只是简单地意味着服务是提供给公共大众的，并非指是由公共部门来提供服务的。世界上公交都市的经验表明，公共交通的经营并不是仅仅属于公共部门，私人企业也可在不同限度上参与公共交通的经营。私人企业的竞争不仅包括成本和回报，还包括刺激服务的创新，这正是许多郊区公共交通运输市场急需的因素。在引入公交竞争的城市，政府仍控制着公共交通服务的供给、质量和价格。固定资本的基础设施属于政府部门，全部车辆和设备属于由竞争中标的私人企业的运营商。在由政府部门制定的服务标准范围内（如有关时刻表、票价和线路），由最低成本的运营商提供服务。

(3)通过公交优先、分等级和灵活服务等措施提高公共交通服务质量和吸引力。公交优先使得公共交通比私人小汽车在出行时间上更具有竞争力。在稀缺的道路空间使用上，给予高乘载车辆行驶优先权，让高乘载车辆快速行驶在道路上。周密地整合大容量的干线服务、中等级的连接服务，以及社区规模的支线服务，构建无缝换乘的交通枢纽，将城市交通、市外交通有效衔接，将不同交通方式有效衔接，为多起讫点的组合连接提供便利、高效的公交服务。在高峰时段开设快线服务及在非高峰时段利用主线和支线换乘运营方式，大站快车和站站停的大容量公交服务沿着主干走廊的组合运营，充分体现公交运营的灵活性、多样化、多层次性，满足市民各类出行需求。

(4)利用多种经济手段提高公交的吸引力，减少公交企业的亏损。一方面，健全公交票价制定机制，建立多层次、差异化的公共交通票价体系，降低市民乘公交车的出行成本。建立规范的成本费用评价制度以及政策性亏损评估和补贴制度，以提高公交服务效率和服务水平等为目标对公共交通提供补贴，进一步提高公交服务质量和公交吸引力。另一方面，继续加大私家车外部性的内部化力度，提高私家车出行的成本，从而减少私家车出行需求。

(5)充分利用大数据等新技术改造传统的公交信息系统，推进智能公交系统的发展，特别是推动不同平台、不同系统的信息融合与共享。一方面，通过大数据获得更多的出行需求、交通状态等信息，利用大数据技术对公交服务进行改善和动态的智能化管理，节约成本、提高车辆运输效率；另一方面，为出行者提供智能出行信息，诱导出行者高效出行，减少出行者出行成本，缓解交通拥堵，提高公交吸引力和利用率。

(6)根据需要，探索各种形式的定制公交服务项目。定制公交是公交发展的一种创新模式，能满足市民更加精准、快捷的个性出行要求，它是发展多元化公共交通、促进私人小汽车转向公共交通、提高城市道路资源利用效率、降低社会和个人出行成本、缓解出租汽车“打车难”问题的有效途径。但政府要规划好对定制公交的定位、运营补贴、票价制定机制、运营服务保障体系等，运营企业要充分考虑市民出行需求，合理规划线路布局，优化车辆、人员等资源配置，使其发挥对城市公交的有效、良好补充作用，满足更多出行者多样化的需求。

1.4 城市公共交通客流分析的作用和建模方法

如前所述，城市公交系统是城市交通运输系统的重要组成部分，作为引导城市空间发展的重要支撑体系，公交系统规划的好坏直接影响着整个城市交通运输系统的交通状况的好坏，甚至关系到整个区域的经济发展。如何配合国家交通发展规划、尽快提升公共交通的客运能力和服务质量，吸引更多的出行者选择公共交通出行，是目前面临的迫切需要解决的问题，在机动化进程加快的过程中更具有战略意义。由于公共交通实际的规划、决策问题都是庞大而异常复杂的系统，涉及各种各样的影响因素，关系着各个部门、单位和个人的实际利益，因此所采用的决策方法应该是多层次的系统决策方法，而不能是单一层次的决策方法。

多层规划问题的一个重要特点是：可以应用在多层决策问题中，多层规划使用一个分层次的结构，在各个层次上的决策者都有其各自的目标函数，在某种程度上，本层的决策空间是由其他层次决定的。此外，某一层次上的决策者通过特定的方法和手段以影响其他各层的决策制定，从而达到优化其自身目标函数的目的。多层规划问题的另一个重要特点是：决策变量的控制权分别属于各层的决策者，而在传统的单层规划中，决策者同时控制所有的决策变量。但在政府部门的实际决策过程中，对决策变量的控制和处理并不是同时进行的，而是采用自上而下的多层次决策方法。多层规划比单层规划具有优势，包括能够明确建模以表示顺序决策过程的能力，能够明确表示不同层次优化过程或不同决策系统之间相互作用的能力。双层规划（Bi-level Programming，BP）问题是多层规划问题的一种特例，其中只有两个层次，两种决策者。双层规划问题是多层决策系统的特殊形式，也是最基本的形式，可以认为多层系统由多个 BP 问题复合而成。

政府部门在对公共交通提供政策、基础设施、财政补贴等支持，或公交企业在对公共交通进行网络优化、票制设置、技术革新的决策，以维护公共交通系统的正常运行、满足日益增长的交通需求时，出行者则根据具体的交通状况来决定是否出行，是乘公交车出行还是乘私家车出行，选择这条线路出行还另一条线路出行等。因此，任何公交决策都需要考虑该决策对公共交通使用者所产生的影响效果，可以考虑利用 BP 的方法进行建模。可以说，BP 模型是描述交通投资决策过程的理想工具，只有这样，才能做出符合全局利益或既定目标的最优决策。

本书在附录 B 中简要介绍了 BP 模型的形式和求解方法，本书第 8、9 章建立了跨区公交系统的多层规划模型,对公交系统发车频率、公交票价和公交补贴策略进行了优化。

如前所述,决策者做任何决策时都需要考虑该决策对公共交通使用者所产生的影响效果,因此必须对城市公交网络上乘客的出行选择行为进行建模,即公交网络配流建模,也就是在公交线路和有关参数(能力、频率、车间距分布)已知的情况下,通过模拟乘客的出行行为,将起讫点 OD(Origin Destination)需求加载到公交线网上,从而得到线路流量的时空分布。对于城市公交网络,由于在同一路段上可以有很多公交线路,会产生共线问题(Common Line Problem, CLP),并且每条公交线路都有固定的行车路线和发车频率,因此公交网络相比于城市道路交通网络来说更加复杂。对于选择公交方式作为出行工具的乘客来讲,他们在公交线路选择的过程中,不仅会考虑公交车辆在道路上的行驶时间,还会考虑在车站的等车时间。同时,如果选择同一线路的乘客很多,那么在这条公交线路上就会产生拥挤,这也是乘客在选择公交线路时所要考虑的一个重要因素。另外,如果出行中没有直达线路或直达线路比较拥挤,乘客则需要考虑换乘,这时就会比较换乘的方便性和换乘所需要的时间。

在过去的几十年中,国内外学者对城市公交网络中的乘客路径选择以及由此所形成的城市公交网络流量分配问题进行了大量研究。早期的模型直接将城市道路交通网络的配流方法应用于城市公交网络,由于没有考虑城市公交系统的特殊性,效果并不理想(Dial, 1967; Fearnside 和 Draper, 1971; Le Clercq, 1972)。TRANSEPT 模型首次考虑了公交出行的拥挤问题,但该模型只适合于简单网络(Last 和 Leak, 1976)。这些模型都借鉴了道路交通网络的用户平衡准则,发展了基于公交用户平衡的客流分配模型。而同是基于用户平衡准则的公交客流分配模型,又由于对乘客选择的定义不同和假设条件不同而建立了各种不同的模型。但由于公交网络上乘客的出行选择与道路网络上私家车的出行选择有很大差异,道路路径的费用与公交路径的费用计算方法不同,使得这些方法效果不佳。

之后,公交学者开始关注公交出行过程中影响乘客选择的出行费用的构成,发现乘客在站点并不是选择一条确定的线路,而是会考虑一组线路,并乘上这组线路中最先到达的车辆。由此带来的 CLP 成为公交客流分配建模必须考虑的核心问题,并且对于 CLP 的描述方法不同,又形成了不同的公交配流模型。De Cea 和 Fernández(1993)在每对换乘节点之间构成一个 CLP,每个共线组成一条共线路段并重新转换公交网络,在新的公交网络上建立了配流模型,这种方法可以清晰地反映换乘行为和线路选择(即共线)问题。随后,许多学者基于这种方法进行了推广(Szeto 等, 2011; Huang 等, 2016)。另一种方法试图将共线思想应用于乘客出行中的所有决策中,包括线路选择和换乘节点选择,这种方法称为基于策略的公交配流方法(Spiess 和 Florian,1989;Martínez 等,2014)。还有学者(Wu 等,1994;Bouzaïene-Ayari 等,1995;Nguyen 等,1998;Kurauchi 等,2003;Chen 和 Nie,2015;Li 等,2015)提出了超级路径的概念,实际上与策略的概念是一致的。Cominetti 和 Correa(2001)、Cepeda 等(2006)、Codina(2013)及 Codina 和 Rosell(2017)则建立了基于线路的公交配流模型,描述了平衡条件下线路上乘客流量的特点,但此模型最终还是归于策略方法一类。

上述模型都是基于公交发车频率的模型,同时,公交网络的基于时刻表的动态模型也受到了广泛关注(Nuzzolo 等,2001;Nguyen 等,2001;Nuzzolo,2003a;Nuzzolo,2003b;Cats 等,2011),这是因为与基于频率的方法相比,它消除了含糊不清的因素,能够更加准确地描述公交车辆的行为,也更适于公交系统的动态分析(Tong 等,2001;Shi 等,2018)。Hamdouch 等(2014)建立了基于时刻表的随机公交配流模型,同时考虑了出行时间的不确定性。Tong 和 Wong(1999)指出了基于发车频率与基于时刻表方法之间的差异,并用仿真方法构建了基于时刻表的随机动态模型。

根据研究方法和假设条件的不同,公交网络配流模型又可以分为基于确定信息的用户平衡(UE)模型和基于不确定信息的随机用户平衡(SUE)模型,如上述 De Cea 和 Fernάndez(1993),Spiess 和 Florian(1989),Wu 等(1994)等都采用了确定型公交网络配流模型。Lam(1999)则基于有效频率的概念建立了固定需求下的随机公交配流模型;而高自友等(2000a,2000b)在此基础上把他们的随机公交配流模型推广到弹性需求的情况。Szeto 等(2013)也建立了随机公交配流模型用来研究公交网络上的可靠性问题。

在充分考虑乘客出行选择特性的基础上进行公交线路频率优化是公交系统优化的一个重要方面,比如 Martínez 等(2014)建立了 BP 模型对公交网络线路的频率进行优化,Szteto 和 Jiang(2014b)则建立 BP 模型同时进行公交网络线路设计和对线路频率进行优化。

由于公共交通的公益性使得绝大多数城市的公交企业都处于亏损的状态,政府只得使用公交补贴的方式来保证公交系统运营的可持续性。目前许多国家和地区广泛使用不同种类和不同功能的公交补贴方案,补贴除了用于补偿运营者的运营成本,也被用于缓解交通拥堵,优化出行模式选择和改善环境质量等(Tscharaktschiew 和 Hirte,2012)。另外,同样由于公共交通的公益性,公交票价也基本上是由政府管制或主导,但仍然有可优化的空间,这也是公交系统优化的重要内容之一(Zhou 等,2005)。

本书主要介绍的是静态情况下基于频率的用户平衡(UE)和随机用户平衡

(SUE)公交配流模型及公交系统补贴和票价优化模型。本书第2章介绍了道路交通网络上的UE配流模型和SUE配流模型,这些模型的数学优化工具包括非线性互补问题、最小化问题、变分不等式问题、不动点问题等及其求解算法;第3、4章介绍了现有的经典的公交客流分配模型及改进的公交客流分配UE模型;第5、6章介绍了本书提出的基于共线路径和基于线路节点的公交配流UE模型;第7章提出了基于线路节点的公交SUE模型;第8、9章建立了跨区整合公交系统的补贴和票价优化模型;本书的附录A对变分不等式进行了简要介绍;附录B介绍了双层规划的基本模型和简要求解方法,它是第8、9章公交系统优化多层规划模型的基础。

1.5 本书的内容和框架

本书第2章为交通网络配流理论基础,包括UE配流原则、等价的优化模型和变分不等式(VI)模型、求解算法,SUE配流原则、不动点模型和求解算法。这些基础理论在后面章节中都需要用到。

第3章介绍了公交配流模型中的经典概念和经典模型,包括共线问题(CLP)、公交策略概念和超级路径概念,以及基于共线路段、基于策略和基于超级路径的公交配流模型;还介绍了一类基于换乘次数的公交配流模型,为第5~7章建立基于共线路段和基于线路节点策略的公交配流模型提供了思路。这些模型是本书后面章节公交配流模型的基础,也是现有基于频率的公交配流模型研究的基础。

第4章介绍了经典公交配流模型的几个拓展模型,也阐释了现有公交配流模型的几个拓展方法和方向,包括在共线路段的基础上建立的基于途径的公交配流模型,在策略概念基础上建立的基于线路的公交配流模型。

第5章将共线路段的思想推广到共线路径,并且设计了快车线路集合和慢车线路集合,通过乘客对快慢车的选择来反映线路的拥挤程度,在此基础上提出了一种基于共线路径的公交配流UE模型,也是经典公交配流模型的一种拓展方法。

第6章通过分析发现公交网络上乘客的出行完全可以通过两种决策来决定:一是在等车的站点确定要考虑的吸引线路集,二是乘坐在公交车上时决定在哪一个站点下车。基于这两种决策提出了在换乘节点(包括始发节点)的线路策略和在乘坐线路上的节点策略的概念。基于这两个概念建立的公交配流模型不需要对网络进行扩展,并且将换乘次数作为约束进行考虑,大大降低了模型的复杂度和计算量。特别是,能够证明现有基于策略的模型是该模型的特例。通过对基于线路节点模型的求解和数值分析,对比了该模型与基于策略模型的决策方法和过程的异同,分析了换乘次数限制在公交网络设计评价中的应用,以北京公交网络为例对比分析了基于线路节点模型和基于策略模型的计算效率、不同求解算法的计算效率、换乘次数在计算中的作用等。

第 7 章提出了基于线路节点策略的公交配流的 SUE 模型，该模型通过不动点问题(FPP)进行描述，并设计了基于相继平均法(MSA)的求解算法。采用数值实验对模型和算法进行了验证，分别给出了在小型网络和大型网络上的收敛情况，并与 UE 模型的结果进行了对比。

第 8 章探讨了固定需求下跨区整合公交系统的补贴优化问题，采用 VI 模型描述了公交市场内运营者竞争行为，建立了一个多层规划模型来描述社会福利最大化下公交市场内公交管理部门、公交运营者及乘客出行选择之间的决策关系，通过补贴策略引导运营者的竞争行为，从而对整合公交系统进行优化。

第 9 章将第 8 章中固定需求下跨区整合公交系统的补贴优化问题进行了扩展，一方面将固定需求扩展到弹性需求，建立了弹性需求下跨区整合公交系统的补贴优化问题；另一方面，将单独的公交补贴优化问题扩展到补贴和票价的组合优化问题，对组合优化和单独优化的效果进行了对比。

附录 A 对本书中所要用到的变分不等式(VIP)作了简要介绍，包括 VIP 的定义、与其他数学问题的关系、存在性与唯一性、求解算法。

附录 B 对本书中所要用到的双层规划(BP)作了简要介绍，包括 BP 的定义和求解方法。

1.6 小　　结

本章介绍了城市公共交通的重要性，分析了当前城市公共交通发展所处的阶段和发展趋势，结合国家十四五规划，梳理了新时期城市公共交通发展的要求和可行的应对策略，进而说明了城市公共交通客流分析与优化在公交系统决策中的重要作用和建模方法，为后面章节展开城市公共交通客流分析建模和策略优化建模做好铺垫。

第2章 交通网络配流理论基础

本书主要围绕公交网络客流分配模型展开叙述，其理论基础为道路网络上的交通平衡配流理论。本章为后续章节中所要用到的交通网络配流理论作简要介绍，主要包括用户平衡(UE)配流理论和随机用户平衡(SUE)配流理论。本章所介绍的内容主要来自 Sheffi(1985)，黄海军(1994)，高自友、任华玲(2005)，四兵锋、高自友(2013)中的部分章节和内容，有关定理的详细证明过程均可参考上述几个文献。

2.1 交通网络平衡配流问题

本书重点研究的是公交客流分配问题和公交网络上的策略优化问题，首先需考虑的是公交网络用户的路径选择行为及所满足的用户平衡(User Equilibrium, UE)准则。所以，本节首先介绍一般的公交网络平衡配流原则和配流模型。

交通量分配是指将已经预测出的 O-D 需求量按照一定的准则分配到路网中的各条路段上，求出各条路段上的交通流量，以判断各条路段的负荷水平。交通量分配可以为路网规划、设计与决策提供依据。显然，对于这个问题的基本要求是，所得到的路段交通量应该最大限度地符合实际交通情况。事实上，在道路交通网络上形成的交通量分布是由两种机制相互作用直至达到平衡的结果：一方面，网络用户(各种车辆)试图通过选择最佳行驶路线来达到费用最少的目的；另一方面，网络用户遇到的阻抗(即广义费用)与系统被使用的情况密切相关，道路上的车流量越大，对应的行驶费用就越高。两种机制的交叉作用使我们难以找出节点与节点之间最佳行驶路线的位置分布以及最后导致的流量分布结果。而在公交网络上的乘客出行行为，同样存在这两种作用机制，只是作为网络用户的乘客，他们通过选择最佳公交线路来达到费用最少的目的；另一方面，乘客遇到的阻抗(即广义费用)与公交系统被使用的情况也密切相关，公交车站等车人数和公交线路上乘客数量越大，对应的出行费用就越高。

本书将用一定的数学工具模拟公交网络上的这两种机制，并估计公交网络上乘客流量的合理分布(即平衡状态下的分布)，而这与一般道路交通网络上提出的网络平衡理论密切相关,这是本节介绍交通网络平衡配流问题的原因。

2.1.1 UE 配流原则

进行城市交通网络规划时,如何将 O-D 需求量分配到交通网络的各条路段上,这是几十年来许多学者苦苦思考的问题。人们早就认识到:所需出行时间、距离及费用等是选择路线的重要基准,但在早期由于缺乏系统理论和计算手段,不得不依靠实际作业者的个人经验和判断。进入 20 世纪 50 年代后,美国公路局(Bureau of Public Roads,BPR)和公路研究委员会(Highway Research Board,HRB)在研究高速道路交通转移率时提出了转移率曲线方法,这可以说是交通量分配理论系统发展的最初尝试。Moore(1957)发表了寻找网络中两点间最短路方法的论文,这一成果对交通量分配理论的发展产生了很大的影响。经过 Schneider(1956)等的努力,20 世纪 50 年代后期建立在最短路方法基础上的"全有全无"(all-or-nothing)法在交通量分配中得到了实际应用。

"全有全无"法实际上是一种以规划者意愿为中心的交通量分配方法,根据这一原则设计的网络加载机制就是将每一个 OD 需求量全部分配到连接该 OD 对的最小费用的路径上,显然其结果与实际交通状态相差甚大。为了改进这一不足,在此后的研究中又有多种新的分配模型被提出,其中具有代表性的是 Mclanghlin 方法和概率分配法。Mclanghlin 方法通过搜索节点之间第 $1\sim n$ 位最短路,应用线性图理论分配各条路线的交通量;概率分配法由 Burrell(1968)、Dial(1971)等在 20 世纪 60 年代末至 70 年代初提出,该方法以个人选择概率为基础,确定各条路线的选择比率。

在实际研究过程中,人们逐渐认识到,正确的交通量分配方法应能较好地再现实际交通状态,而这种实际的交通状态是交通网络用户路线选择的结果。基于这种认识,以使用者路线选择行为分析为基础的交通平衡配流理论逐步发展起来。1952 年,Wardrop 提出平衡配流原则之后,Beckmann(1956)建立了平衡理论的数学极值模型,Smith(1979)在对平衡原理作进一步细致分析的基础上提出了变分不等式模型,他们的研究工作使得平衡模型理论形成了比较完整的体系。随着计算机技术的飞速发展,平衡模型已在交通分配理论研究中占据了主导地位。

Wardrop 平衡配流原则描述如下:

在起终点之间所有可供选择的路径中,使用者所利用的各条路径上的出行费用全都相等,而且不大于未被利用路径上的出行费用。这里的出行费用可以被理解为包括所有影响出行的因素,如时间、运行费用、方便性、舒适性等,一般可按其重要性进行加权求和。

满足这一原则的交通状态被定义为 Wardrop 平衡状态，上述配流原则又可称为用户平衡配流。在平衡状态下，系统达到稳定，此时任何一个使用者(用户)在起终点之间都无法找到一条费用更小的路径，换句话说，任何一个用户都不能单方面改变其路径并降低其费用。Beckmann 采用以下数学形式描述 Wardrop 平衡状态：

$$c_k^{rs}-\mu_{rs}\begin{cases}=0, h_k^{rs}>0\\ \geqslant 0, h_k^{rs}=0\end{cases}\quad \forall r,s,k\in K^{rs} \tag{2-1}$$

式中，c_k^{rs}为 OD 对 rs 之间的路径 k 上的出行费用，μ_{rs}为平衡状态下 OD 对 rs 之间的最小出行费用，h_k^{rs} 为 OD 对 rs 之间路径 k 上的流量，K^{rs}为 OD 对 rs 之间的路径集合。

2.1.2 UE 配流的数学规划模型

Beckmann 提出具有固定需求的用户平衡配流模型可以归纳为如下的凸规划问题(所谓固定需求是指 OD 需求量在分配过程中是固定不变的)：

$$\min Z(x)=\sum_a\int_0^{x_a}c_a(x)\mathrm{d}x \tag{2-2}$$

$$\text{s. t. }\sum_k h_k^{rs}=q_{rs},\quad \forall r\in I,s\in J \tag{2-3}$$

$$h_k^{rs}\geqslant 0,\quad \forall r\in I,s\in J,k\in K^{rs} \tag{2-4}$$

$$x_a=\sum_{rs}\sum_k h_k^{rs}\delta_{a,k}^{rs},\quad \forall a\in A \tag{2-5}$$

式中，x_a 为路段 a 上的流量；c_a 为路段 a 上的费用；q_{rs}为 OD 对 rs 之间的需求(已知且固定)；$\delta_{a,k}^{rs}$为路段路径关联系数，当路段 a 在 OD 对 rs 之间的路径 k 上，其值为 1，否则为 0。

式(2-3)代表路径流量与 OD 间的交通需求量之间的守衡关系，式(2-4)保证所有的路径流量一定是正值，而式(2-5)是弧(又称为路段)流量与路径流量之间的关联关系，有：

$$\frac{\partial x_a(\boldsymbol{h})}{\partial h_l^{mn}}=\frac{\partial}{\partial h_l^{mn}}\sum_{rs}\sum_k h_k^{rs}\delta_{a,k}^{rs}=\delta_{a,l}^{mn} \tag{2-6}$$

式中，$\boldsymbol{h}$ 为路径变量 h_k^{rs} 的向量表示。

值得注意的是，在该模型中有两个假定条件，一是假定路段费用仅仅是该路段流量的函数，与其他路段上的流量没有关系；二是假定路段费用是流量的严格递增函数，这就是拥挤效应。

凸规划问题式(2-2) ~ 式(2-5)的求解算法有很多，但在交通配流问题中，如 Frank-Wolfe 和相继平均法(Method of Successive Algorithm，MSA)等算法可以有效利用网络上寻找最短路方法的优势。下面先介绍 Frank-Wolfe 算法在求解交通配流的凸规划问题式(2-2)~式(2-5)的迭代过程(黄海军,1994)。

算法 2-1:

第 1 步:初始化。

根据零流路段费用$c_a^{(1)}=c_a(0)$,寻找每个 OD 对之间的最短路径,用"全有全无"法将 OD 需求全部分配到最短路径上,计算得到初始可行路段流量$x_a^{(n)}$,令迭代次数 $n=1$。

第 2 步:确定搜索方向。

计算路段费用$c_a^{(n)}=c_a(x_a^{(n)})$,根据路段费用$c_a^{(n)}$,寻找每个 OD 对之间的最短路径,用"全有全无"法将 OD 需求全部分配到最短路径上,得到辅助的可行路段流量$y_a^{(n)}$。

第 3 步:确定迭代步长。

求解一维搜索问题:

$$\min Z[\boldsymbol{x}^{(n)}+\alpha(\boldsymbol{y}^{(n)}-\boldsymbol{x}^{(n)})] \tag{2-7}$$

$$\text{s.t.}\quad 0\leqslant\alpha\leqslant 1 \tag{2-8}$$

其最优解为$\alpha^{(n)}$。

第 4 步:流量更新。

令$x_a^{(n+1)}=x_a^{(n)}+\alpha^{(n)}(x_a^{(n+1)}-y_a^{(n)})$。

第 5 步:收敛性检验。

若$\|\sum\limits_a(x_a^{(n+1)}-x_a^{(n)})\|\leqslant\varepsilon$($\varepsilon$ 为事先给定的迭代精度),则停止;否则,令 $n=n+1$,转至第 2 步。

注:如果算法 2-1 中第 3 步的步长用 $1/(n+1)$ 来代替,其他步骤不变,则可以得到基于相继平均法(MSA)的求解算法。

2.1.3 UE 配流的 VI 模型

前面所介绍的交通平衡配流模型是假定路段阻抗函数之间是相互独立的,即某一路段上的阻抗值仅仅取决于该路段上的流量,而与其他路段上的流量无关。然而,在实际的交通中,更为一般的情况是路段上的阻抗值是相互影响的。以下简单介绍一下路段之间相互影响的交通平衡配流模型。

路段之间的相互影响有对称与非对称两种情况。在对称问题中,路段 a 上的流量x_a对路段 b 上的阻抗c_b的边际影响,等于路段 b 上的流量x_b对路段 a 上的阻抗c_a的边际影响,即 $\partial c_b/\partial x_a=\partial c_a/\partial x_b$,在这种情况下,可以构造出等价的极小值数学模型(Sheffi,1985),使得它的解就是 UE 解。本节介绍更为一般情况下的路段相互影响的平衡配流问题,即非对称问题,此时 $\partial c_b/\partial x_a \neq \partial c_a/\partial x_b$。

对于非对称的路段相互影响的平衡配流模型,到目前为止,还没有人能够为之建立等价的极小值数学模型,使其解就是 UE 解。目前,一般交通学者均认为不存在这样的等价极小值模型。然而,这种网络平衡流问题却可以表示为如下的变分不等式(VIP,见附录 A.1),即寻找平衡路段流量 $\boldsymbol{x}^* \in \Omega$,使得对所有的 $\boldsymbol{x} \in \Omega$ 有:

$$c(\boldsymbol{x}^*)^{\mathrm{T}}(\boldsymbol{x}-\boldsymbol{x}^*) \geqslant 0 \tag{2-9}$$

其中:

$$\Omega = \{\boldsymbol{x} \mid \boldsymbol{x} = \boldsymbol{\Delta h}, \boldsymbol{\Lambda h} = \boldsymbol{q}, \boldsymbol{h} \geqslant 0\} \tag{2-10}$$

式中,$c(x)$ 为路段费用向量函数,$\boldsymbol{h}$ 为路径流量,$\boldsymbol{q}$ 为 O-D 需求量,$\boldsymbol{\Delta}$ 代表路段/路径关联矩阵,$\boldsymbol{\Lambda}$ 代表 O-D 对/路径关联矩阵。如果 $c(\boldsymbol{x})$ 严格单调,则平衡路段流向量$\boldsymbol{x}^*$是唯一的,而平衡路径流量向量不一定是唯一的。

目前求解 VIP 的方法在附录 A-6 作了简单介绍,后面在第 3 ~7 章中涉及建立公交客流分配的 VI 模型,则分别介绍了相应的求解算法,在第 8 ~10 章的双层规划中也有涉及下层为 VI 模型的情况,也会介绍相应的求解算法。

2.2 交通网络随机平衡配流问题

确定型 Wartrop 平衡配流问题有一个核心的假设,即出行者总是选择起点到终点之间的最短或费用最小的路径,这一假设是 UE 条件的基础,它要求出行者对整个网络的交通状况有完全正确的了解,能够准确计算最小费用路径,且全部出行者在交通行为上是一致的。这一假设过于严格,有其不合理性。而随机配流模型放宽了这一严格且不太现实的假设条件,让出行者对路段费用的估计有一个随机误差。随机配流模型基于随机效用的概念,出行者在多条备选路径中选择,每条路径的费用是一个随机函数。随机配流模型中最常见的两个离散选择模型是多项式 LOGIT 随机模型和多项式概率模型,用于描述起点到终点多条路径被选择的概率(Sheffi,1985;黄海军,1994)。此处仅介绍用于后续章节的多项式 LOGIT 离散选择模型。

以下介绍主要来自黄海军(1994)。

2.2.1 多项式 LOGIT 离散选择模型

设方案的集合为 $\boldsymbol{K}$,其维数为 K,令方案 $k \in \boldsymbol{K}$ 的效用为U_k,向量 $\boldsymbol{U} = (U_1, U_2, \cdots, U_K)$。对一个决策者来说,某个方案的效用可以表达为众方案和该决策者的特征参量的函数,令 $\boldsymbol{\alpha}$ 是一个包含这些特征参量的变量向量,则$U_k = U_k(\boldsymbol{\alpha})$。将

效用U_k定义为一个随机变量,它由确定性的系统项和附加的随机误差项组成,即:

$$U_k(\boldsymbol{\alpha}) = V_k(\boldsymbol{\alpha}) + \xi_k(\boldsymbol{\alpha}) \quad \forall k \in \boldsymbol{K} \tag{2-11}$$

式中,$V_k(\boldsymbol{\alpha})$是系统项,$\xi_k(\boldsymbol{\alpha})$为随机误差项,且$E[\xi_k(\boldsymbol{\alpha})]=0$,此即意味着$E[U_k(\boldsymbol{\alpha})]=V_k(\boldsymbol{\alpha})$。此处,$U_k(\boldsymbol{\alpha})$又称作"感觉效用"或"认识效用",即它是决策者对第k个方案感觉到的或理解到的或认识到的效用值;而$V_k(\boldsymbol{\alpha})$称作"测量效用",它是系统分析人员对第k个方案测得的效用值。

当效用值的分布已知时,一个方案被某个决策者选中的概率就可以计算出来,该决策者是从一个决策者群集合中随机挑选出来的。因为效用的分布是$\boldsymbol{\alpha}$的函数,故方案$k \in \boldsymbol{K}$被选中的概率P_k也与$\boldsymbol{\alpha}$相关,函数$P_k(\boldsymbol{\alpha})$就被称作选择函数。根据最大数定理(即贝努利定理),另一种等价的理解方法是:在一个人数很大的决策人群中,所有人的特征参量是由$\boldsymbol{\alpha}$描述的,此时方案k被选中的概率$P_k(\boldsymbol{\alpha})$,即决策人群中有$P_k(\boldsymbol{\alpha})$比例的人选择了方案k。方案k被选中的概率亦即效用$U_k(\boldsymbol{\alpha})$高于其他方案效用的概率,即:

$$P_k(\boldsymbol{\alpha}) = \Pr[U_k(\boldsymbol{\alpha}) \geqslant U_i(\boldsymbol{\alpha}), \forall i \in K-k], \quad \forall k \tag{2-12}$$

选择函数$P_k(\boldsymbol{\alpha})$拥有一般概率函数的特征,即

$$0 \leqslant P_k(\boldsymbol{\alpha}) \leqslant 1, \quad \forall k \tag{2-13}$$

$$\sum_{k=0}^{K} P_k(\boldsymbol{\alpha}) = 1 \tag{2-14}$$

当式(2-11)中的误差项ξ_k的分布已知时,效用的分布就可以确定下来,然后选择函数也可以直接计算出来。使用最广的离散选择模型是LOGIT模型,该模型假设每个效用的随机误差项是相互独立的,且都服从Gumbel变量分布,则从效用极大的原理出发可以推导出如下的选择概率:

$$P_k = \frac{e^{v_k}}{\sum_{l=1}^{K} e^{v_l}}, \quad \forall k \tag{2-15}$$

式中,为了简化,省略了P_k和V_k中的向量$\boldsymbol{\alpha}$。

2.2.2 随机用户平衡配流SUE模型

在交通网络配流问题中,如果出行者对整个网络的交通状况不能完全正确地了解,无法准确计算出最小费用路径,出行者对路段费用的估计有一个随机误差,需要用随机模型来描述出行者的选择行为。随机模型基于随机效用的概念,出行者在OD之间多条备选路径中选择,每条路径的费用是一个随机函数。

首先考虑网络上交通流量暂时固定时乘客如何进行选择。任意起点r与终点s之间路径k上的实际路径阻抗$\boldsymbol{c}_k^{rs}$($k \in K^{rs}$,K^{rs}为OD对rs之间的路径集合)暂时固

定下来，$\boldsymbol{C}_k^{rs}$为理解阻抗，且设

$$\boldsymbol{C}_k^{rs}=\boldsymbol{c}_k^{rs}+\boldsymbol{\xi}_k^{rs},\quad \forall k,r,s \tag{2-16}$$

式中，$\boldsymbol{\xi}_k^{rs}$是随机误差项，且有 $E[\boldsymbol{\xi}_k^{rs}]=0$，或者 $E[\boldsymbol{C}_k^{rs}]=\boldsymbol{c}_k^{rs}$。如果从起点 r 到终点 s 的出行者很多，由弱大数定律可知，众多出行者中，选择第 k 条路径的出行者所占比例为：

$$P_k^{rs}=\Pr(C_k^{rs}\leqslant C_l^{rs},\forall l\in K_{rs}-k),\quad \forall k,r,s \tag{2-17}$$

这也是任意一位出行者选择路径 k 的概率，或者说，路径 k 被选中的概率就是该路径的阻抗被理解为最小阻抗的概率。

用效用选择理论理解式(2-17)，视路径为方案，效用为负的阻抗，即$U_k^{rs}=-C_k^{rs}$。如果需要变换单位来统一阻抗与效用的对比水平，则可令$U_k^{rs}=-\theta C_k^{rs}$，$\theta$ 为正的比例参数。这样，式(2-17)就是利用效用最大原理推出的结果，(理解)效用最大的方案即理解阻抗最小的路径。

不同的随机运量加载模型之间的主要差别是，所假设的理解阻抗这一随机变量的分布不同。当确定了随机变量的分布后，每条备选路径被选中的概率也就能计算出来，运量也能相应加载上网。当从 r 至 s 的 OD 需求为q_{rs}，路径 k 被选中的概率为P_k^{rs}时，路径 k 上的流量为：

$$f_k^{rs}=q_{rs}P_k^{rs},\quad \forall k,r,s \tag{2-18}$$

假定所有备选方案的效用是等同的、相互独立的 Gumbel 分布变量。LOGIT 路径选择模型则是从下述效用公式推导出来的：

$$U_k^{rs}=-\theta c_k^{rs}+\varepsilon_k^{rs},\quad \forall k,r,s \tag{2-19}$$

式中，U_k^{rs}是从起点 r 至终点 s 的第 k 条路径的效用；c_k^{rs}是相应的测定阻抗值；θ 是一个正的对换参数；而ε_k^{rs}是一个随机项，它的分布由 Gumbel 密度函数给定。ε_k^{rs}类似于式(2-16)中的随机项，其实有$\varepsilon_k^{rs}=-\theta\xi_k^{rs}(\forall r,s)$。因为假定所有误差项(同一个 OD 对之间)都是相同分布的，故ε_k^{rs}可记为ε^{rs}，则路径 k 被选中的概率是：

$$P_k^{rs}=\frac{\exp(-\theta c_k^{rs})}{\sum_l \exp(-\theta c_l^{rs})},\quad \forall k,r,s \tag{2-20}$$

使用“理解阻抗”来替代“效用”，则从 r 至 s 的路径 k 上的理解阻抗C_k^{rs}为：

$$C_k^{rs}=c_k^{rs}-\frac{1}{\theta}\varepsilon^{rs},\quad \forall k,r,s \tag{2-21}$$

式中，ε^{rs}是 Gumbel 随机变量。

当交通网络上的阻抗不仅是随机变量，而且与流量相关时，假设理解路段阻抗的期望值是路段流量的函数，即 $t_a=t_a(x_a)$，$E(T_a)=t_a$，T_a是路段 a 的理解阻抗。

对于给定 OD 需求$\{q_{rs}\}$,随机平衡配流问题的基本约束是式(2-18),此式同时蕴含了一个守恒的条件,即

$$\sum_k f_k^{rs} = q_{rs}, \quad \forall r,s \tag{2-22}$$

式(2-18)中P_k^{rs}是 OD 对 rs 之间路径 k 被选中的概率(此时的测定阻抗是向量 $\boldsymbol{t}$),即$P_k^{rs} = P_k^{rs}(\boldsymbol{t}) = \Pr(C_k^{rs} \leqslant C_l^{rs}, \forall l \neq k \in K_{rs} \mid \boldsymbol{t})$,$C_k^{rs} = \sum_a T_a \delta_{a,k}^{rs}(\forall k,r,s)$。

定义随机用户平衡配流(Stochastic User Equilibrium,SUE)条件:在平衡点,再没有出行者相信依靠其单方面改变路径的决策可以减少其行驶阻抗。从这个定义出发,路径被选中的概率就是其理解阻抗在连接该 OD 对的所有路径的理解阻抗中为最小的概率。在 SUE 平衡点,OD 对之间所有被选的路径上,并不一定有相同的测定阻抗值,取而代之的是式(2-18)必须满足。此式中,路径流量与P_k^{rs}相关,P_k^{rs}与理解阻抗大小有关,理解路径又与理解路段阻抗有关且是随机变量,路段阻抗的测定值又是流量的函数,如此循环相依,达成 SUE 的平衡条件。特别地,SUE 比 UE 更有用,即 UE 是 SUE 的一种特殊情形,只要设理解阻抗的方差为零,SUE 就变成了 UE。

Fisk 于 1980 年提出了一个最小化问题,该问题的变量为路径流量 f_k^{rs},并且假定路段阻抗只和本路段流量相关(Fisk,1980)。可以根据其一阶条件证明该最小化问题的解对应于 LOGIT 形式的路径选择公式,最小化问题表示如下:

$$\min_f Z(\boldsymbol{f}) = \frac{1}{\theta}\sum_{rs,k} f_k^{rs} \ln f_k^{rs} + \int_0^{x_a} t_a(w)\,\mathrm{d}w \tag{2-23}$$

$$\text{s.t.} \quad \sum_k f_k^{rs} = q_{rs}, \quad \forall r,s \tag{2-24}$$

$$f_k^{rs} \geqslant 0, \quad \forall r,s,k \tag{2-25}$$

$$x_a = \sum_{rs,k} f_k^{rs}\delta_{a,k}^{rs} \geqslant 0, \quad \forall a \tag{2-26}$$

针对每个 OD 对,式(2-18)表示为向量形式如下:

$$\boldsymbol{f}^{rs} = q_{rs}\boldsymbol{P}^{rs}(\boldsymbol{f}) \stackrel{\text{def}}{=\!=} \boldsymbol{F}^{rs}(\boldsymbol{f}) \tag{2-27}$$

式中,$\boldsymbol{f}^{rs} = [f_k^{rs}]$是 OD 对 rs 之间的路径流量的向量表示,所有路径流向量$\boldsymbol{f} = [\boldsymbol{f}^{rs}]$,$\boldsymbol{P}^{rs}$是 OD 对 rs 之间的路径选择概率的向量表示。进一步定义向量值函数 $\boldsymbol{F}(\boldsymbol{f}) = [\boldsymbol{F}^{rs}(\boldsymbol{f})]$,则对应于 LOGIT 形式的路径选择公式,可以表示成如下不动点问题(FPP):

$$\boldsymbol{f} = \boldsymbol{F}(\boldsymbol{f}) \tag{2-28}$$

由式(2-20),$\boldsymbol{P}^{rs}$是路径费用 c 的函数,而路径费用 c 是路径流量 $\boldsymbol{f}$ 的函数,因此,$\boldsymbol{P}^{rs}$可表示为$\boldsymbol{P}^{rs}(\boldsymbol{f})$,从而 $\boldsymbol{F}(\boldsymbol{f})$ 就是路径流量 $\boldsymbol{f}$ 的函数,并且 $\boldsymbol{F}(\boldsymbol{f})$ 是连续函数;又由式(2-22)可知,可行路径流量的定义域有界,则根据定理 A-4(见附录 A),

式(2-28)的解存在。

式(2-28)的求解可以直接利用不动点本身进行迭代,也可以设计基于 MSA 等的其他求解算法。基于 MSA 的求解算法简述如下:

算法 2-2:

第 1 步:初始化。

根据零流路段费用$c_a^{(1)}=c_a(0)$,确定每个 OD 对之间的有效路径集合,计算各有效路径流量 $\boldsymbol{f}^{(1)}=\boldsymbol{F}(0)$,进而得到初始可行路段流量$x_a^{(n)}$,令迭代次数 $n=1$。

第 2 步:计算辅助的可行路段流量。

计算路段费用$c_a^{(n)}=c_a(x_a^{(n)})$,根据路段费用$c_a^{(n)}$,更新每个 OD 对之间的有效路径集合,计算各有效路径流量 $\boldsymbol{y}^{(n)}=\boldsymbol{F}(\boldsymbol{f}^{(n)})$。

第 3 步: 流量更新。

令 $\boldsymbol{f}^{(n+1)}=\boldsymbol{f}^{(n)}+\frac{1}{n+1}(\boldsymbol{y}^{(n)}-\boldsymbol{f}^{(n)})$,进而计算路段流量 $\boldsymbol{x}^{(n+1)}$。

第 4 步:收敛性检验。

若$\|x^{(n+1)}-x^{(n)}\|\leqslant\varepsilon$,($\varepsilon$ 为事先给定的迭代精度)则结束;否则,令 $n=n+1$,转至第 2 步。

2.3 小　　结

本章主要介绍了交通网络配流的 UE 和 SUE 模型,包括其配流原则、优化模型和 VI 模型、求解算法。这些模型和方法也是本书研究公交网络客流分配模型的理论基础。本章内容可使读者更好地理解后续章节的有关内容。

第3章 经典的公交客流分配模型

3.1 概　　述

在集成的交通规划方法中,出行者在网络上的路径选择和分配是估计(预测)网络上路段流量需求的前提,而路径选择建模是所有分配算法的基础。公交规划中,线路调整、站点位置选择、运营策略选择、公交车辆优先计划、行车与停车安排、环境影响等研究都涉及公交客流分配模型和算法。

一个公交网络由一组车站及连接车站的公交路段组成,每条公交路段都有一组公交线路经过,乘客只能在车站才能上、下车或换乘其他公交线路。公交线路(公交线)一般是指在公交网络中两个节点间运行的一组车辆的线路,这些车辆的尺寸大小、运载能力及运营特征相同,并且每次运行所经过的节点和路段也相同。公交网络最重要的特征之一就是存在线路的重叠,即在同一路段上运营的公交线路共享同样的站点,这种现象形成了公交网络中的共线问题,如图 3-1 和图 3-2 所示。所谓共线(Common line)是指在公交网络中任意一对节点(相邻车站或不相邻车站)之间可能有多条公交线路通过。由于共线的存在导致公交配流问题和普通的道路交通配流问题明显不同,即公交乘客在车站乘车时,由于共线的存在,他们并不是选择具体的公交线路,而更可能是一组共线;一旦乘客选择了一组共线,为了减少等待时间,他们将乘上共线中到达的第一辆公交车,则最终分到各条线路上的乘客数量将由乘客的到达规律和各条线路的到达情况来决定,而不是乘客本身。因此,如何对共线进行处理,从而较好地反映乘客的实际出行选择行为是公交配流问题中的一个难点所在,这又与公交网络的描述方法有密切关系。本节将在不同公交网络描述方法的基础上介绍现有的几种比较经典的客流分配模型。

在这样的原始公交网络上建立客流分配模型时,已知条件包括:①由公交线路组成的公交网络;②公交线路车辆在任意两个相邻节点之间的路段上的行驶时间;③在每个节点上,所有服务该节点的公交线路车辆到达间隔时间的分布;④每个节点上乘客的到达率。这样,我们可以构造出给定线路的等车时间分布,进而可以计算出通过某一节点的线路集合中等待第一辆公交车到达所需要的预计时间，以及每条线路首先到达的概率。

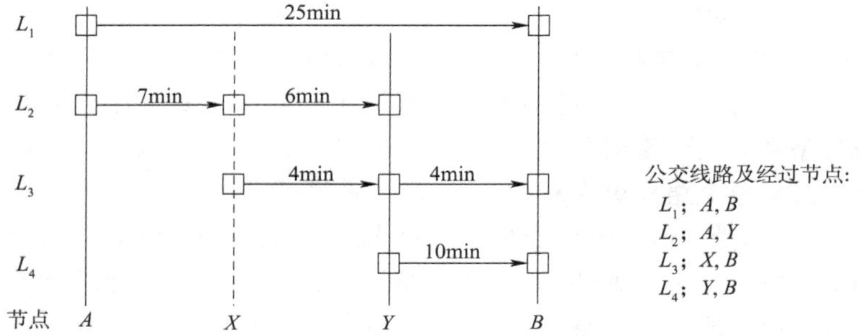

图 3-1 原始公交网络示意图(一)

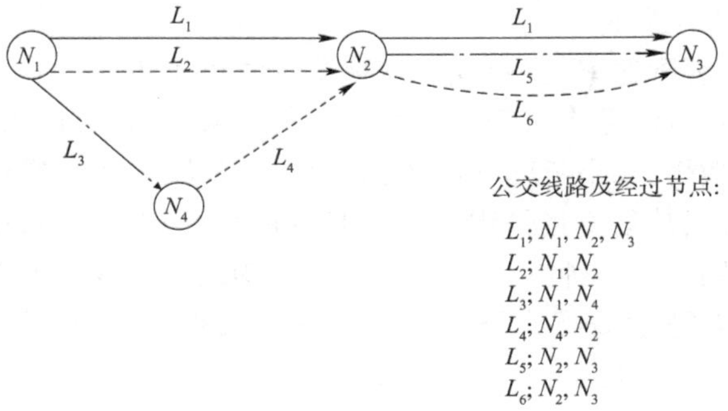

图 3-2 原始公交网络示意图(二)

假定乘客以其总预期出行时间(即预期等车时间和车上时间的加权和)最小的方式进行公交出行选择，在建立公交网络上的客流分配模型时，其复杂性来自以下几个方面：

(1)公交车站复杂的排队系统

如果公交车站乘客的到达率不高，该站点的服务车辆能够轻松满足到达乘客的需求，乘客可以在车辆既定的停站时间内乘上到达的公交车并且不产生额外的等车时间。但随着乘客到达率的不断增加以至接近线路的能力(Capacity)，等待时间将不断增加。由于满载或没有足够容量承载车站等待乘客的公交车数量增加，等待时间将趋于无穷大。如果利用排队方法和严格容量概念来解决车站等车问题，用公式表示的话将是一个十分复杂的公式，并带来可行性问题和数值不稳定性。如果采取一种类似预测拥挤道路网络平衡状况的方法，即每条道路有严格的通行容量且通行容量不可超限，采用无限增长的容量延迟函数来模拟道路拥挤，这种方法虽然简单，但当需求很高时，某些线路配流的结果实际上可能会过载（De Cea 和 Fernández，1993）。

（2）吸引集的变化

如前所述，在公交车站等车的乘客并不是选择一条确定的线路，实际上是选择一组公交线，这组公交线可以使乘客的总预期出行时间达到最小。而乘客最终会选择哪条线路则取决于该组公交线中最先到达的公交车辆，该选择比仅从一组可能的路径中选择单个路径更为复杂。而且，当乘客需求增加时，由于每条线路的拥挤程度不同，所选择的这组公交线会发生变化，分配到这组公交线中各条线路上的乘客比例也会发生变化。另外，如果乘客不能直达目的地，他/她所选择的这组公交线还与这些线路所连的换乘节点的拥挤状况有关：所选的公交线所连接的换乘点如果太拥挤，那么即使这条公交线不拥挤，乘客也可能不会考虑。

（3）车上拥挤的描述

同样，随着乘客到达率的不断增加，乘车时间也不再是常数。此时，一般处理方法有两种。一种方法是将车辆运行时间仍作为常数，只考虑乘客在车上的拥挤程度。对于车上拥挤，如果考虑座位数，则用一个分段函数来描述拥挤费用（四兵锋和高自友，2013），或者直接采用一个类似道路网络 BPR（Bureau of Public Road）函数描述拥挤费用。另一种方法则相反，不考虑乘客在车上的拥挤程度，将车辆的行驶时间作为乘客数量的函数（Spiess 和 Florian，1989），随着乘客数量的增加，车辆行驶时间变长。

（4）换乘惩罚

如果公交配流模型不考虑换乘惩罚，则很难体现公交乘客出行选择的特征或得到不合理的路径选择结果。一种替代的方法是在公交网络扩展时增加换乘路段（四兵锋和高自友，2013），或者在公交网络描述中直接排除换乘超过一定次数（一般为 2 次）的路径（Baaj 和 Mahmassani，1990；高自友和任华玲，2005；Ren 等，2009；Ren 等，2012）。如果公交配流模型考虑换乘惩罚，一般假定这部分为常数。

如果在只有直达的公交网络上进行配流，并且不考虑车站和车上的拥挤程度，也不考虑换乘，那么乘客可以根据固定的乘车时间和线路的名义频率（零流情况下的设定频率），通过使总预期出行时间最小来确定最优的线路组合。但这仅适合于简单网络，且公交出行需求不高、公交网络不拥挤的情况。当公交出行需求不断提高，而公交线路能力有限时，公交车站和车上都可能出现拥挤；再加上网络规模增大，很多 OD 对之间需要换乘才能到达，而上述几部分费用的构成特征又完全不同，这使得建立公交网络平衡配流模型变得困难重重。

后来发展了大量基于用户平衡准则的公交客流分配模型，除了这种基于确定信息的平衡模型，又发展了基于不确定信息的随机用户平衡模型。另外，根据研究方法和假设条件的不同，公交客流分配模型又可以分为基于频率的平衡模型和基于时刻表的平衡模型，基于静态费用的平衡模型和基于动态费用的平衡模型等。本书将主要介绍静态的基于频率的确定型和随机型公交客流分配模型，并结合双层规划将其应用到公交发车频率、公交票价和补贴策略优化中。

为了便于构造数学模型，并且能够反映乘客在公交网络上的路径选择行为，已有研究一般需要对公交线路表示的公交网络进行转换，不同的公交网络的转换方法对于建立模型进行公交配流至关重要。本章将介绍几种主要的公交网络描述和转换方法，以及基于转换公交网络的乘客出行选择行为和客流分配模型，以便读者对公交乘客出行特点和公交配流建模方法有一些深刻的了解。

3.2　基础的共线问题

由于公交网络与道路网络的差异以及网络费用构成的差异，乘客在公交网络上的路径选择也有很大的不同。早期 Dial(1967)和 Le Clercq(1972)在计算公交网络中的最短路径时采用的启发式方法同时考虑了等车时间和车上行驶时间。乘客乘坐第一辆到达的公交车，换乘惩罚等于等车时间的期望。Chriqui 和 Robillard(1975)第一次介绍了一种乘客选择行为特征，依照这种特征，乘客从备选线路集合中选择一个线路子集，他们将乘坐这个线路子集中第一辆到达的车辆。这个子集中的线路被称为“吸引集线路”(Attractive Lines)，它代表了具有较短车上行驶时间的线路(基于先验知识)。

De Cea 和 Fernández(1993)首次提出了共线的概念，与 Chriqui 和 Robillard(1975)的吸引集概念一致。为了说明这一概念，首先考虑一个只有一个 OD 对的公交网络，连接该 OD 对的直达公交线路的集合为 $A_s=\{l_1, l_2, \cdots, l_n\}$，如图 3-3 所示。

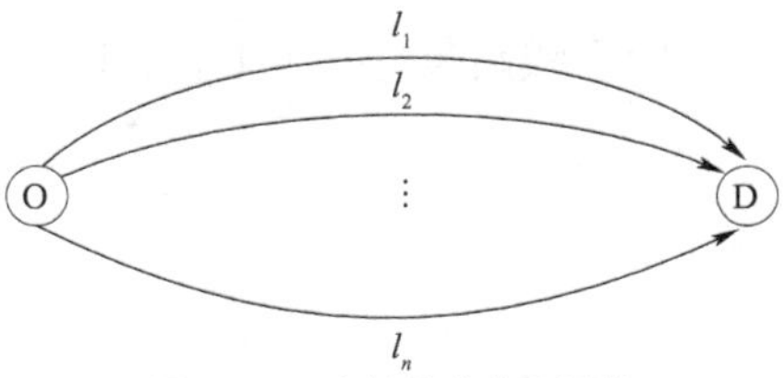

图 3-3　一个简单的公交网络

用 f_l^0 和 t_l 分别代表公交线 l 的名义发车频率(或额定发车频率，即公交车辆时刻表频率)和车上行驶时间，两者均为定值，并且假设公交车辆到达车站的时间间隔符合指数分布，而乘客是均匀到达公交车站的，乘客等待公交线 l 的等车时间是一个具有均值 $1/f_l^0$ 的独立随机变量。如果所有公交线能力都很充足，乘客出行选择的公交线路是那些能使其总出行时间(包含车站等车时间和车上行驶时间之和)最小的线路，则可以通过求解下列双曲线问题(Hyperbolic Problem)得到他们所考虑的公交线路吸引集：

$$\min_{x_l} \frac{1+\sum_{l=1}^{n} t_l \cdot f_l^0 \cdot x_l}{\sum_{l=1}^{n} f_l^0 \cdot x_l} \tag{3-1}$$

$$\text{s.t.} \quad x_l = 0,1 \tag{3-2}$$

如果 $x_l=1$，则公交线 l 属于吸引线路集，否则 l 将不属于吸引线路集。也就是说，如果 $x_l=0$，则乘客从出发点 O(Origin)去目的地 D(Destination)将不考虑公交线路 l。Chrique 和 Robillard（1975）给出了一个求解这个 0-1 规划问题的简单算法。现将此算法重新归纳如下。

算法 3-1：求解公交吸引线路集。

第 1 步：对连接 OD 对的公交线路进行排序，得到 $t_1 < t_2 < \cdots < t_n$。

第 2 步：设置初始最优吸引线路集为 $\bar{A}_s = \{l_1\}$，$t_s = t_1$，$f_s^0 = f_1^0$，令 $k=1$。

第 3 步：如果 $t_{k+1} \leqslant t_s + 1/f_s^0$，令 $\bar{A}_s = \bar{A}_s \cup \{l_{k+1}\}$。

第 4 步：令 $t_s = (f_s^0 t_s + f_{k+1}^0 t_{k+1})/(f_s^0 + f_{k+1}^0)$，$f_s^0 = f_s^0 + f_{k+1}^0$，转第 3 步。

根据上述算法计算得到乘客选择的公交线路吸引集(Attractive Line Set，简称 ALS)并定义为 $\bar{A}_s$，吸引线路集 $\bar{A}_s$ 的等车时间定义为 w_s^0，吸引线路集 $\bar{A}_s$ 的频率定义为 f_s^0，根据算法可以计算如下：

$$w_s^0 = \frac{1}{f_s^0} = \frac{1}{\sum_{l \in \bar{A}_s} f_l^0} \tag{3-3}$$

吸引线路集 $\bar{A}_s$ 的车上行驶时间为 t_s，计算如下：

$$t_s = \frac{1+\sum_{l \in \bar{A}_s} t_l f_l^0}{\sum_{l \in \bar{A}_s} f_l^0} \tag{3-4}$$

则乘客从起点 O 出发到达终点 D 的总出行时间/费用则为：

$$c_s = w_s^0 + t_s \tag{3-5}$$

3.3　基于共线路段的客流分配模型

考虑一个公交网络 $G(N,A,L)$，其中 N 代表公交站点/节点集合，A 代表公交线路上的路段集合，L 代表服务于该网络的公交线路的集合。对于网络中任意两个节点 N_1 和 N_2，如果存在连接这两个节点的直达线路，用 A_s 表示所有从节点 N_1 驶向节点 N_2 的直达公交线集合。可以根据 0-1 整数规划式(3-1)、式(3-2)计算出从节点 N_1 驶向节点 N_2 的乘客所考虑选择的公交线路吸引集 $\overline{A}_s$($\overline{A}_s \subset A_s$)，乘客将乘坐首先到达节点$N_1$ 的任意一辆属于吸引线路集 $\overline{A}_s$ 的公交车。将这些直达公交线在节点 N_1 和 N_2 之间组成共线路段 s。

通过在公交网络中任意两个可直达节点之间建立公交线路吸引集，得到任意两个节点之间的共线路段，可以把如图 3-2 的原始公交网络图转换成如图 3-4 所示的基于共线路段的公交网络。

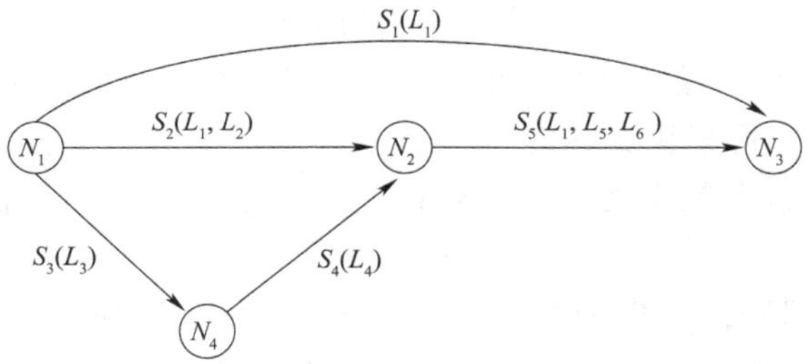

图 3-4　基于共线路段的公交网络示意

转换后的公交网络记为 $G'(N,A,L)$，这里的节点集合 N 和公交线路集合 L 不变，但路段是根据上述共线模型转换的共线路段，为方便起见，我们仍用字母 A 代表已转换的共线路段的集合，而转换后的公交网络用 G' 代替 G，以表示与原始公交网络的区别。任意 OD 对之间的乘客选择使其总出行时间[由公式(3-5)计算]最短的路径。在如前所述的关于车辆和乘客到达规律的假设条件下，同时假设乘客选择乘坐吸引线路集中第一辆到达的公交车，那么，如果所有线路的车上空间都是足够的，则吸引集中各线路所分担的乘客流量与该线路的发车频率成正比。

3.3.1　基于共线路段的客流分配 VI 模型

De Cea 和 Fernández(1993)的公交配流模型通过为到达节点的每条线路引入“有效频率”的概念，考虑了车站由于拥挤引起的乘客等车时间的增加。另外，该模型假设车上行驶时间是固定的，即没有考虑乘客在车上的拥挤状况。当公交系统不拥挤时，线路的有效频率等于其名义频率，因为在这种情况下，所有乘客都能及时上车，乘客的数量对等车时间基本没有影响。但是随着线路拥挤增加，乘客能够乘上拥挤线路的公交车变得越来越困难，乘客的等待时间随之增加，对应的有效频率将减少。与道路网络建模使用拥挤函数的一般方法类似，$t(a)$为共线路段$a \in A$的尾节点，为到达节点$t(a)$的每条线路定义"等价平均等车时间"如下：

$$w_l = \frac{\alpha_l}{f_l^0} + \varphi_l\left(\frac{v_l}{f_l^0 K_l}\right) \tag{3-6}$$

其中，等号右侧第一项是在非拥挤条件下的等车时间，α_l取决于乘客和车辆到达规律的假设，如上一节假设公交车辆到达车站的时间间隔符合指数分布，而乘客是均匀到达公交车站的，则$\alpha_l = 1$；第二项是与等待线路相关的费用，它与该线路的能力、车上已有客流量、线路客流量有关，φ_l直接表示为线路客流量v_l的单调递增函数，但它与其他线路客流量也间接相关。φ_l可以取幂函数形式：

$$\varphi_l = \beta_l\left(\frac{v_l}{f_l^0 K_l}\right)^n \tag{3-7}$$

其中，K_l是线路l中的每辆车的容量[每车最大乘客数量。如果节点$t(a)$是线路l的换乘节点，并且车辆到达时车上有乘客不下车，则此时K_l应取车上剩余容量]。使用等待时间和频率之间的关系来定义$t(a)$站线路l的"有效频率"f_l为：

$$f_l = (\alpha_l / w_l) \tag{3-8}$$

如果不存在拥挤，$\varphi_l = 0$，有效频率f_l的值将与公交站及客流量无关，并且等于名义频率f_l^0。当拥挤增加时，φ_l的值将减小，因此相应的有效频率也随之减小，$f_l \leqslant f_l^0$，其值与不同车辆及车站线路客流量、线路剩余容量均有关。式(3-7)中的参数β_l和n可以使用公交车站简化模型进行"校准"。

根据定义，有效频率值可能趋于零，但永远不会达到零值。此方法不考虑严格的线路能力，一条线路永远不会完全满载。选择线路的概率会随着乘客数量的增加而不断降低，但永远不会是零。这种方法不能保证实际中线路不会过载(正如使用 BPR 类型函数对道路网的平衡分配不能保证拥挤道路不会过载一样)。

现在定义共线路段a的有效频率f_a，它等于属于吸引集$\overline{A}_a$的所有线路的有效频率的总和，即：

$$f_a = \sum_{l \in \overline{A}_a} f_l \tag{3-9}$$

共线路段a中乘上各条线路l的乘客数量与其相对有效频率成正比：

$$v_l^a = \begin{cases} \dfrac{f_l}{f_a} v_a, & l \in \overline{A}_a \\ 0, & l \notin \overline{A}_a \end{cases} \quad \forall l \in A_a \tag{3-10}$$

式中，v_l^a是共线路段a中属于线路l的乘客数量，v_a是共线路段a的乘客数量。

吸引集$\bar{A}_a$的确定取决于公交网络的拥挤程度，同时也决定了共线路段 a 的构成，从而决定了公交网络转换后的构造$G'(N,A,L)$（Dea 和 Fernández，1993）。

在基于共线路段 a 转换的公交网络上，乘客出行时选择使其费用最小的出行路径，选择的最终结果为所有被乘客选择的路径上的费用都最小，即满足用户最优的 Wardrop 平衡条件（Wardrop，1952）。定义C_k^{rs}是基于共线路段构造的公交网络上路径 k 的出行费用，h_k是选择路径 k 的乘客流量，则它们满足如下关系：

$$C_k^{rs} = \sum_a \delta_{ak}^{rs} c_a, \quad \forall k \in K_{rs} \tag{3-11}$$

$$v_a = \sum_k \delta_{ak}^{rs} h_k^{rs}, \quad \forall a \in A \tag{3-12}$$

式中，K_{rs}是 OD 对 rs 之间的路径集合。如果一个可行的乘客路径流量满足如下的用户最优 Wardrop 平衡条件（Wardrop，1952），则称为公交平衡乘客流量。

$$C_k^{rs}\begin{cases} = u_{rs}, & h_k^{rs} \geqslant 0 \\ \geqslant u_{rs}, & h_k^{rs} = 0 \end{cases} \quad \forall k \in K_{rs} \tag{3-13}$$

式中，u_{rs}是连接 OD 对 rs 的所有被使用路径的平衡出行费用。并且容易证明（Florian 和 Spiess，1983），上述平衡条件具有等价的基于路段的 VIP：寻找客流 $\boldsymbol{v}^* \in \Omega$，使得下式成立。

$$\boldsymbol{c}(\boldsymbol{v}^*)(\boldsymbol{v} - \boldsymbol{v}^*) \geqslant 0, \quad \forall \boldsymbol{v} \in \Omega \tag{3-14}$$

式中，$\boldsymbol{c}$ 是路段费用向量，$\boldsymbol{v}$ 是路段客流向量，$\boldsymbol{v}^*$ 为平衡路段客流向量，Ω 为可行路段客流集合。

注 3-1：需要说明的是，对于所建立的 VIP(3-14)依赖于转换的公交网络的结构，因为不同的网络构造得到的公交路径不同；而公交网络的构造取决于网络上任意两个换乘点之间共线路段的组合；进一步地，共线路段取决于有效频率或者说客流量的分配结果，因此，在任何迭代算法中，公交网络的结构始终随着网络客流的变化而变化。Dea 和 Fernández(1993)在处理该问题时所采用的方法是：在利用共线路段转换公交网络时，任意两点之间的共线路段根据零流的名义频率利用 0-1 规划式(3-1)和式(3-2)得到的是最快的线路吸引集，其余较慢的线路可以通过再次利用 0-1 规划式(3-1)和式(3-2)得到，也就是说，任意两个换乘点之间可以组合成快慢不同的多条共线路段，而不仅是一条共线路段。这样，公交网络的拥挤可以通过乘客选择不同的共线路段来反映，公交网络不拥挤时，乘客只选择最快线路吸引集，拥挤增加时，有些乘客会选择具有较长车上行驶时间的慢车组合线路吸引集。而在公交配流的过程中，这些共线路段的构成不再根据拥挤状况进行重新计算，从而节省了算法中每次根据客流重新构造网络的过程。

3.3.2 客流分配 VI 模型的求解算法

在求解 VIP(3-14)时,其主要困难在于非线性约束式(3-10)的存在,一种方法是可以通过如下线性化处理进行解决:

$$v_l^a = f_l^0 w_a^0 v_a, \quad \forall l \in \overline{B}_a \tag{3-15}$$

式中,$\overline{B}_a$为属于共线路段 a 的线路集合。在此简化的公式中,共线路段中的线路流量是按照其名义频率的比例被分配给对应的线路的。也就是说,流量在吸引集中各线路上的分配不受流量或拥挤的影响,拥挤仅在路段中考虑,并取决于该路段客流量v_a、与路段 a 相竞争的路段上乘客数量$\overline{v}_a$以及路段 a 总通行能力K_a之间的比率。

那么,当名义频率 f_l^0 和等车时间 w_l^0 为常数,并且与拥挤程度无关时,等式(3-15)中 v_a是线性的,其中:

$$w_a^0 = \frac{1}{f_a^0} \tag{3-16}$$

用简单的线性方程关系式(3-15)代替非线性约束式(3-10),则原始可行集 Ω 用新可行集 Ω'代替,此时 VIP(3-14)用如下 VIP 代替:

$$\boldsymbol{c}(\boldsymbol{v}^*)(\boldsymbol{v}-\boldsymbol{v}^*) \geqslant 0, \quad \forall \boldsymbol{v} \in \Omega' \tag{3-17}$$

假设成本函数 $\boldsymbol{c}(\boldsymbol{v})$ 在一般情况下为非对称 Jacobian 矩阵,故 VIP(3-17)没有等价的优化问题。众所周知,解决非对称网络分配问题最常用的方法之一是“对角化”方法(Florain,1977;Abdulaal 和 Leblanc,1979)。在每次迭代中,成本函数$\boldsymbol{c}(\boldsymbol{v})$在当前解上被“对角化”处理为$\hat{\boldsymbol{c}}(\boldsymbol{v})$,以此得到一个等价的凸规划问题:

$$\min_{v \in \Omega'} \hat{\boldsymbol{c}}(\boldsymbol{x})\mathrm{d}\boldsymbol{x} \tag{3-18}$$

此凸规划问题可以用 Frank-Wolfe 算法(1956)来求解。因此,求解 VIP(3-17)的算法可概括如下。

算法 3-2:

第 1 步:初始化,找到一个初始可行解 $\boldsymbol{v}^{(0)}$,令迭代次数 $n=0$。

第 2 步:在 $\boldsymbol{v}^{(n)}$ 处进行对角化处理得到 $\boldsymbol{c}^{(n)}(\boldsymbol{v})$。

第 3 步:用 Frank-Wolfe 算法求解如下凸规划问题

$$\min_{v \in \Omega'} \boldsymbol{c}^{(n)}(\boldsymbol{x})\mathrm{d}\boldsymbol{x} \tag{3-19}$$

得到 $\boldsymbol{v}^{(n+1)}$。

第 4 步:如果 $\boldsymbol{v}^{(n+1)}$ 和 $\boldsymbol{v}^{(n)}$ 充分接近,则停止迭代;否则令 $n=n+1$,转第 2 步。

求解 VIP(3-14)的另一种方法是将线性化处理过程建立在当前解的基础

上，即

$$v_l^a = f_l^{(n)} w_l^{(n)} v_a, \quad \forall l \in \overline{B}_a \tag{3-20}$$

式中，$f_l^{(n)}$和$w_l^{(n)}$分别为客流量为$v^{(n)}$时的有效频率和等车时间。提出如下求解 VIP(3-14)的算法。

算法 3-3：

第 1 步：初始化，找到一个初始可行解$\boldsymbol{v}^{(0)}$，令迭代次数 $n=0$。

第 2 步：在 $\boldsymbol{v}^{(n)}$ 处进行对角化处理得到 $\boldsymbol{c}^{(n)}(\boldsymbol{v})$。

第 3 步：用 Frank-Wolfe 算法求解如下凸规划问题。

$$\min_{\boldsymbol{v} \in \Omega^{(n)}} \boldsymbol{c}^{(n)}(\boldsymbol{x})\mathrm{d}\boldsymbol{x} \tag{3-21}$$

式中，$\Omega^{(n)}$是利用式(3-20)对非线性约束进行线性化处理后的可行客流集合，求得解为 $\boldsymbol{v}^{(n+1)}$。

第 4 步：如果 $\boldsymbol{v}^{(n+1)}$ 和 $\boldsymbol{v}^{(n)}$ 充分接近，则停止迭代；否则令 $n=n+1$，转第 2 步。

3.3.3 基于共线路段模型的特征

公交线路吸引集是由连接两个站点之间的直达线路组成的，基于共线路段概念进行公交配流问题建模时，需要注意以下三个问题，这里以注的形式列举如下。

注 3-2：两个站点之间的线路吸引集是可分割的(Divergent)。

先用一个简单的例子来说明。例如图 3-3 的简单公交网络，假设有两条公交线路 l_1和 l_2，车上行驶时间分别是 $t_1=10$min 和 $t_2=20$min，名义频率为$f_1=f_2=10$车/h，$K_1=K_2=100$ 人/车，有效频率采用式(3-6)～式(3-8)。

当乘客需求量为 1 人时，所有乘客只选择 l_1，即 $\overline{A}_a=\{l_1\}$，此时 $c_a=16.0036\text{min} < t_2=20\text{min}$。

当乘客需求量为 50 人时，如果所有乘客仍只选择 l_1，即 $\overline{A}_a=\{l_1\}$，此时其总出行时间 $c_a=25\text{min} > t_2=20\text{min}$，那么乘客就会考虑同时选择 l_1和 l_2。如果令 $\overline{A}'_a=\{l_1,l_2\}$，根据有效频率计算出选择 l_1和 l_2的乘客数各为 25 人，则 $c_{a'}=19.125\text{min}$。但此时如果考虑线路吸引集 $\overline{A}_a=\{l_1\}$，其总出行时间 $c_a=18.25 < c_{a'}=19.125\text{min}$。也就是说，当所有乘客都选择 $\overline{A}'_a=\{l_1,l_2\}$ 时，其总出行时间并不是最小的，而当一部分乘客选择 $\overline{A}_a$，另一部分乘客选择 $\overline{A}'_a$时，其总出行时间会更小。

也就是说，乘客在两个站点之间进行线路吸引集的选择时，并不一定是所有乘客都选择包含所有吸引线路的吸引集才能使乘客的总出行时间最小，也可能是分开选择不同的线路吸引集时可以使乘客的总出行时间最小。这个例子的结果并不是个例,以下对此进行证明。

考虑一组直达线路连接两个站点的例子来说明拥挤时共线问题的可分割特性。直达线路 $l_1, l_2, \cdots, l_n$的车上行驶时间满足 $t_1 < t_2 < \cdots < t_n$,当需求量 d 很小时,所有线路都可以装载所分配的乘客。我们使用 0-1 规划式(3-1)和式(3-2)来计算吸引线路集(Attractive Line Set,简称 ALS),但这里名义频率用有效频率代替。

假设我们使用算法 3-1 获得的吸引线路集为 $\Omega = \{l_1\}$。当需求 d 较低并且 $1/f_1(d) + t_1 < t_2$时,它们将全部分配给线路 l_1。

当需求 d 稍微增加时,由 $1/f_1(d)$计算的线路 l_1的等车时间增加,当 $1/f_1(d) + t_1 = t_2$时,可以证明所有乘客仍然只选择线路 l_1。首先,我们检查是否有些乘客会考虑 l_2。与 Spiess 和 Florian(1989)和 Bouzaïene-Ayari 等(2001)一致,这里由 l_1和 l_2可以组成三种策略:仅考虑线路 l_1的策略1;同时考虑线路 l_1和 l_2的策略2;仅考虑线路l_2的策略 3。策略 1 和策略 2 中的总出行时间分别为:

$$c_1 = \frac{1}{f_1(v_1) + t_1} \tag{3-22}$$

$$c_2 = \frac{1}{f_1(v_1) + f_2(v_2)} + \frac{f_1(v_1)t_1 + f_2(v_2)t_2}{f_1(v_1) + f_2(v_2)} \tag{3-23}$$

如果 $v_1 < d$,则

$$c_2 - c_1 = \frac{f_2(v_2)[t_2 - t_1 - 1/f_1(v_1)]}{f_1(v_1) + f_2(v_2)} > \frac{f_2(v_2)[t_2 - t_1 - 1/f_1(d)]}{f_1(v_1) + f_2(v_2)} = 0 \tag{3-24}$$

因此没有乘客选择策略 2。此外,策略 3 中每位乘客的总出行时间为:

$$c_3 = 1/f_2(v_2) + t_2 \tag{3-25}$$

可见,c_3 总是大于c_2,所以没有乘客选择策略 3。

当 $1/f_1(d) + t_1 > t_2$时,可以证明并非所有乘客都选择完全相同的策略。即使策略可以包括乘客想要选择的任何线路,也无法为给定 OD 对之间的所有乘客找到同一个最佳的策略。如本例所示,因为 $1/f_1(v_1) + t_1 > t_2$,所以乘客的选择中考虑了 l_2。假设选择策略 2 的乘客比例为 $\lambda(0 \leqslant \lambda \leqslant 1)$,那么选择策略 1 和策略 2 的乘客人数为:

$$v_1 = d - \lambda d \tag{3-26}$$

$$v_2 = \lambda d \tag{3-27}$$

每个策略的出行时间都分别是 λ 的连续函数。

当 $\lambda = 0$ 时,由于 $1/f_1(d) + t_1 > t_2$,所以$c_1 > c_2$。

当 $\lambda = 1$ 时,得到

$$c_2 - c_1 = \frac{f_2(v_2)}{f_1(v_1) + f_2(v_2)}\left\{t_2 - \left[t_1 + \frac{1}{f_1(v_1)}\right]\right\} \tag{3-28}$$

因此,在给定f_1和f_2的情况下,$c_2 - c_1$的值取决于$f_1(v_1)$(或者说更直接地取决于需求d)。如果d不是很大,并且$t_1 + 1/f_1(v_1) < t_2 < t_1 + 1/f_1(d)$,则$c_2 > c_1$,有些乘客仍选择策略1;即存在$0 < \lambda < 1$,满足$c_2 = c_1$。如果$d$增加,并且$t_2 \leqslant t_1 + 1/f_1(v_1)$,则$c_2 \leqslant c_1$,所有乘客都选择策略2。

此外,在任何情况下,$c_3 > c_2$都成立。

综上,我们得出以下结论:

(1)在确定了吸引线路集之后(例如$\{l_1, l_2, \cdots, l_k\}$),对乘客的分配不能直接仅根据有效频率,这意味着并非所有乘客都会选择吸引线路集中所有线路组成的策略。换句话说,最终平衡状态下的最优策略是可分割的(Bouzaïene-Ayari 等,2001)。

(2)虽然并不是所有乘客都考虑全部吸引线路组成的策略,但是,车上行驶时间短的线路将始终包含在所有被选策略中。比如通过0-1规划式(3-1)和式(3-2)计算出的吸引线路集是$\{l_1, l_2, \cdots, l_k\}$,则乘客不会考虑策略集$\{\{l_1\}, \{l_1, l_2\}, \{l_1, l_2, l_3\}, \cdots, \{l_1, l_2, \cdots, l_k\}\}$之外的策略,即最优策略全部包含在这些策略中。

注3-3:公交网络存在换乘节点时,直接利用共线方法得到的解可能不是最优解。

在公交网络中由共线路段(即两点之间只由直达线路组成的吸引集)表示的最短路径的总出行时间可能不是OD之间的最优结果。为了说明此问题,我们使用图3-5a)所示的小网络,并假设需求为1,可以不考虑拥挤。三条线路的频率分别为$f_1 = f_2 = 10$车/h,$f_3 = 20$车/h;车内行驶时间为$t_1 = 10\text{min}$,$t_2 = t_3 = 5\text{min}$。在这种情况下,从起点O到终点D的最短路径是共线路段S_1,总出行时间为$1/f_1 + t_1 = 16\text{min}$。实际上,如果乘客在起点O处同时考虑线路$l_1$和$l_2$,则起点O处的等待时间为$1/(f_1 + f_2) = 3\text{min}$,并且一半乘客选择线路$l_1$,一半乘客选择线路$l_2$。在这种情况下,总出行成本为$1/(f_1 + f_2) + 1/(2f_3) + 10 = 14.5\text{min}$,比最短路径的共线路段$S_1$小。这是因为共线路段仅由直达线路组成,乘客在一对换乘节点之间由直达线路组成的共线路段上出行。而如果这两个节点之间存在非直达的线路,是不能组合到共线路径中的,从而不能和共线路段中的直达线路一起继续更多地减少等车时间。而且,同一节点上的不同共线路段也不能直接轻易地组合,因为它们可能包含某些相同的线路。

注3-4:对前后相邻的两个共线路段,应考虑二者是否包含相同的线路。

为了说明该问题的必要性,仍然用图3-5的例子,不同的是,这里假设线路l_1在

节点 B 停靠,并且同样假设需求很低,可以不考虑拥挤。此时根据共线路段的概念转换的公交网络如图 3-5b)所示。共线路段 S_1 构成和路径的总出行时间仍然为 16min;S_2—S_3 构成的路径的总出行成本为 $1/(f_1+f_2)+1/(f_2+f_3)+10=15$min,小于第一条路径的总出行时间。因此,所有需求都分配给了第二条路径,则在节点 O 处,1/2 的需求分配到线路 l_1 上,另外 1/2 的需求分配到线路 l_2 上(与两条线路的频率成比例);类似地,在节点 B 处,2/3 的需求分配到线路 l_1 上,1/3 的需求分配到线路 l_3 上,那么有 $1/2-1/3=1/6$ 的需求从 l_1 换乘到 l_3。但是实际情况是没有乘客愿意离开能够直达的线路 l_1 去换乘 l_3,故此客流分配结果是不合理的。原因是前后相邻的两个共线路段 S_2 和 S_3 包含了相同的线路 l_1。

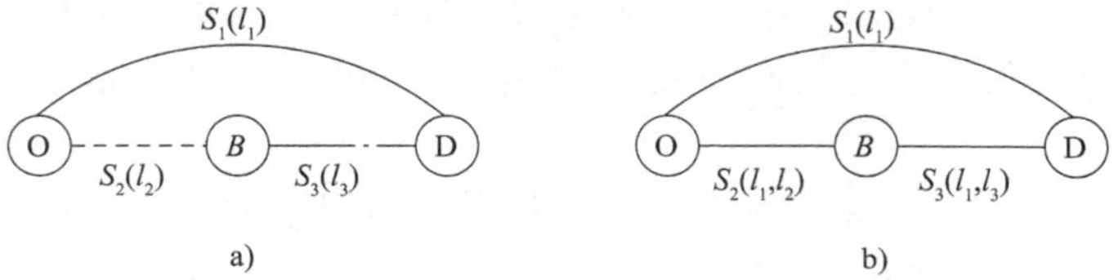

图 3-5 具有换乘节点的简单公交网络

3.4 基于策略的客流分配模型

3.4.1 策略的定义

Spiess 和 Florian(1989)在研究公交乘客的出行选择行为时,根据乘客并不是在可选路径中选择一条最优路径的特征,定义了策略的概念。策略由一些规则组成,乘客从任意节点开始根据这些规则进行选择时都能够到达终点。在如图 3-1 所示的原始公交网络中,如果出行者在某个节点上(比如 A 节点)等待时,知道在该节点有哪些线路经过,则策略可以包括这些线路的子集,此时的策略是:

"在线路 1 和线路 2 之间选择下一辆车:如果选择线路 1,就在节点 B 下车;如果选择线路 2,则在节点 Y 处换乘线路 3 或 4 中的任意一条并在节点 B 下车。"

当然,乘客在节点等车时也可能获得更多的信息(例如已经等待的时间,看到车辆的到达时间,从车窗向外看到其他车辆的信息等),使策略可能变得更加复杂,例如:

"线路 1 最多等待 5min,超过这个时间就选择线路 2;线路 2 上的乘客如果在节点 A 看见线路 3(快车)的车辆到达,则换乘线路 3,否则继续到节点 Y 并在那里换乘线路 3 或 4 中的任意一条。"

如果假设乘客在某个节点(比如 A 节点)等待时,只知道在该节点有哪些线路经过,或者说乘客此时需要决定的仅仅是看到一辆公交车到达时是否上车,则乘客进行基于策略的出行过程可以描述如下(注意,当网络中包含步行路段时,策略可以在节点处包含一个离开的步行路段,而不是一组吸引集)。

算法 3-4:

第 0 步:令当前节点为起始节点;

第 1 步:确定吸引集 $\bar{A}$,乘客乘上属于吸引集 $\bar{A}$ 线路的第一辆到达该站点的公交车;

第 2 步:在事先选定的节点下车;

第 3 步:如果到达终点,则乘客完成出行;否则,令到达站点为起始节点,转到第 1 步。

3.4.2　非拥挤公交网络的策略配流模型

为了描述基于策略的公交乘客出行行为,需要将原始公交网络进行扩展,扩展后的公交网络包含:车站、在每个车站处根据与其连接的线路扩展出来的节点(线路节点)、车站与线路节点连接的上车路段、线路行驶路段、换乘处从各线路节点下车到车站的下车路段。图 3-1 所示的原始公交网络扩展后如图 3-6 所示。

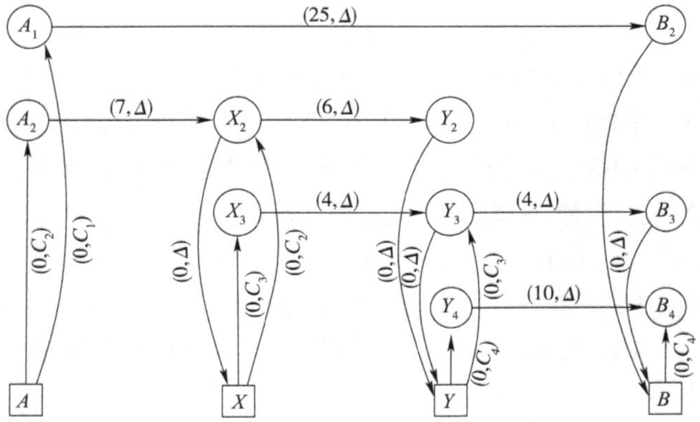

图 3-6　基于策略扩展的公交网络

路段上括号内的数字分别为路段行驶时间和等车时间,如果是下车路段则没有行驶时间(为 0)和等车时间(定义为 Δ);如果是车辆行驶路段,则只有车上行驶时间而没有等车时间;如果是上车路段,则没有行驶时间,只有等车时间。如果连接某个节点的路段只有一条进入路段和一条离开路段，则这两个路段可以合二为一，节点省略，简化后的公交网络如图 3-7 所示。

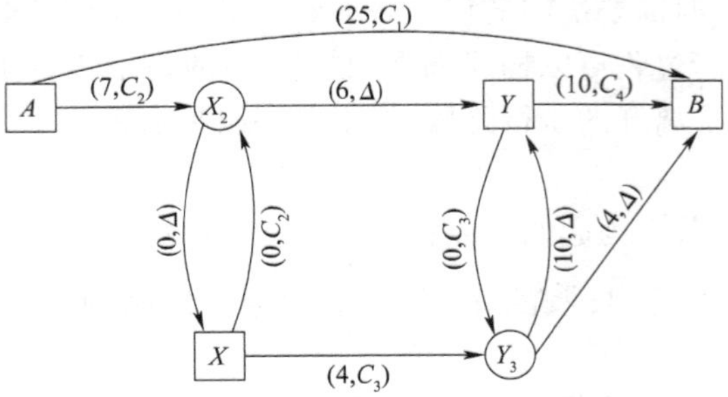

图 3-7　基于策略扩展的简化公交网络(简化后)

基于图 3-7 的公交网络，建立如下寻找最优策略$\bar{A}^*$的 OP：

$$\min \sum_a c_a v_a + \sum_i \frac{v_i}{\sum\limits_{a \in B_i^+} f_a^0 x_a} \tag{3-29}$$

$$\text{s.t.}\ \ v_a = \frac{x_a f_a^0}{\sum\limits_{a' \in A_i^+} f_{a'}^0 x_{a'}} v_i, \quad a \in B_i^+, i \in N \tag{3-30}$$

$$v_i = \sum_{a \in B_i^-} v_a + g_i, \quad i \in N \tag{3-31}$$

$$v_i \geqslant 0, \quad i \in N \tag{3-32}$$

$$x_a = 0,1, \quad a \in A \tag{3-33}$$

式中，B_i^+ 和 B_i^- 分别是离开和进入节点 i 的路段集合；f_a^0 是路段 a 所在线路的名义频率(在公交车辆到达时间间隔符合指数分布、乘客均匀到达的假设下，其倒数为该路段的等车时间)；g_i 为以节点 i 为起点的乘客需求或节点 i 产生的乘客需求；v_i 为节点 i 的乘客需求；v_a 为路段 a 的乘客流量，是决策变量；x_a 也是决策变量，当路段 a 被乘客选择，其值为 1，否则为 0。

OP(3-29) ~ (3-33)是一个非线性混合优化问题，决策变量包含连续变量和 0-1 整数变量两种。Spiess 和 Florian(1989)通过引入如下等车时间变量w_i，将目标函数变为线性函数：

$$w_i = \frac{v_i}{\sum\limits_{a \in B_i^+} f_a^0 x_a}, \quad i \in N \tag{3-34}$$

将节点约束式(3-32)转换为路段流量约束：

$$v_a \geqslant 0, \quad a \in A \tag{3-35}$$

再根据 $\sum_{a\in B_i^+} v_a = v_i$，可得：

$$\sum_{a\in B_i^+} v_a - \sum_{a\in B_i^-} v_a = g_i, \quad i\in N \tag{3-36}$$

另外，非线性约束式(3-30)根据式(3-34)可转换为：

$$v_a \leqslant x_a f_a^0 w_i, \quad a\in B_i^+, i\in N \tag{3-37}$$

约束式(3-37)可以进一步放宽为如下线性约束：

$$v_a \leqslant f_a^0 w_i, \quad a\in B_i^+, i\in N \tag{3-38}$$

这样，就把非线性混合 OP(3-29) ~ (3-33)转化为如下的线性规划(Linear Programming，LP)问题：

$$\min \sum_a c_a v_a + \sum_i w_i \tag{3-39}$$

$$\text{s.t.} \quad \sum_{a\in B_i^+} v_a - \sum_{a\in B_i^-} v_a = g_i, \quad i\in N, v_a \leqslant f_a^0 w_i, \quad a\in B_i^+, i\in N, v_a \geqslant 0, \quad a\in A$$

进一步给出 LP(3-39)、式(3-36)、式(3-38)、式(3-35)的对偶问题如下：

$$\max \sum_i g_i u_i \tag{3-40}$$

$$\text{s.t.} \quad u_j + c_a + \mu_a \geqslant u_i, \quad a=(i,j)\in A \tag{3-41}$$

$$\sum_{a\in A_i^+} f_a^0 \mu_a = 1, \quad i\in N \tag{3-42}$$

$$\mu_a \geqslant 0, \quad a\in A \tag{3-43}$$

令$(\boldsymbol{v}^*, \boldsymbol{w}^*)$和$(\boldsymbol{u}^*, \boldsymbol{\mu}^*)$分别表示满足弱互补松弛条件的两对偶问题的任意最优解。

求解公交配流问题(3-40) ~ (3-43)的算法分为两步：第一步计算从任意节点到终点 s 的最优策略 $\bar{A}^*$，以及从任意节点到终点的总出行时间的期望u_i^*；第二步将 OD 需求根据最优策略分配到公交网络上。

算法 3-5：

第 1 步：寻找最优策略。

第 1.1 步：初始化。

令$u_i=\infty, i\in N-\{s\}; u_r=0; f_i=0, i\in N; S=A; \bar{A}=\varnothing$。

第 1.2 步：检查下一个路段。

如果 $S=\varnothing$，则停止；否则寻找 $a=(i,j)\in S$ 满足下式：

$$u_j + c_a \leqslant u_{j'} + c_{a'}, a'=(i',j')\in S$$

并令 $S=S-\{a\}$。

第 1.3 步：更新节点标签。

如果$u_i \geqslant u_j + c_a$，则令

$$u_i = \frac{f_i^0 u_i + f_a^0 (u_j + c_a)}{f_i^0 + f_a^0}$$

$$f_i = f_i^0 + f_a^0; \bar{A} = \bar{A} + \{a\}$$

转第 1.2 步。

第 2 步:根据最优策略分配公交需求。

第 2.1 步:初始化。

令 $v_i = g_i, i \in N$。

第 2.2 步:流量加载。

将所有路段 $a \in A$,以 $(u_j + c_a)$ 降序排列;

如果 $a \in A$,则令 $v_a = \frac{f_a^0}{f_i^0} v_i, v_j = v_j + v_a$;否则,令 $v_a = 0$。

3.4.3 拥挤公交网络的策略配流模型 I

上一节所给策略模型和算法均假设公交网络不存在拥挤,即网络线路能力充足,乘客流量的增加既不影响等车时间,也不会产生车上拥挤。在此模型的基础上,Spiess 和 Florian(1989)继续提出了一种非线性的公交配流模型,其中将车上行驶时间假设为公交线路上乘客流量的增函数(不舒适函数),而站点等车时间不受拥挤程度的影响,这也是对实际情况的一种简化。

在该公交配流模型中,路段时间 c_a 不再是常数,而是路段流量 $\boldsymbol{v}$ 的连续函数 $c_a(\boldsymbol{v})$。这种表达方式可以在一定程度上反映拥挤车辆中乘客存在不舒适感而带来的"费用",或者车辆在不同道路拥挤条件下行驶时间的变化等。令 v_a^s 表示与目的地 s 相关联的路段 $a(a \in A)$ 上的乘客数量,则路段上的乘客数量 v_a 是到所有不同目的地 s 的乘客数量 v_a^s 的总和,即

$$v_a = \sum_s v_a^s, \quad a \in A \tag{3-44}$$

设从任意节点 $i(i \in N)$ 到目的地 s 的乘客需求为 d_{is},令 K_s 表示去往目的地 s 的所有可行策略的集合,h_i^k 是需求 d_{is} 中选择策略 $k \in K_s$ 乘客数量,则有如下守恒方程成立:

$$\sum_{k \in K_s} h_i^k = d_{is}, \quad i, s \in N, k \in K_s \tag{3-45}$$

与不考虑拥挤的策略配流模型中所假设的一样,每个乘客选择的策略都是使其预期总出行时间最小。然而,在考虑拥挤的非线性模型中,总出行时间依赖于所有路段上的流量,即路段流量 $\boldsymbol{v}$,因此也依赖于其他乘客的策略选择。

用户最优的出行选择行为可以通过平衡条件来表征,该条件与道路交通网络上的 Wardrop 原理(Wardrop,1952)类似。令 $C_{i,k}^s$ 表示从节点 i 到目的地 s 的选择策

略 $k \in K_s$ 的期望出行时间，用 u_i^s 表示从 i 到 s 的最小期望出行时间，则该平衡条件可以表示为：

$$\begin{cases} C_{i,k}^{s*} = u_i^{s*}, & h_{i,k}^{s*} > 0 \\ C_{i,k}^{s*} \geqslant u_i^{s*}, & h_{i,k}^{s*} = 0 \end{cases} \quad i,s \in N, k \in K_s \tag{3-46}$$

容易证明，上述平衡条件等价于一个变分不等式问题（VIP）（参见 Smith，1979）。然而，由于出行时间向量函数 $\boldsymbol{C}(\boldsymbol{v})$ 可能不是严格单调的，因此，可能没有直接适用的模型，并且可能存在多个平衡解。此外，求解算法也存在一定困难，因为大多数变分不等式问题的求解算法都要求映射向量函数 $\boldsymbol{C}(\boldsymbol{v})$ 满足至少与单调性一样强的条件，以保证收敛。因此，这一问题仍有待进一步研究。

当路段行驶时间是路段 a 上乘客流量的连续递增函数时，即 $c_a(v_a)$，则存在如下等价的凸规划问题：

$$\min\left[\sum_a \int_0^{v_a} c_a(x)\,\mathrm{d}x + \sum_{i,s} w_i^s\right] \tag{3-47}$$

$$\text{s.t.} \quad v_a^s \leqslant f_a^0 w_i^s, \quad s \in N, a \in A \tag{3-48}$$

$$\sum_{a \in A_i^+} v_a^s = \sum_{a \in A_i^-} v_a^s + d_{is}, \quad i,s \in N \tag{3-49}$$

$$v_a^s \geqslant 0, \quad s \in N, a \in A \tag{3-50}$$

可以证明凸规划问题(3-47)～(3-50)满足平衡条件(3-46)，证明过程参见 Spiess（1984）。由于这是一个凸极小化问题，因此可以使用此类问题的任何标准算法进行求解，例如线性逼近法（Frank 和 Wolfe，1956）或其 PARTAN 变体（Florian 等，1987）。

下面简要介绍一种基于线性逼近方法的求解算法。由于不需要明确存储基于终点的流量 v_a^s，因此它适合处理具有多个目的地的大规模公交网络。我们注意到，目标函数(3-47)的线性逼近使得该问题可以分解为针对每一个目的地的一系列子问题。对于每个目的地，该子问题等效于上一小节中所介绍的无拥挤公交网络上的配流问题，因此可以使用该小节中给出的算法进行求解。这样，求解凸规划问题(3-47)～(3-50)的算法 3-6 可概述如下：

算法 3-6：

第 0 步：初始化。

找到一个可行解 $(\boldsymbol{v}^{(0)}, w^{(0)})$，其中 $\boldsymbol{v}^{(0)}$ 表示乘客流量 $v_a^{(0)}$ 的向量形式，标量 $w^{(0)}$ 表示相应的总等车时间 $\sum_{i,s} w_i^{s(0)}$。令迭代次数 $n=0$。

第 1 步：子问题。

固定路段行驶时间 $c_a^{(n)} = c_a(v_a^{(n)})$，通过对每个目的地 s 应用算法 3-5 来计算 $(\hat{\boldsymbol{v}}^{(n)}, \hat{w}^{(n)})$。

第 2 步:线搜索。

求$\alpha^{(n)}$,使其最小化(3-47)在线段$(1-\alpha)(\boldsymbol{v}^{(n)},w^{(n)})+\lambda(\hat{\boldsymbol{v}}^{(n)},\hat{w}^{(n)})(0\leqslant\alpha\leqslant1)$上的目标函数。

第 3 步:更新。

令$(\boldsymbol{v}^{(n+1)},w^{(n+1)})=(1-\alpha^{(n)})(\boldsymbol{v}^{(n)},w^{(n)})+\alpha^{(n)}(\hat{\boldsymbol{v}}^{(n)},\hat{w}^{(n)})$。

如果$\|(\boldsymbol{v}^{(n+1)},w^{(n+1)})-(\boldsymbol{v}^{(n)},w^{(n)})\|<\varepsilon$,则停止;否则令$n=n+1$,转第 1 步。

值得注意的是,问题(3-47)~(3-50)以道路网络交通平衡问题作为其特例。当没有路段等车时间的时候,路段频率是无限的,其期望等车时间是零。

Nguyen 和 Pallottino(1988)也假定车站等车时间为一个常数,然后引入一个不舒适度函数以考虑车上拥挤所造成的影响,从而提出了一个类似的公交平衡配流模型,并证明了该模型可以表示为超级路径流空间中的一个变分不等式(VIP)问题。3.5 节将介绍基于超级路径的客流分配模型,研究表明,超级路径与策略的概念是一致的。

3.4.4 拥挤公交网络的策略配流模型Ⅱ

本节将 Spiess 和 Florian 的不考虑拥挤情况的线性规划模型进行改进,并借鉴 De Cea 和 Fernández 文章中的有效频率概念,假设每条路段有两个基本特征量,分别是线路上的乘车时间和有效频率,前者为常量,后者为等车时间的倒数(任华玲等,2013)。有效频率的函数形式$f_a(\cdot)$是连续的,并且处处有限,即$f_a:[0,\bar{v}_a]\to(0,\infty)$;当路段$a$上的流量趋于路段$a$上的最大容量$\bar{v}_a$时,$f_a$一致趋于无穷大。为了反映出乘客流量的增加会导致平均等车时间的增加,$f_a(\cdot)$是关于v_a的减函数,并且与网络中所有路段的客流量相关,因为乘客的等待时间不仅与本路段的等待乘客数量有关,还与乘客所等线路上已有的乘客数量有关。

通过以上分析,对 Spiess 和 Florian 的模型在等车时间上进行改进,以考虑拥挤对等车时间和流量在共线集内各线路上的分配这两方面的影响,假设路段的车上时间为常数。将与路段流量相关的有效频率代入模型,得到的模型为:

$$\min\left(\sum_a c_a v_a+\sum_{i,s} w_i^s\right) \tag{3-51}$$

$$\text{s.t.}\ \sum_{a\in B_i^+} v_a^s=\sum_{a\in B_i^-} v_a^s+d_{is},\quad i,s\in N \tag{3-52}$$

$$v_a^s=x_a^s f_a(\boldsymbol{v})w_i^s,\quad a\in A_i^+,i,s\in N \tag{3-53}$$

$$v_a^s\geqslant0,\quad a\in A,s\in N \tag{3-54}$$

$$x_a^s=0,1,\quad a\in A,s\in N \tag{3-55}$$

式中，$f_a(\boldsymbol{v})$表示路段 a 上的有效频率。由式(3-52)、式(3-53)及 $f_a(\boldsymbol{v})$ 的定义可知w_i^s非负，又由c_a、v_a、w_i非负可知，0 为目标函数的一个下界，因此该目标函数为线性最小化问题模型，具有最优解。

Spiess 和 Florian 在求解混合规划时把该线性最小化问题模型转化成了一个等价的线性规划问题，这里针对改进的模型，设计了一种基于松弛思想的相继平均法(Method of Successive Average，MSA)进行求解。在迭代过程中的第 n 步，暂时固定$f_a^{(n)} = f_a(\boldsymbol{v}^{(n)})$的情况下，求解如下子问题：

$$\min\left(\sum_a c_a v_a + \sum_{i,s} w_i^s\right) \tag{3-56}$$

$$\text{s.t.}\quad \sum_{a \in A_i^+} v_a^s = \sum_{a \in A_i^-} v_a^s + d_{is},\quad i,s \in N \tag{3-57}$$

$$v_a^s = x_a^s f_a^{(n)} w_i^s,\quad a \in A_i^+,\ i,s \in N \tag{3-58}$$

$$v_a^s \geqslant 0,\quad a \in A, s \in N \tag{3-59}$$

$$x_a^s = 0,1,\quad a \in A, s \in N \tag{3-60}$$

此时，由于$f_a^{(n)}$是已知量，它的求解与 Spiess 和 Florian 的文章中的线性规划的求解方法完全一样，唯一的不同之处是常数的名义频率f_a^0用第 n 次已知的有效频率$f_a^{(n)}$代替。因此，对于上述线性规划的求解，可以直接采用算法 3-5，这里不再赘述。

那么，对于考虑拥挤的公交配流模型(3-51)～(3-55)，基于 MSA 的求解算法中，外循环是一个松弛过程，根据第 n 步的流量分配结果计算出$f_a^{(n)} = f_a(\boldsymbol{v}^{(n)})$；在$f_a^{(n)}$暂时固定的情况下，内循环为利用算法 3-5 寻找最优策略并进行流量加载。具体求解过程如下：

算法 3-7：

第 0 步：初始化。

找到一个可行解$(\boldsymbol{v}^{(1)}, \boldsymbol{w}^{(1)})$，其中$\boldsymbol{v}^{(1)}$表示乘客流量$v_a^{(1)}$的向量形式，$\boldsymbol{w}^{(1)}$表示相应的等车时间$w_i^{s(1)}$的向量形式。令迭代次数 $n=1$。

第 1 步：松弛过程。

根据$\boldsymbol{v}^{(n)}$计算各路段的有效频率$f_a^{(n)} = f_a(\boldsymbol{v}^{(n)})$，并将其暂时固定。

第 2 步：内循环过程。

基于第 2 步计算的有效频率，应用算法 3-5 求出配流结果$(\hat{\boldsymbol{v}}^{(n)}, \hat{\boldsymbol{w}}^{(n)})$；

更新$(\boldsymbol{v}^{(n+1)}, \boldsymbol{w}^{(n+1)})\boldsymbol{v}^{(n+1)} = (\boldsymbol{v}^{(n)}, \boldsymbol{w}^{(n)}) + \dfrac{1}{n+1}[(\hat{\boldsymbol{v}}^{(n)}, \hat{\boldsymbol{w}}^{(n)}) - (\boldsymbol{v}^{(n)}, \boldsymbol{w}^{(n)})]$。

第 3 步：收敛判断。

若$\|(\boldsymbol{v}^{(n+1)}, \boldsymbol{w}^{(n+1)}) - (\boldsymbol{v}^{(n)}, \boldsymbol{w}^{(n)})\| < \varepsilon$($\varepsilon$ 为足够小的数)，则停止迭代；否则，令 $n = n+1$，返回第 1 步。

3.5 基于超级路径的客流分配模型

Wu 等(1994)基于扩展网络上超级路径概念,给网络中的每条路段都赋予一个名义频率和一个出行时间函数。超级路径流量和路段流量之间的对应关系通过一个路段-超级路径关联矩阵来实现,流量在路径上的总出行费用转化为一个只包含路段流量的表达式。他们将 Spiess 和 Florian(1989)提出的非线性模型扩展为非对称费用函数,将只考虑车上拥挤的模型扩展到同时考虑车上拥挤和等车拥挤的模型,即将等车时间和车上行驶时间都作为公交客流的函数。等车时间函数不仅与等车路段上的客流量有关,还与竞争同一线路能力的客流量有关;同样的,车上时间函数不仅与该路段上的客流量有关,也与竞争同一线路能力的客流量有关。在他们的模型中,对于分配到同一超级路径上的流量,如果需要进一步分流到同一节点的多条后续线路上时(这些线路因为共线问题都属于同一超级路径),只按照名义频率进行分流,而不考虑这些线路拥挤程度的不同对超级路径内节点上各线路分流比例的影响。

3.5.1 基于超级路径的 UE 条件

Wu 等(1994)定义的超级路径是具有流量分布规则的有向无环图。将起点 r 连接到目的地 s 的超级路径 k 是图 G 的子图$G^k=(N^k,A^k,L^k)$。定义 OD 对 rs 之间超级路径 k 上路段 a 的客流分配比例为δ_a^k,定义从 r 出发的超级路径 k 上的每个节点处,到达路段 a 尾节点 $t(a)$的客流所占比例为$\alpha_{t(a)}^k$。以 $t(a)$作为尾节点的弧集合记为$F_{t(a)}^k$,节点 $t(a)$处的流量分配到各弧上的客流比例表示为$p_a^k(a\in F_{t(a)}^k)$,则客流分配规则满足如下关系:

$$\alpha_r^k=\alpha_s^k=1 \tag{3-61}$$

$$\delta_a^k=\alpha_{t(a)}^k p_a^k,\quad \sum_{a'\in F_{t(a)}^k} p_{a'}^k=1 \tag{3-62}$$

$$\sum_{a'\in B_{h(a)}^k} \alpha_{t(a')}^k p_{a'}^k=\alpha_{h(a)}^k \tag{3-63}$$

其中,$B_{h(a)}^k$是在超级路径 k 上以节点 $h(a)$为头节点的弧的集合。可以看出,如果路径 k 被视为一个超级路径的子图,则对于任意 $a\in A^k$都有$\delta_a^k=p_a^k=1$。

在公交网络上使用超级路径的概念来代替一般的路径能更准确描述现实中公交乘客的出行选择行为。对于每一个节点 $t(a)$都至少有一条公交线路为其服务,定义p_a^k为超级路径 k 上流量分配给弧 a 的客流比例,也是乘客选择弧 a 的概率,由以下公式计算:

$$p_a^k = \frac{f_a^0}{\sum_{a' \in F_{t(a')}^k} f_{a'}^0} \tag{3-64}$$

其中，f_a^0是弧 a 的名义发车频率，该计算方法与 3.2 节中共线问题的假设一样。这样，一个节点的等车费用包含两部分：节点的等车时间 $1/\sum_{a' \in F_{t(a')}^k} f_{a'}^0$和等车弧上的费用$c_a(v)$。因此，超级路径 k 的出行费用可表示为：

$$C_k = \sum_{a \in A} \delta_a^k [c_a(v) + w_{ak}] = \sum_{a \in A} \delta_a^k [c_a(v) + w_a p_a^k] \tag{3-65}$$

其中，$w_{ak} = 1/\sum_{a' \in F_{t(a')}^k} f_{a'}^0, w_a^0 = 1/f_a^0$。用向量的形式表示式(3-65)为：

$$C_k = (\boldsymbol{\delta}^k)^{\mathrm{T}} [\boldsymbol{c}(\boldsymbol{v}) + \boldsymbol{w}^k] \tag{3-66}$$

可行的超级路径流的集合 Ω 定义如下：

$$\sum_{k \in K_{rs}} h_k = d_{rs}, \quad r, s \in N \tag{3-67}$$

$$h_k \geqslant 0, \quad k \in \boldsymbol{K}_{rs} \tag{3-68}$$

其中，h_k是超级路径 k 的客流量，d_{rs}是从起点 r 到目的地 s 的需求，K_{rs}是从起点 r 到终点 s 的超级路径的集合。

一般公交网络上客流满足的 UE 条件可以表示如下：

$$C_k \begin{cases} = u_{rs}^*, h_k > 0 \\ \geqslant u_{rs}^*, h_k = 0 \end{cases} \quad k \in \boldsymbol{K}_{rs} \tag{3-69}$$

其中，C_k是平衡状态下路径 k 上的费用，u_{rs}^* 是从起点 r 到目的地 s 的最小路径费用。

3.5.2　基于超级路径的 VI 模型

与公交客流 UE 条件(3-69)等价的 VIP 可以写成：寻找客流 $\boldsymbol{h}^* \in \Omega$，使得下式成立。

$$\boldsymbol{C}(\boldsymbol{h}^*)^{\mathrm{T}}(\boldsymbol{h} - \boldsymbol{h}^*) \geqslant 0, \quad \forall \boldsymbol{h} \in \Omega \tag{3-70}$$

或者

$$\boldsymbol{C}(\boldsymbol{v}^*)^{\mathrm{T}}(\boldsymbol{v} - \boldsymbol{v}^*) + \boldsymbol{w}^{\mathrm{T}}(\boldsymbol{h} - \boldsymbol{h}^*) \geqslant 0, \quad \forall \boldsymbol{v} \in \Omega_v, \forall \boldsymbol{h} \in \Omega \tag{3-71}$$

其中，$\boldsymbol{h}^*$和$\boldsymbol{v}^*$分别是平衡状态下的超级路径流量和路段流量；Ω_v是相应的可行路段流量集合，即

$$\Omega_v = \{\boldsymbol{v} \mid \boldsymbol{v} = \boldsymbol{\delta h}, \boldsymbol{h} \in \Omega\} \tag{3-72}$$

$\boldsymbol{w}$ 是超级路径的等车费用w_k的向量表示，其中w_k表示为：

$$w_k = \sum_{a \in A} \delta_{ak} w_{ak} = (\boldsymbol{\delta}^k)^{\mathrm{T}} \boldsymbol{w}^k \tag{3-73}$$

我们从式(3-71)中注意到,这里给出的公交平衡配流问题具有一个与其他此类问题不同的特殊特征,即它不能仅在路段流量空间或仅在路径流量空间中转化为 VIP,如同 Bertsekas 和 Gafni(1982)所给出的或前面所给出的,都是仅基于路径流量或仅基于路段流量的 VIP。他们证明了当 $\boldsymbol{C}(\boldsymbol{v})$ 是严格递增函数时,即车上行驶时间是车上客流量的严格递增函数时,该 VIP 的解 $\boldsymbol{v}^*$ 和$\boldsymbol{w}^{\mathrm{T}}\boldsymbol{h}^*$ 是唯一的。

3.5.3 基于超级路径 VI 模型的求解算法

对于该 VIP 的求解,Wu 等(1994)提出了对称线性化的方法,即在第 n 次迭代时,用对称线性映射来近似原有的非线性映射:

$$\boldsymbol{C}^{(n)}(\boldsymbol{h}) = \boldsymbol{C}(\boldsymbol{h}^{(n)}) + \frac{1}{\alpha}\boldsymbol{B}(\boldsymbol{h}^{(n)})(\boldsymbol{h} - \boldsymbol{h}^{(n)}) \tag{3-74}$$

其中,$\boldsymbol{B}(\boldsymbol{h}^{(n)})$是一个对称正定矩阵,可以取给定$\boldsymbol{h}^{(n)}$情况下费用向量 $\boldsymbol{C}$ 的 Jacobian 矩阵的对角矩阵(Linearized Jacobi Method,LJM),或者取某个固定矩阵 $\boldsymbol{B}$(投影方法,简称 PM);α 是正定矩阵参数。在这两种方法中,式(3-74)都可以定义并归结为以下凸规划问题的解。

$$\min_{\boldsymbol{h}\in\Omega}(\boldsymbol{h} - \boldsymbol{h}^{(n)})^{\mathrm{T}}\boldsymbol{C}(\boldsymbol{h}^{(n)}) + \frac{1}{2\alpha}(\boldsymbol{h} - \boldsymbol{h}^{(n)})^{\mathrm{T}}\boldsymbol{B}(\boldsymbol{h}^{(n)})(\boldsymbol{h} - \boldsymbol{h}^{(n)}) \tag{3-75}$$

如果$\boldsymbol{B}(\boldsymbol{h}^{(n)})$是对角矩阵,则该程序可以分解到每个 OD 对 rs 上的规模较小且独立的凸二次规划:

$$\min\sum_{k\in K_{rs}}(h_k - h_k^{(n)})C_k(\boldsymbol{h}^{(n)}) + \frac{1}{2\alpha}B_k(\boldsymbol{h}^{(n)})(h_k - h_k^{(n)})^2 \tag{3-76}$$

$$\text{s. t.}\quad \sum_{k\in K_{rs}} h_k = d_{rs} \tag{3-77}$$

$$h_k \geqslant 0,\quad \forall k\in K_{rs} \tag{3-78}$$

如果 OD 对中超级路径的数目很小,就可以很容易地求解该模型。然而,一般情况下,可行超级路径的数目很大,可以考虑对可行超级路径进行一定条件的限制,即使用K_{rs}的子集来代替全集,并且在需要的情况下再对该子集进行一定的扩展(Bertsekas 和 Gafni,1982)。同时定义间隙函数(Gap Function)GAP($\boldsymbol{h}$)如下:

$$\mathrm{GAP}(\boldsymbol{h}) = \min_{x\in\Omega}\boldsymbol{C}(\boldsymbol{h})^{\mathrm{T}}(\boldsymbol{h} - \boldsymbol{x}) \tag{3-79}$$

显然,GAP($\boldsymbol{h}$)$\geqslant 0$($\forall \boldsymbol{h}\in\Omega$);并且,当且仅当 $\boldsymbol{h}$ 是 VIP(3-70)的解时,GAP($\boldsymbol{h}$)$=0$。用间隙函数作为收敛条件时,给出如下对称线性化的求解算法。

算法 3-8:

第 1 步:初始化。

设精度参数为 ε;对于 OD 对 rs,令K_{rs}^0为可行超级路径集合K_{rs}的子集;令$\boldsymbol{h}^{(0)}$和

$\boldsymbol{v}^{(0)}$为初始可行的路径流量和路段流量;设置迭代次数 $n=1$。

第 2 步:计算最短超级路径。

对于每一个 OD 对 rs,基于当前费用向量 $\boldsymbol{c}(\boldsymbol{v}^{(n-1)})$求解最短超级路径$k_{rs}$和 GAP$(\boldsymbol{h}^{(n-1)})$,同时,令$K_{rs}^{(n)}=K_{rs}^{(n-1)}\cup k_{rs}$。

第 3 步:收敛性判断。

如果 GAP$(\boldsymbol{h}^{(n-1)})\leqslant\varepsilon$($\varepsilon$ 为足够小的数),则停止。

第 4 步:计算 $\boldsymbol{C}$ 和 $\boldsymbol{B}$。

对于 $k\in K_{rs}^{(n)}$,基于 $\boldsymbol{c}(\boldsymbol{v}^{(n-1)})$,寻找$C_k(\boldsymbol{h}^{(n-1)})$和$B_k(\boldsymbol{v}^{(n-1)})$(如果有需要)。

第 5 步:求解规划。

求解二次规划问题(3-75),令其解为$\boldsymbol{h}^{(n)}$。

第 6 步:客流量更新。

计算$\boldsymbol{v}^{(n)}=\boldsymbol{\delta}\,\boldsymbol{h}^{(n)}$,同时更新 $\boldsymbol{c}(\boldsymbol{v}^{(n)})$。令 $n=n+1$,转第 2 步。

在第 2 步中,最短超级路径问题是一个线性规划问题,且已经有一些有效的多项式算法可以用来求解(Nguyen 和 Pallottino,1985,1986;Spiess 和 Florian,1989)。在第 4 步中,可以通过递推的方式对超级路径 k 的费用$C_k(\boldsymbol{h}^{(n-1)})$进行更新。

$$u_s=0 \tag{3-80}$$

$$u_{t(a)}=\sum_{a'\in F_{t(a)}^k}(f_{a'}^0/f_{t(a)}^0)[u_{h(a')}+c_{a'}(v^{(n-1)})+w_{a'k}] \tag{3-81}$$

$$C_k=u_r \tag{3-82}$$

在上述递推公式中,$u_{t(a)}$表示从节点 $t(a)$到终点 s 的超级子路径的费用,$f_{t(a)}^0$表示超级路径 k 在节点 $t(a)$的名义频率,即 $f_{t(a)}^0=\sum_{a'\in F_{t(a)}^k}f_{a'}^0$。

此外,如果 $\boldsymbol{B}(\boldsymbol{h}^{(n-1)})$取值为费用向量 $\boldsymbol{C}(\boldsymbol{h}^{(n-1)})$的 Jacobian 矩阵的对角矩阵,则同样可以使用递推关系得到:

$$\frac{\partial u_s}{\partial h_k}=1 \tag{3-83}$$

$$\frac{\partial u_{t(a)}}{\partial h_k}=\sum_{a'\in F_{t(a)}^k}(f_{a'}^0/f_{t(a)}^0)^2\left(\frac{\partial u_{t(a')}}{\partial h_k}+\frac{\partial c_{a'}}{\partial v_{a'}}\right) \tag{3-84}$$

$$B_k(\boldsymbol{h}^{(n-1)})=\frac{\partial u_r}{\partial h_k} \tag{3-85}$$

3.6　基于换乘次数的公交配流模型

在美国公交公司的调查中发现,大约 58% 的受访者认为公交出行最多一次换乘是可接受的(Stern,1996 年)。在公交配流模型中,对换乘次数没有限制的结果是乘客所选择的最优策略或超级路径需多次换乘才能到达目的地(Borndörfer 等,2007)。有些模型中添加了代表换乘行为的换乘弧,为了减少换乘行为,可以通过增大换乘弧上的费用来解决这个问题(Cancela 等,2015)。但是这种方法仍然存在许多问题:①为每个可能换乘的站点添加换乘弧会使模型规模显著扩大,而如果仅在配流过程中增加有换乘行为的换乘弧,则在算法的每个阶段都要根据流量的变化和换乘行为的变化而改变网络结构,这使得大型公交网络上的乘客流量分配过程变得更具挑战性(Cancela 等,2015 年)。②换乘费用会因为换乘站点、便利程度、步行时间、等车时间和拥挤程度的不同而有很大差异,并且换乘费用大小与车上运行时间及等车时间之间的对比关系尚不清楚(Cancela 等,2015 年;Garcia-Martineza 等,2018)。③乘客的换乘态度在很大程度上还取决于整个出行中总的换乘次数,乘客在较短的出行中一般不愿意选择换乘路径;并且,即使换乘中没有额外的步行和等车时间,人们也愿意选择稍长的线路而不是换乘线路(Garcia-Martineza 等,2018)。④这种方法不方便网络设计人员进行网络优化设计时考虑乘客的换乘行为,从而减少最佳设计方案中的换乘次数(Cancela 等,2015)。

Han 和 Wilson(1982),Baaj 和 Mahmassani(1990,1991,1995),Afandizadeh 等(2013)以及 Arbex 和 Cunha(2015)提出的公交路线选择模型中认可了换乘因素对乘客出行行为的影响。这些模型中的备选路径根据换乘次数采用了词典序的编排策略,而在进行路径选择时则以避免换乘或换乘次数最小作为主要选择标准。

Baaj 和 Mahmassani(1990)开发了一套公交配流软件 TRUST 系统,该系统借鉴了 Han 和 Wilson(1982)模型的核心思想,即以换乘次数作为最重要的公交路径选择的标准。出行线路选择过程首先从 OD 之间所有的直达线路开始,只有找不到任何直达线路时,才会考虑涉及一次(并且仅一次)换乘的线路。如果有多个无需换乘的线路可选,则可以考虑用其他条件进一步筛选,比如利用共线条件。当存在多条具有相同(或没有)换乘次数的线路时,则假定乘客只考虑那些出行时间在一定范围内的线路,范围的大小可以依据 OD 之间距离而定;然后使用分配公式将乘客分配到这些线路上,分配公式可以依据各线路的相对频率。本小节将给出该系统各模块的功能和具体的调用过程,以及整个系统的功能作用。

该方法的整个乘客流量分配过程针对 OD 对是可分的,因此可以单独考虑每一个 OD 对。对于给定的 OD 对 rs,首先调用"通过节点的线路"("routes-passing-by")模块,该模块用于判断每一条线路是否经过指定节点,从而可以用来确定经过指定节点的线路有哪些。调用该模块分别得到经过节点 r 和经过节点 s 的线路集合,并用 SR1 和 SR2 表示。如果 SR1 或 SR2 中的任何一个为空,则这两个节点中至少有一个是任何公交线路都无法到达的，或者说无公交线路服务于该节点，则乘客需求d_{rs}无法分配。在需求无法分配的情况下，把 OD 对 rs 的需求（d_{rs}）添加到“未满足需求列表”（ * UNSATISFIED-DEMAND-LIST * ）中，该列表初始状态为空。

如果 SR1 和 SR2 都不为空，则调用“零换乘分配？”（“assign-0-transfer?”）模块，该模块的功能是检查是否可以对需求进行零换乘分配。该模块会判断 SR1 和 SR2 的交集是否为非空，并且给出所判断的非空的 SR1 和 SR2 的交集，也就是既经过节点 r 又经过节点 s 的线路集合，即 rs 之间直达线路的集合。对该非空的交集结果调用“零换乘方案”（“decide-0”）模块，其功能是确定哪些线路是可接受的零换乘线路，并给出分配乘客需求d_{rs}的方案。“零换乘方案”模块会先搜索具有最短车上行驶时间的线路，然后进行筛选。如果某线路的车上行驶时间超过最短车上行驶时间，达到一个给定的阈值（例如 50%），则该线路不被选择。得到可接受的零换乘线路集合后，该模块将需求d_{rs}按照简单的“频率共享”规则分配给线路集合中的各条线路，这里的“频率共享”规则即前文所述的根据相对频率把需求分配到共线集合所包含的线路上，结果得到线路分配的乘客流量占需求的比例等于其频率与所有可接受线路的频率总和之比（De Cea 和 Fernández，1993）。该规则仍然是基于以下假设：均匀到达的乘客搭乘上第一辆到达车站的公共汽车；等车时间的计算不考虑公交车车道的随机性。

如果“零换乘分配？”无法分配完成 r 和 s 之间的无换乘乘客需求，则调用“1 次换乘分配？”（“assign-1-transfer?”）模块，用于检查一次换乘是否可以完成行程。该模块需要确定是否存在可以一次换乘的节点，考虑每一对由通过节点 r 的线路（集合 SR1 中任意元素）和通过节点 s 线路（集合 SR2 中任意元素）构成的线路组合，比如 R1 和 R2，分别检查线路 R1 和 R2 的“节点列表”（“list-of-nodes”），找出节点列表的交集。如果交集不为空，则其元素为线路 R1 和 R2 的可能一次换乘节点。例如，如果交集为“（tf1 tf2）”，则 TRUST 系统会形成两个用于在节点 r 和 s 之间进行需求分配的可能路径：“（（R1 r tf1）（R2 tf1 s））”和“（（R1 r tf2）（R2 tf2 s））”。其中，第一条路径表示从节点 r 乘上线路 R1 的公交车到节点 tf1（换乘节点 1），在节点 tf1 换乘到线路 R2 并一直到达目的地 s。对于涉及一次换乘的可行路径，可以对其总出行时间进行估算，比如，对于上面的第一条路径，其总出行时间计算如下：

$$t_{rs} = t_{\mathrm{invtt},r,\mathrm{tf1}\mid \mathrm{R1}} + t_{\mathrm{invtt},\mathrm{tf1},s\mid \mathrm{R2}} + \frac{60}{2f_1} + \frac{60}{2f_2} + * \mathrm{TRANSFER\_PENALTY} * \quad (3\text{-}86)$$

其中，等号右侧第一项和第二项分别为在两条线路 R1 和 R2 上的行驶时间；第三和第四项分别是在节点 r 和换乘点 tf1 的平均等车时间；第五项为换乘惩罚。

如果节点 r 和 s 之间存在一次换乘的路径，则调用“1 次换乘方案”（“decide-

1”)模块,首先计算所有可行的一次换乘路径所关联的总出行时间,再应用类似于“零换乘方案”模块的筛选过程。在节点 r 和 s 之间,当某条路径的总出行时间超过该节点对之间最小总出行时间的给定阈值(例如取 10%)时,该路径将被拒绝。随后,将需求d_{rs}分配到已通过筛选过程的路径中。“1 次换乘方案”模块同样利用上述“频率共享”规则进行流量分配。需要注意的是,这里是将该规则应用在具有一次换乘的路径上而不是直达线路上。这个修改对于“1 次换乘方案”模块和“2 次换乘方案”模块同样适用。在上车节点 r 处将所有一次换乘路径按照离开节点 r 的起始线路进行分类,共享同一起始线路(例如 Rm)的路径形成一类路径(例如定义为 Cm)。这个分类过程是必要的,因为共享同一起始线路的路径可能有多条,但它们在节点 r 处乘上的是同一条线路,流量分配比例是同一条线路决定的。需求首先在类别路径之间根据“频率共享”规则进行乘客分配,每个类别路径所承载的乘客分配比例等于起始线路 Rm 的频率 f_m(也定义为该路径类别 Cm 的频率)与由起始线路定义的所有类别路径频率之和的比值。然后,在每一个类别路径中,所分到的需求再平均分配到该类路径的不同具体路径上。

如果一次换乘仍然不能完成所有需求的分配,则继续调用“2 次换乘分配?”(“assign-2-transfer?”)模块,其过程与一次换乘过程类似。TRUST 系统的流程图如图 3-8 所示。

TRUST 系统旨在成为一个可以支撑公交线路设计的有效的分析工具,其工作原理如下:交通规划者生成一组给定的公交线路(手动生成或通过计算机的线路生成包生成),并根据交通政策、以往经验或者频率分配模块为所生成的所有线路设置公交车的发车频率;然后,TRUST 系统对一系列路网性能指标展开计算,并进行评价。TRUST 系统显著的特点在于它不仅可以进行常规成本计算,还可以从用户角度衡量服务质量,特别是关于换乘方面的服务。TRUST 系统可以计算出的五类信息包括:

(1)乘客在路网中的总行程时间,车上行驶时间、等车时间和换乘时间的占比(换乘时间反映为预先设定的换乘惩罚),可以用来分析不同类型乘客的出行选择偏好,更好地反映真实的出行客流状态,同时也可以作为反映公交网络设计合理性的指标之一。

(2)出行需求总量,以及未被满足的需求和在不同的换乘次数下被满足的需求的比例,其中换乘次数包括零换乘、一次换乘和两次换乘,可以用于评估公交网络在不同服务要求下的服务能力,同时也能用于反映公交网络设计的合理性。

(3)从每个节点出发的无法完成分配的出行量,以及在每个换乘站进行换乘的乘客数量,可以用于反映公交网络的拥挤程度、公交网络的乘载力,也可以为换乘站的设施设计提供需求方面的依据。

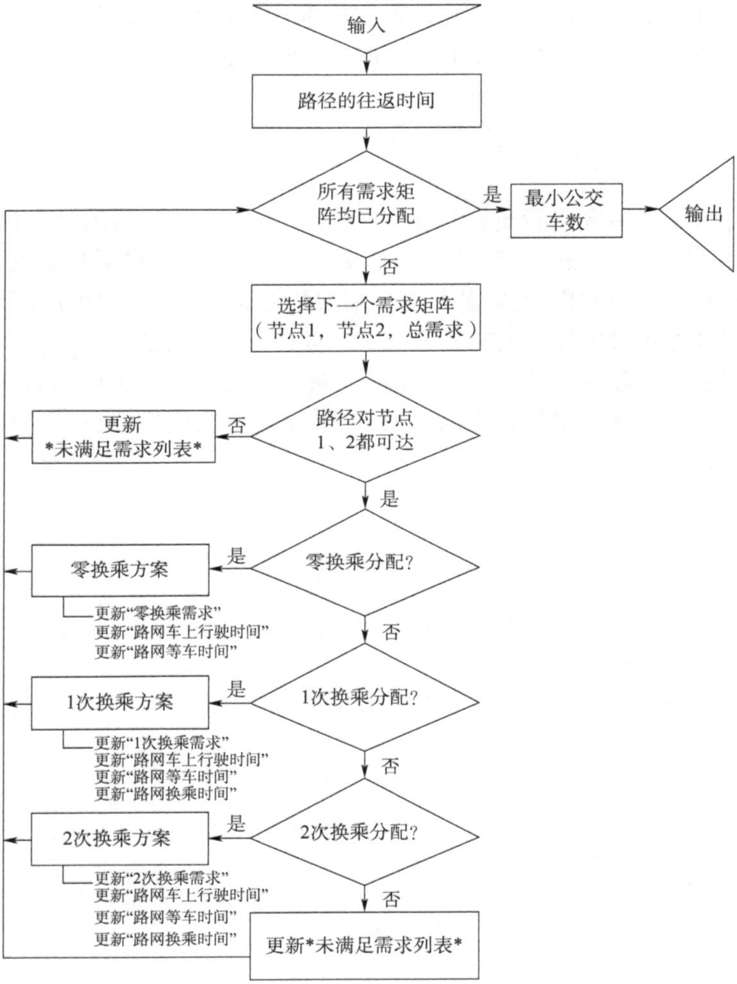

图 3-8　TRUST 系统的流程图

(4)每条线路上各路段的客流量和每条线路的最大乘载系数(反映各线路段的乘载率),用于反映公交网络各线路在各处的拥挤程度,评估整个公交网络不同区域的服务水平。

(5)在给定最大承载系数的约束下,满足每条线路客流需求的公交车发车频率和公交车数量,以及整个路网所需的公交车数量,为进一步提高公交网络服务水平和优化公交网络设计提供理论依据。

这些信息从多方面反映了公交系统的服务能力和运行效率,不仅为公交管理者或网络设计者全面评价公交系统提供了依据,而且为进一步提升公交系统整体水平及实现公交系统的战略目标提供了理论和方法支持。

3.7 小　　结

本章介绍了对乘客出行选择行为的不同描述方法和不同的公交网络转换方法,介绍了基于不同方法的几种经典的公交客流分配模型,包括基于共线路段的、基于策略或超级路径的模型,以及基于换乘次数的模型,同时介绍了从不考虑拥挤的简单模型到逐步考虑拥挤的较复杂模型。这几种公交客流分配模型的思想和方法是现有很多公交配流模型的基础,体现了乘客在公交网络上的出行选择行为与道路交通网络上私家车出行行为的重要区别,是进行公交客流分析与研究必不可少的基础知识。

第4章 改进的公交客流分配模型

4.1 概　　述

第 3 章首先介绍了基本的共线概念，在此基础上将原始公交网络描述为基于共线路段的公交网络，如图 3-4 所示。进而在此转换的公交网络上，给出了基于路径(Route-based)的 UE 平衡条件(3-11)，De Cea 和 Fernández(1993)建立了与此平衡条件等价的最小化模型，Florian 和 Spiess(1983)则建立了与平衡条件等价的 VI 模型。Szeto 和 Jiang(2014a)基于同样的共线路段定义，首先建立了基于路径(Route-based)和基于路段(Link-based)的客流分配模型；同时进一步定义了途径(Approach)的含义，建立了基于途径(Approach-based)的客流分配模型。这是对 De Cea 和 Fernández(1993)共线路段概念下基于路径的公交配流模型的扩展。本章将主要对基于途径的公交客流分配模型进行介绍。

第 3 章还介绍了公交网络中的另外一个重要概念——策略，并对原始公交网络进行基于策略的扩展，扩展后的公交网络包含：车站、线路节点、上车路段、下车路段、线路行驶路段等。策略的概念能够描述乘客在公交网络上任意节点的决策过程：在车站等哪些车，在线路节点是否下车；也描述了乘客在这些决策下的所有行为：等车、上车、乘车、下车。在基于策略的客流 UE 条件(3-46)的基础上，Spiess 和 Florian(1989)、任华玲等(2013)、Wu 等(1994)分别建立了不同拥挤假设条件下的优化模型和 VI 模型。

Cominetti 和 Correa(2001)、Cepeda 等(2006)将乘客基于策略的出行选择结果用基于线路的方式表述出来，描述了平衡条件下线路上乘客流量的特点，并在此基础上给出了得到平衡流量的条件，并建立了基于线路的优化模型。在此基础上，Codina(2013)和 Codina 与 Rosell(2017)给出了基于线路的 VI 模型和对应的求解算法。本章将介绍这种基于线路描述的客流分配模型。

4.2 基于路径的客流分配模型

Szeto 和 Jiang(2014a)基于共线路段(De Cea 和 Fernández，1993)的概念对公

交网络进行转换，在转换后的公交网络$G'(N,A,L)$上，N代表公交站点/节点集合，A代表已转换的共线路段集合，L代表服务于该网络的公交线路的集合。给出共线路段a的费用如下：

$$c_a = \mu_t t_a + \mu_w w_a + \mu_w \phi_a, \quad \forall a \in A \tag{4-1}$$

式中，t_a表示共线路段a上的平均车上行驶时间：

$$t_a = \sum_{l \in A_a} w_a^l t_a^l, \quad \forall a \in A \tag{4-2}$$

式中，A_a是共线路段包含的线路集合，t_a^l是线路l在共线路段a上的车上行驶时间，w_a^l是共线路段a上线路l的分配比例，由下式计算：

$$w_a^l = \frac{f_a^l}{\sum_{l' \in A_a} f_a^{l'}}, \quad \forall a \in A, l \in A_a \tag{4-3}$$

w_a表示共线路段a上的平均等车时间，由下式计算：

$$w_a = \frac{\alpha}{\sum_{l \in A_a} f_a^l}, \quad \forall a \in A \tag{4-4}$$

ϕ_a表示共线路段a上的附加等车时间函数：

$$\phi_a = \varpi_a \left(\frac{b_1 v_a + b_2 \bar{v}_a}{\sum_{l \in A_a} f_a^l \kappa^l} \right)^n, \quad \forall a \in A \tag{4-5}$$

其中，v_a和$\bar{v}_a$表示路段a和其竞争路段的客流（De Cea 和 Fernández，1993；Szeto 和 Jiang，2014a），而b_1、b_2、ϖ_a和n是需要校正的参数，以反映不同部分流量对拥挤产生的效应。

在给出了转换后公交网络上的各部分出行费用的基础上，首先给出基于路径的用户最优的 Wardrop 平衡条件和等价的 VI 描述方法。定义转换后公交网络上的 OD 对rs之间路径$p \in P_{rs}$上的路径流量为f_p^{rs}，并定义路径路段关联系数为ϑ_p^a，则目的地为s的路段流量表示为：

$$v_a^s = \sum_r \sum_p \vartheta_p^a f_p^{rs}, \quad \forall a \in A, s \in N \tag{4-6}$$

共线路段a上的流量表示为：

$$v_a = \sum_s v_a^s, \quad \forall a \in A \tag{4-7}$$

共线路段a上的流量分到线路l上的部分表示为：

$$v_{al}^s = w_a^l v_a^s, \quad \forall a \in A, l \in A_a, s \in N \tag{4-8}$$

与共线路段a相竞争的路段流量表示如下：

$$\bar{v}_a = \sum_s \sum_{\substack{a' \in A \\ a' \neq a}} \delta_a^{a'} \sum_{l \in A_a \cap A_{a'}} v_{a'l}^s, \quad \forall a \in A \tag{4-9}$$

式中，$\delta_a^{a'}$是共线路段竞争系数，如果共线路段 a 和 a'存在竞争关系，即它们包含共同的线路，则为 1；否则为 0。

从而，在给定路径流量为 f_p^{rs}的情况下，可以通过式(4-6) ~ 式(4-9)计算出路段流量，进一步通过式(4-1) ~ 式(4-5)计算出路段费用，再通过下式计算出路径费用：

$$C_p^{rs} = \sum_a \vartheta_p^a c_a, \quad \forall r,s \in N, p \in P_{rs} \tag{4-10}$$

Szeto 和 Jiang(2014a)给出基于路径的公交客流 UE 条件如下：

$$\begin{cases} (C_p^{rs} - C^{rs}) f_p^{rs} = 0 \\ C_p^{rs} - C^{rs} \geqslant 0 \qquad \forall r,s \in N, p \in P_{rs} \\ f_p^{rs} \geqslant 0 \end{cases} \tag{4-11}$$

式中，$C^{rs} = \min\limits_{p \in P_{rs}} C_p^{rs}(r,s \in N)$。同时，路径流量 f_p^{rs}满足如下约束：

$$\sum_p f_p^{rs} = d_{rs}, \quad \forall r,s \in N \tag{4-12}$$

$$f_p^{rs} \geqslant 0, \quad \forall r,s \in N, p \in P_{rs} \tag{4-13}$$

用$\boldsymbol{f}$表示路径流量 f_p^{rs}的向量形式，$\boldsymbol{C}(\boldsymbol{f})$表示路径费用的向量形式，可以证明基于路径的公交 UE 条件(4-11)可用下面的 VIP 描述：找到$\boldsymbol{f}^* \in \Omega$，使得

$$\boldsymbol{C}(\boldsymbol{f}^*)^{\mathrm{T}}(\boldsymbol{f} - \boldsymbol{f}^*) \geqslant 0, \quad \forall \boldsymbol{f} \in \Omega_f \tag{4-14}$$

式中，Ω_f为满足约束式(4-12)和式(4-13)的可行路径流量集合。

4.3　基于路段的客流分配模型

由于基于路径的模型难免要进行路径的列举，对于大型公交网络的计算量是个挑战，因此，Szeto 和 Jiang(2014a)又给出了基于路段的 UE 条件和等价的 VI 描述方法。

Szeto 和 Jiang(2014a)根据 Ban 等(2008)的研究，提出基于路段的公交客流 UE 条件如下：

$$\begin{cases} (c_a^{is} - c^{is}) v_a^s = 0 \\ c_a^{is} - c^{is} \geqslant 0 \qquad \forall a \in B_i^+, i,s \in N \\ v_a^s \geqslant 0 \end{cases} \tag{4-15}$$

其中：

$$c_a^{is} = c^{h(a)s} + c_a, \quad \forall a \in B_i^+, i,s \in N \tag{4-16}$$

$$c^{is}=\min_{a\in B_i^+}c_a^{is},\quad \forall i,s\in N \tag{4-17}$$

式中，$h(a)$是路段 a 的头节点；B_i^+ 是离开节点 i 的共线路段集合；c_a^{is}表示从节点 i 出发经由路段 a 到目的地 s 的最小出行费用，它等于路段 a 上的费用与路段 a 的头节点到目的地 s 的最小出行费用之和。基于路段的 UE 条件(4-15)意味着，如果从节点 i 选择路段 a 前往目的地 s 的流量为正(即大于 0)，则从节点 i 经路段 a 到 s 的出行费用等于从 i 到 s 的最小出行费用，换句话说，路段 a 包含在从 i 到 s 的最小出行费用路径上。否则，如果没有乘客选择路段 a，则从节点 i 经路段 a 到 s 的出行费用不小于从 r 到 s 的最小出行费用。

在基于路段的公交客流 UE 条件下，客流还满足以下非负约束和流量守恒约束：

$$v_a^s\geqslant 0,\quad \forall a\in B_i^+,i,s\in N \tag{4-18}$$

$$\sum_{a\in B_i^-}v_a^s+d_{is}=\sum_{a\in B_i^+}v_a^s,\quad \forall i,s\in N \tag{4-19}$$

式中，B_i^- 是到达节点 i 的共线路段集合，d_{is}是节点 i 到终点 s 的客流需求。

用 $\boldsymbol{v}$ 表示路段流量 v_a^s的向量形式，$\boldsymbol{c}(\boldsymbol{v})$表示路段费用的向量形式，可以证明基于路段的公交 UE 条件(4-15)可用下面的 VIP 描述：找到$\boldsymbol{v}^*\in\Omega_v$，使得

$$\boldsymbol{c}(\boldsymbol{v}^*)^{\mathrm{T}}(\boldsymbol{v}-\boldsymbol{v}^*)\geqslant 0,\quad \forall \boldsymbol{v}\in\Omega_v \tag{4-20}$$

式中，Ω_v为满足约束式(4-18)和式(4-19)的可行路段流量集合。

注：Szeto 和 Jiang(2014a)的文章中证明了基于路径和基于路段的公交客流 UE 条件之间存在着等价的关系。

4.4 基于途径(Approach-based)的客流分配模型

Szeto 和 Jiang(2014a)进而又在共线路段[De Cea 和 Fernández(1993)]概念的基础上提出了一种途径(Approach)的概念，并建立了基于途径(Approach-based)的公交客流分配模型，设计了基于外梯度的求解算法。

4.4.1 基于途径(Approach-based)的 UE 条件

定义从某节点出发的所有经过同一共线路段的路径合成为一条途径，而途径比例则定义为此节点处选择该途径的乘客数量占此节点乘客需求的比例，用 $\alpha_a^s(a\in B_i^+)$来表示。从节点 i 出发选择经过路段 a 到达目的地 s 的途径乘客比例满足以下条件：

$$0 \leqslant \alpha_a^s \leqslant 1, \quad \forall a \in B_i^+, s \in N \tag{4-21}$$

$$\sum_{a \in B_i^+} \alpha_a^s = 1, \quad \forall i, s \in N \tag{4-22}$$

其中,不等式(4-21)是途径比例的范围,等式(4-22)表明从节点 i 出发的所有途径比例之和等于1。

设 q_i^s 为从节点 i 处要到目的地 s 的客流,它包括 OD 对 is 之间的客流需求和上游路段到达节点 i 并且要到目的地 s 去的客流。则路段流量 v_a^s 可由 $\alpha_a^s q_i^s(a \in B_i^+)$ 替换,因此基于路段的公交客流 UE 条件(4-15)等价于:

$$\begin{cases}(c_a^{is} - c^{is})\alpha_a^s q_i^s = 0 \\ c_a^{is} - c^{is} \geqslant 0 \qquad \forall a \in B_i^+, i, s \in N \\ \alpha_a^s q_i^s \geqslant 0\end{cases} \tag{4-23}$$

此外,流量守恒约束为:

$$\sum_{a \in B_i^-} \alpha_a^s q_{t(a)}^s + d_{is} = \sum_{a \in B_i^+} \alpha_a^s q_i^s, \quad \forall i, s \in N \tag{4-24}$$

式中,$t(a)$ 是路段 a 的尾节点。

由定义,客流需求为非负数,因此,条件(4-23)可简化为:

$$\begin{cases}(c_a^{is} - c^{is})\alpha_a^s = 0 \\ c_a^{is} - c^{is} \geqslant 0 \qquad \forall a \in B_i^+, i, s \in N \\ \alpha_a^s \geqslant 0\end{cases} \tag{4-25}$$

条件(4-25)意味着,如果从节点 i 选择路段 a 前往目的地 s 的途径比例为正(即 $\alpha_a^s > 0$),则从节点 i 经路段 a 到 s 的出行费用等于从 i 到 s 的最小出行费用;如果此途径比例为零(即 $\alpha_a^s = 0$),则从节点 i 经路段 a 到 s 的出行费用不小于从 i 到 s 的最小出行费用。这些条件正好与基于路段的客流 UE 条件一致。

利用图4-1和图4-2进一步说明基于途径的公交客流 UE 条件。图4-1是原始公交网络,图4-2是基于途径转换而成的公交网络。假设 $l_1, l_2, \cdots, l_\xi$ 是连接节点 i 到节点 j 的吸引集线路,这些线路被组合成一条共线路段,即路段 a,该路段的出行费用表示为 c_a;另外一条共线路段 a' 由吸引集线路 $l_{\xi'}, l_{\xi'+1}, \cdots, l_\zeta$ 连接节点 i 和节点 j' 构成,该路段的出行费用表示为 $c_{a'}$。从节点 $j(j')$ 连接到目的地 s 的所有路径用最小出行费用路径进行虚拟表示,构造基于途径转换的公交网络,如图4-2所示,其中虚线表示将节点 $j(j')$ 连接到目的地 s 的最小出行费用路径,其费用 $c^{js}(c^{j's})$ 标记在节点 $j(j')$ 旁边。

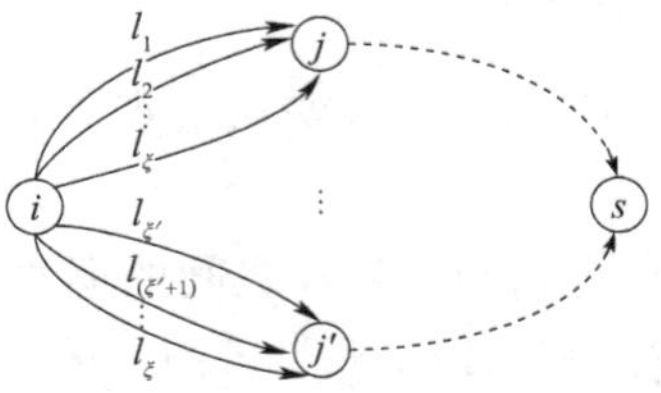

图 4-1　原始公交网络

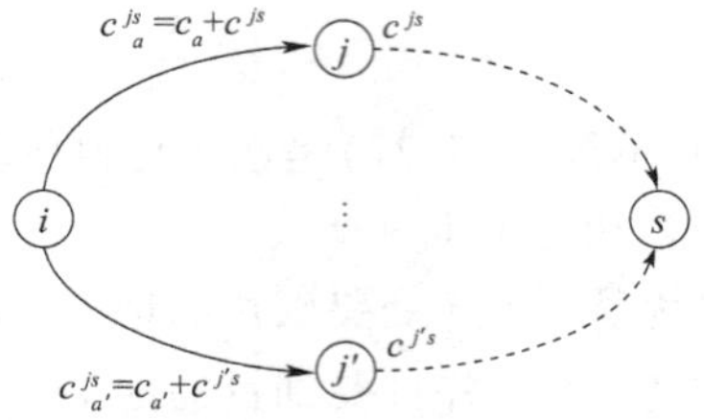

图 4-2　基于途径转换的公交网络

在图 4-2 中,从节点 i 到目的地 s 有两条途径,一条经过路段 a,另一条经过路段 a',这两条途径的比例分别表示为 α^s_a 和 $\alpha^s_{a'}$。从节点 i 经过路段 a 到目的地 s 的途径出行费用 c^{js}_a 由路段 a 出行费用 c_a 加上从路段 a 的头节点 j 到达目的地 s 的最小路径出行费用来得到,即 $c^{js}_a = c_a + c^{js}$。同样,通过路段 a' 的出行费用 $c_{a'}$ 加上从路段 a' 的头节点 j' 到目的地 s 的最小路径出行费用,可以得到从节点 i 经过路段 a' 到达目的地 s 的途径出行费用,即 $c^{j's}_{a'} = c_{a'} + c^{j's}$。

如果 $c^{is} = c^{is}_{a'}$,也就是说,从节点 i 到目的地 s 的最小出行费用等于经过路段 a' 的途径出行费用,即该途径具有最小出行费用,而且路段 a' 位于最小出行费用途径上。此时,由于式(4-25)中括号内的值等于零,途径比例 $\alpha^s_{a'}$ 只要满足 $0 \leqslant \alpha^s_{a'} \leqslant 1$ 即可。

另一方面,如果路段 a 有流量,即 $0 < \alpha^s_a \leqslant 1$,那么从节点 i 经过路段 a 到目的地 s 的途径出行费用 c^{is}_a 必然等于从节点 i 到目的地 s 的最小出行费用 c^{is},即 $c^{is}_a = c^{is}$,并且路段 a 必须也位于从节点 i 到目的地 s 的最小出行费用途径上,与另一条最小出行费用途径的费用相等(即 $c^{is}_a = c^{is}_{a'} = c^{is}$),否则就违反了条件(4-25)。而如果路段 a 没有流量,即 $\alpha^s_a = 0$,则经过路段 a 的途径不确定是否为最小出行费用途径之一。

4.4.2　基于途径的 VI 模型

基于途径的公交客流分配就是确定满足约束条件式(4-6)~式(4-9)、式(4-21)、式(4-22)、式(4-24)和式(4-25)的途径比例向量 $\boldsymbol{\alpha}^* = [\alpha^{s*}_a]$。与基于路段的公交客流 UE 条件一样,基于途径的公交客流 UE 条件也可以表示为等价的 VIP:确定 $\boldsymbol{\alpha}^* = [\alpha^{s*}_a]$,使得

$$\boldsymbol{c}(\boldsymbol{\alpha}^*)^{\mathrm{T}}(\boldsymbol{\alpha} - \boldsymbol{\alpha}^*) \geqslant 0, \quad \forall \boldsymbol{\alpha} \in \Omega_\alpha \tag{4-26}$$

其中,$\boldsymbol{c}(\boldsymbol{\alpha}) = [c^{is}_a]$,$\boldsymbol{\alpha} = [\alpha^s_a]$,$\boldsymbol{\alpha}^*$ 是 VIP(4-26)的解。

$$\Omega_\alpha = \{\alpha_a^s \mid 0 \leqslant \alpha_a^s \leqslant 1(\forall a,s),\ \sum_{a\in B_i^+}\alpha_a^s = 1(\forall s),\ \sum_{a\in B_i^-}\alpha_a^s q_{t(a)}^s + d_{is} = \sum_{a\in B_i^+}\alpha_a^s q_i^s(\forall i,s)\}$$

基于途径的公交客流 UE 问题与 VIP(4-26)之间的等价性证明与基于路段的情况相似,此处省略。

对于解的存在性,上述 VIP(4-26)要求:①费用函数是连续的;②可行集Ω_α是非空紧凸集(Nagurney,1993,定理1.4)。首先,连续性条件是满足的,因为根据式(4-16)得到的$\boldsymbol{c}(\boldsymbol{\alpha})$是连续函数。另外,由途径比例的定义[见式(4-21)和式(4-22)]以及流量守恒条件(4-24),第二个条件也满足。因此,对于所提出的基于途径的公交客流分配的 VIP(4-26),能够保证解的存在性。然而,UE 解的唯一性进一步要求映射函数是严格单调的。对于非对称、非线性的共线路段费用函数,这一要求可能不满足,因此可能存在多个解。

4.4.3 基于途径 VI 模型的求解算法

通常,超梯度方法迭代利用两个投影算子进行预测和校正,直到满足收敛准则为止,因此,该方法也称为双投影法。此算法的关键在于预测和校正算子中两个步长的更新方法(Wang 等,2001;He 和 Liao,2002;Noor,2003;Panicucci 等,2007)。Szeto 和 Jiang(2014a)所给算法步骤如下:

算法 4-1:

第 0 步:初始化参数。

将每个 OD 需求全部分配到最小费用路径上,生成初始解$\boldsymbol{\alpha}^{(0)}$。设置迭代次数$n=0$;设置预测投影的初始步长,$\beta_0=1.0$;选择用于更新预测和校正步长的参数,包括$0<\bar{\beta}<1$,$\lambda\in(0,2)$和$0<\mu<\vartheta<1$;设置可接受的误差$\varepsilon$。

第 1 步:检查停止条件。

计算费用向量$\boldsymbol{c}(\boldsymbol{\alpha}^{(n)})=[c_a^{is}]$,并检查是否满足以下条件之一:

(1)$\max\{\delta_a^{t(a)s}[c_a^{t(a)s}(\alpha_a^{s(n)})-c^{t(a)}(\alpha_a^{s(n)})],\forall a,s\}\leqslant\varepsilon$,其中,如果路段$a$有流量(即流量比例大于零),则$\delta_a^{t(a)s}$等于1;否则等于0。

(2)达到最大允许的计算时间。

第 2 步:执行预测投影。

计算$\bar{\boldsymbol{\alpha}}^{(n+1)}=P_{\Omega_\alpha}[\boldsymbol{\alpha}^{(n)}-\beta_n\boldsymbol{c}(\boldsymbol{\alpha}^{(n)})]$,其中$P_{\Omega_\alpha}$表示解集$\Omega_\alpha$上的投影。

第 3 步:执行校正投影。

计算对应的费用向量$\boldsymbol{c}(\bar{\boldsymbol{\alpha}}^{(n+1)})$,如果$r_k=\beta_k\dfrac{\|\boldsymbol{c}(\bar{\boldsymbol{\alpha}}^{(n+1)})-\boldsymbol{c}(\bar{\boldsymbol{\alpha}}^{(n)})\|}{\|\boldsymbol{\alpha}^{(n+1)}-\boldsymbol{\alpha}^{(n)}\|}\leqslant\vartheta$,则令

$$e(\boldsymbol{\alpha}^{(n)},\beta_n)=\boldsymbol{\alpha}^{(n)}-\overline{\boldsymbol{\alpha}}^{(n+1)}$$

$$d(\boldsymbol{\alpha}^{(n)},\beta_n)=e(\boldsymbol{\alpha}^{(n)},\beta_n)-\beta_n[c(\boldsymbol{\alpha}^{(n)})-c(\boldsymbol{\alpha}^{(n+1)})]$$

$$\tau_n=\lambda\,\beta_n\frac{\|e(\boldsymbol{\alpha}^{(n)},\beta_n)^{\mathrm{T}}d(\boldsymbol{\alpha}^{(n)},\beta_n)\|}{\|d(\boldsymbol{\alpha}^{(n)},\beta_n)\|^2}$$

$$\beta_{n+1}=\begin{cases}\beta_n\dfrac{1}{\beta},r_n\leqslant\mu\\ \beta_n,\text{否则}\end{cases}$$

$$\boldsymbol{\alpha}^{(n+1)}=P_{\Omega_\alpha}[\boldsymbol{\alpha}^{(n)}-\tau_n c(\overline{\boldsymbol{\alpha}}^{(n+1)})]$$

$n=n+1$,返回第 1 步。

否则,用 $\beta_n=\beta_n\bar{\beta}\min(1,1/r_n)$ 来缩短步长,并返回第 2 步。

4.5 基于线路的客流分配模型

基于途径的公交配流模型可以看作是共线路段模型的一种推广,本节将介绍另一种基于线路的公交配流模型,它可以看作是策略模型的一种推广。Cepeda 等(2006)在 Cominetti 和 Correa(2001)的基础上研究了共线问题中基于策略的乘客出行选择结果,分析了平衡条件下线路流量与等车时间之间的对应关系,并将此结果推广到整个公交网络上,建立了与客流 UE 条件等价的基于线路的优化模型。在此研究的基础上,Codina(2013)和 Codina 与 Rosell(2017)给出了基于线路的 VI 模型和对应的求解算法,模型中还着重讨论了线路能力约束的处理方法。本节将介绍这种基于线路的公交配流模型。

4.5.1 基础共线问题的线路客流特征

首先考虑如图 3-3 的简单公交网络,该网络中的 OD 对由一组能力有限的公交线路 $A=\{a_1,\cdots,a_n\}$ 连接。需要说明的是,与 Spiess 和 Florian(1989)等基于策略的公交配流方法一样,本节介绍的方法仍然是在基于策略扩展的公交网络上进行建模,因此扩展后的公交网络包括等车弧、上车弧、行车弧、下车弧等,所有弧均用 a 表示(图 3-3 中用 $l_1,\cdots l_n$ 表示)。而在这个简单直达公交网络上的弧就是线路。任意一条线路 $a\in A$ 都有一个给定的车上行驶时间 $t_a\in R$ 和一个光滑的有效频率函数 f_a:$[0,\bar{v}_a)\rightarrow(0,\infty)$,该函数满足 $f'_a(v_a)<0$,且当 $v_a\rightarrow\bar{v}_a$ 时,$f_a(v_a)\rightarrow0$。为了反映由于客流量增加而引起的等车时间增加,有效频率函数是单调递减的。同时,常数 $\bar{v}_a>0$

表示线路 a 的饱和客流量。

从起点 O 出发到终点 D 的乘客会选择策略 $\delta(\delta \subseteq A)$ 的称为吸引线路集或策略的非空子集，同时乘客将乘上此集合中第一辆仍然有可用空间的公交线路。客流需求 $x \geqslant 0$ 在所有可能的策略 $\delta \in \varphi$ 之间进行分配（其中 φ 为可行策略集合），因此 $x = \sum_{\delta \in \varphi} h_\delta$（$h_\delta \geqslant 0$，表示策略 $\delta \in \varphi$ 上的客流量）。假设选择策略 δ 的乘客中最终乘上线路 $a \in \delta$ 的概率为 $\pi_a^\delta = f_a(v_a) / \sum_{b \in \delta} f_b(v_b)$，则根据策略流向量 $\boldsymbol{h} = (h_\delta)_{\delta \in \varphi}$，可以由式(4-27)得出一个唯一的线路流量 $\boldsymbol{v} = \boldsymbol{v}(\boldsymbol{h})$：

$$(\mathrm{E}) \qquad v_a = \sum_{\substack{\delta \in \varphi \\ a \in \delta}} h_\delta \frac{f_a(v_a)}{\sum_{b \in \delta} f_b(v_b)}, \quad \forall a \in A \tag{4-27}$$

式中，$f_a(v_a)$ 为路线 a 的有效频率。

另一方面，由线路流量 $\boldsymbol{v}$ 可以计算每个策略的车上行驶时间如下：

$$(\mathrm{T}) \qquad T_\delta(v) \triangleq \frac{1 + \sum_{a \in \delta} t_a f_a(v_a)}{\sum_{a \in \delta} f_a(v_a)}, \quad \forall \delta \in \varphi \tag{4-28}$$

引用 Wardrop 平衡原理，满足约束 $\sum_{\delta \in \varphi} h_\delta = x$ 的策略流向量 $\boldsymbol{h} \geqslant 0$ 是平衡流量，当且仅当所有被选择的策略都具有最短的出行时间，即

$$(\mathrm{W}) \qquad h_\delta > 0 \Rightarrow T_\delta[v(\boldsymbol{h})] = \tau[v(\boldsymbol{h})] \tag{4-29}$$

其中，$\tau(\boldsymbol{v}) \triangleq \min_{\delta \in \varphi} T_\delta(\boldsymbol{v})$，定义 H_x 为平衡策略集合，Ω_x 为与所有平衡策略流量 $\boldsymbol{h} \in H_x$ 相对应的线路流量 $\boldsymbol{v}(\boldsymbol{h})$ 的集合。

注意，(E)和(T)同样假设在站点处不同线路的到达是独立的并且呈指数分布。线路流量集合 Ω_x 在 Cominetti 和 Correa(2001) 中表示为等价优化问题的最优解集，并且最优解具有以下特征[Cepeda 等(2016)中定理 2.1]：如果 $\boldsymbol{v} \in \Omega_x$，即 $\boldsymbol{v}$ 是平衡线路流量，当且仅当 $\sum_{a \in A} v_a = x$ 和 $\boldsymbol{v} \geqslant \boldsymbol{0}$ 时，存在一个常数 $\alpha \geqslant 0$，满足

$$\frac{v_a}{f_a(v_a)} \begin{cases} = \alpha, & t_a < \tau(\boldsymbol{v}) \\ \leqslant \alpha, & t_a = \tau(\boldsymbol{v}) \\ = 0, & t_a > \tau(\boldsymbol{v}) \end{cases} \tag{4-30}$$

该结果表明，对于只有一个 OD 对且没有重叠共线的简单网络，在平衡条件下，其线路流量满足如下特征：对于车上行驶时间严格小于平衡时间的线路，其流量产生的等车时间必须等于 α；对于车上行驶时间等于平衡时间的线路，其流量产生的等车时间最多为 α；对于车上行驶时间大于平衡时间的线路，其等车时间为 0，

即无人选择。公交网络中共线问题的这一特征结果可以用来将 Wardop 用户平衡条件应用于一般公交网络上乘客的线路选择过程。

4.5.2 基于线路的客流分配优化模型

在一般公交网络上,考虑乘客前往目的地 s 并在行驶中到达中间节点 i,如果要从节点 i 离开,乘客可以选择弧(路段)$a \in B_i^+$ 到达下一个节点 $h(a)$(弧 a 的头节点)。面临决策的乘客包括节点 i 本身产生的需求d_{is}和从上游到来的要到目的地 s 的乘客。定义v_a^s为选择弧 a 去往目的地 s 的客流,$\boldsymbol{v}$ 为路段流量的向量表示,则客流满足以下非负约束和流量守恒约束:

$$v_a^s \geqslant 0, \quad \forall a \in B_i^+, i, s \in N \tag{4-31}$$

$$\sum_{a \in B_i^-} v_a^s + d_{is} = \sum_{a \in B_i^+} v_a^s, \quad \forall i, s \in N \tag{4-32}$$

满足式(4-31)和式(4-32)的可行流集合为V_0。

当只考虑在节点 i 要前往目的地 s 的乘客时,将路段行驶时间$t_a(\boldsymbol{v})$和从 $h(a)$ 到 s 的公交出行时间$\tau_{h(a)}^s$固定之后,乘客在节点 i 所面临的决策问题可以理解为:对于所有B_i^+中的路段,每条路段 $a \in B_i^+$ 对应两个值,该路段到终点 s 的行驶时间 $t_a(\boldsymbol{v}) + \tau_{h(a)}^s$ 和该路段的有效频率,从而形成一个广义的共线问题,如图 4-3 所示。此共线问题的解决方案可以确定从 i 到 s 的公交出行时间τ_i^s,并且利用递归的方法计算上游节点的公交出行时间。需要强调的是,即使初始需求d_{is}为零,也必须将每个节点 i 都视为潜在的起点,因为可能有换乘流量经过该节点。

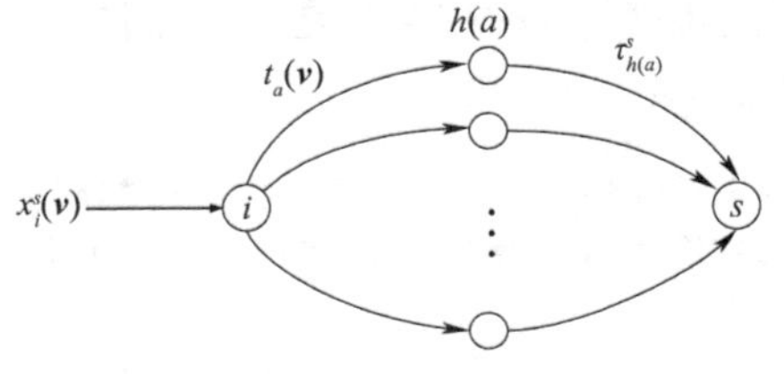

图 4-3　节点对 is 之间的广义共线问题

在所有的变量 τ_i^s和 v_a^s同时给定的情况下,结合流量守恒约束,将公交网络模型表示为一组扩展的共线问题(对于每一个节点对 is)。更确切地说,对于每个 $\boldsymbol{v} \in \Omega$,将进入节点 i 且目的地为 s 的客流需求定义为 $x_i^s(\boldsymbol{v}) \triangleq d_{is} + \sum_{a \in B_i^-} v_a^d$,而 is 之间的出行时间函数$\tau_i^s(v)$是广义 Bellman 方程的唯一解(Nguyen 和 Pallotino,1988;Spiess 和 Florian,1989;Cominetti 和 Correa,2001):

$$\begin{cases} \tau_s^s = 0 \\ \tau_i^s = \min\limits_{\delta \in \varphi_i} \dfrac{1 + \sum_{a \in \delta} [t_a(\boldsymbol{v}) + \tau_{h(a)}^d] f_a(\boldsymbol{v})}{\sum_{a \in \delta} f_a(\boldsymbol{v})}, \quad \forall i \neq s \end{cases} \tag{4-33}$$

式中,φ_i是非空子集 $\delta \subseteq B_i^+$ 的集合,$t_a^s(\boldsymbol{v}) \triangleq t_a(\boldsymbol{v}) + \tau_{h(a)}^d$ 定义为选择路段 a 到

达终点 s 的最小出行时间,其中 $h(a)$ 是路段 a 的头节点。当固定客流需求 $x_i^s(\boldsymbol{v})$、出行时间 $t_a^s(\boldsymbol{v})$,以及只与 v_a^s 有关的对角有效频率 $f_a^s(\cdot)$ 后,定义 $\Omega_i^s(\boldsymbol{v})$ 为由上述扩展共线问题得到的局部平衡客流。

定义 4-1 可行流 $\boldsymbol{v}\in\Omega$ 定义为公交网络平衡流量,当且仅当对所有的目的地 s 和 $i\neq s$,$(v_a^s)_{a\in B_i^+}$ 都属于 $\Omega_i^d(\boldsymbol{v})$,平衡流量的集合表示为 Ω^*。

将这种扩展共线思想应用到整个公交网络上,引入策略流变量 h_δ^s,可以得到基于策略的平衡流定义:客流向量 $\boldsymbol{v}\in\Omega$ 是平衡流量,当且仅当所有的目的地 s 和 $i\neq s$,都存在 $\tau_i^d\in R$ 和策略流量 $h_\delta^s\geqslant 0(\delta\in\varphi_i)$,满足如下关系:

$$\sum_{\delta\in\varphi_i} h_\delta^s = x_i^s(\boldsymbol{v}) \tag{4-34}$$

$$v_a^s = \sum_{\delta\in\varphi_i} h_\delta^s \frac{f_a(\boldsymbol{v})}{\sum\limits_{b\in\delta} f_b(\boldsymbol{v})} \tag{4-35}$$

和 UE 条件:

$$T_\delta^s(\boldsymbol{v})\begin{cases} =\tau_i^s, & h_\delta^s>0 \\ \geqslant\tau_i^s, & h_\delta^s=0 \end{cases} \tag{4-36}$$

其中,策略 $\delta\in\varphi_i$ 的出行费用为:

$$T_\delta^s(\boldsymbol{v}) = \frac{1+\sum\limits_{a\in\delta}\left[t_a(\boldsymbol{v})+\tau_{h(a)}^s\right]f_a(\boldsymbol{v})}{\sum\limits_{a\in\delta} f_a(\boldsymbol{v})} \tag{4-37}$$

Cepeda 等(2006)将其定理 2.1 应用到一般公交网络上,得到描述平衡客流特征的定理 3.1:$\boldsymbol{v}\in\Omega^*$,即 $\boldsymbol{v}$ 是公交平衡线路流量,当且仅当 $\boldsymbol{v}\in\Omega$,并且存在常数 $\alpha_i^s\geqslant 0$,使得对任意 s 和 $i\neq s$,满足

$$\frac{v_a^s}{f_a(\boldsymbol{v})}\begin{cases} =\alpha_i^s, & t_a^s<\tau_i^s(\boldsymbol{v}) \\ \leqslant\alpha_i^s, & t_a^s=\tau_i^s(\boldsymbol{v}) \\ =0, & t_a^s>\tau_i^s(\boldsymbol{v}) \end{cases} \tag{4-38}$$

其中,$t_a^s(\boldsymbol{v})\triangleq t_a(\boldsymbol{v})+\tau_{h(a)}^d$。

根据公交网络上平衡客流的这一特征,Cepeda 等(2006)构造了如下的间隙函数(Gap Function):

$$G(\boldsymbol{v})\triangleq\sum_s\left[\sum_a t_a(\boldsymbol{v})v_a^s+\sum_{i\neq s}\max_{a\in B_i^+}\frac{v_a^s}{f_a(\boldsymbol{v})}-\sum_{i\neq s}g_i^s\tau_i^s(\boldsymbol{v})\right] \tag{4-39}$$

并证明公交网络上的平衡客流是如下最小化问题的全局最优解。

$$\min_{\boldsymbol{v}\in\Omega} G(\boldsymbol{v}) \tag{4-40}$$

对于这个优化模型，Cepeda 等(2006)给出了一个简单的基于 MSA 的求解算法，概括如下。

算法 4-2：

第 1 步：初始化，找到一个初始可行解 $\boldsymbol{v}^{(0)} \in \Omega$，令迭代次数 $n=0$。

第 2 步：如果 $G(\boldsymbol{v}^{(n)}) < \varepsilon$($\varepsilon$ 是事先给定的精度)，则停止。

第 3 步：计算 $t_a^{(n)} = t_a(\boldsymbol{v}^{(n)})$ 和 $f_a^{(n)} = f_a(\boldsymbol{v}^{(n)})$。

第 4 步：基于 $t_a^{(n)}$ 和 $f_a^{(n)}$ 寻找针对所有终点 s 的最优策略。

第 5 步：将需求加载到最优策略上，得到辅助的流量 $\hat{\boldsymbol{v}}^{(n)}$。

第 6 步：更新流量 $\boldsymbol{v}^{(n+1)} = (1-\alpha_n)\boldsymbol{v}^{(n)} + \alpha_n \hat{\boldsymbol{v}}^{(n)}$，令 $n=n+1$，转第 2 步。

这里 α_n 是步长，满足 $\alpha_n \in (0,1)$，$\alpha_n \to 0$，$\sum\limits_{n=0}^{\infty} \alpha_n = \infty$。

4.5.3 基于线路的客流分配 VI 模型

Codina(2013)在 Cominetti 和 Correa(2001)及 Cepeda 等(2006)的研究基础上，给出了与公交 UE 条件(4-36)等价的 VI 模型，本小节对此模型进行介绍。

首先，Codina(2013)及 Cepeda 等(2006)的公交配流方法中，其公交网络的扩展方法是一样的，并且与 Spiess 和 Florian(1989)基于策略的公交配流方法中的扩展方法也是一致的，都是将公交网络中每个公交站点扩展成一个站点节点(对应于平台并连接到不同的线路)和几个线路节点(对应于不同的线路)，并生成许多对应的上车路段、行车路段、下车路段、换乘路段和步行路段来连接这些扩展后的节点，参见第 3 章的图 3-6。基于这种网络扩展方法，可以描述乘客在公交网络上的所有选择行为：等车、上车、车上行驶、下车等。而这种网络扩展方法不仅仅是为了描述乘客的这些乘车行为，更重要的是为了区分在同一节点处已经在车上的乘客和在站台等车的乘客，虽然他们处于同一站点，却有着不同的选择行为；而且已经在车上的乘客如果不换乘的话，他们是没有等车行为和等车时间的。因此，有必要按照图 3-6 的方法进行网络扩展，以区别同一站点不同乘客的出行选择。当然也可以按照 De Cea 和 Fernández(1993)的方法，通过事先确定换乘节点，在换乘点之间建立共线路段，从而把换乘的行为确定下来，在换乘节点，所有的乘客是无差别、一致的，可以用统一的模型进行配流。

从以上分析也可以看出，公交乘客的出行选择实际上就是两种决策过程，这两种决策与乘客所处的位置有关。如果乘客是在站点的站台上等待到来的公交车(公交线路)，不管他们是此节点产生的需求还是从上游线路到达站台等待换乘的乘客，他们的决策都是一种共线问题。基于共线路段的方法是先确定下一个换乘节点，然后在此节点和下一个换乘节点之间建立基本的共线问题；基于策略的方法在站台的决策则属于推广的共线问题。如果乘客是在车上计划到达某站点但还没有下车，则乘客的决策包括继续在该线路上去往下一站点（选择行车路段）或下车（选择下车路段）。

Codina（2013）在扩展的公交网络上对上述两种决策行为进行区别的方法是把节点集 N 划分成两个节点子集，其中节点子集 $\hat{N}$ 的定义是：离开此节点集中任意节点的所有路段中至少有一条具有有限频率。那么按照公交网络的扩展方法，此节点集为站点节点的集合，也就是说，在此节点集中的节点上，乘客的决策就是确定所要选择的共线集。而对于节点集 $N/\hat{N}$ 中的节点，离开它的路段都具有无限大的频率，即离开这些节点的路段要么是行车路段，要么是下车路段，所以这是个线路节点集合，在此节点集中的节点上，乘客的决策是确定继续留在车上还是下车。

在扩展的公交网络 $G'(N,A,L)$ 上，B_i^+ 为离开节点 $i \in N$ 的路段集合，且可划分成两个子集，$\hat{B}_i^+$ 为离开节点 i 的具有有限频率的路段集合，它代表节点 i 处的所有上车路段；其余归入子集 $B_i^+/\hat{B}_i^+$ 中。v_a^s 是目的地为 s 的路段 $a \in B_i^+$ 上的客流，Ω 为满足如下约束的公交路段流量。

$$v_a^s \geqslant 0, \quad \forall a \in B_i^+, i \in \hat{N} \tag{4-41}$$

$$\sum_{a \in B_i^-} v_a^s + d_{is} = \sum_{a \in B_i^+} v_a^s, \quad \forall i \in \hat{N} \tag{4-42}$$

定义 $\sigma_a(\boldsymbol{v})$ $(a \in \hat{B}_i^+)$ 为乘客在路段 a 上的平均等车时间。ζ_a^s 表示节点 i 处目的地为 s 的乘客中选择路段 $a \in \hat{B}_i^+$ 的客流比例，并且满足

$$\max_{\zeta_a^s} \sum_{a \in \hat{E}(i)} v_a^s \sigma_a(\boldsymbol{v}) \zeta_a^s \tag{4-43}$$

$$\text{s. t.} \quad \sum_{a \in \hat{B}_i^+} \zeta_a^s = 1, \quad \forall i \in \hat{N} \tag{4-44}$$

$$\zeta_a^s \geqslant 0, \quad \forall a \in \hat{B}_i^+, i \in \hat{N} \tag{4-45}$$

通过引入满足式(4-43)～式(4-45)的变量 ζ_a^s $(a \in \hat{B}_i^+)$，Codina（2013）把公交客流的 UE 条件(4-36)转换成如下形式：

$$\boldsymbol{v} \in \Omega \tag{4-46}$$

$$t_a(\boldsymbol{v}) + \zeta_a^s \sigma_a(\boldsymbol{v}) = \lambda_i^s - \lambda_j^s + \xi_a^s, \quad a = (i,j) \in \hat{B}_i^+ \tag{4-47}$$

$$t_a(\boldsymbol{v}) = \lambda_i^d - \lambda_j^d + \xi_a^s, \quad a = (i,j) \in B_i^+/\hat{B}_i^+ \tag{4-48}$$

$$v_a^s \geqslant 0,\quad \xi_a^s \geqslant 0,\quad v_a^s \xi_a^s = 0,\quad a \in A \tag{4-49}$$

在这个 UE 条件中，式(4-46)表示 $\boldsymbol{v}$ 首先必须是可行流；式(4-47)说明当路段 $a \in \hat{B}_i^+$，即 a 的尾节点是站点节点时，乘客在该路段尾节点的决策是要选择最优的共线策略(或推广的共线集)。基于策略的流量平衡条件(4-36)中，所有被选择的策略($h_\delta^s > 0$)，其策略总出行时间最小并且相等。而根据 Cepeda 等(2006)的定理 3.1，此平衡流量等价于公式(4-38)成立，也即可以证明，当 $v_a^s > 0$ ($a \in \hat{B}_i^+$)时，$t_a(\boldsymbol{v}) + v_a^s / f_a(\boldsymbol{v}) + \tau_{h(a)}^s(\boldsymbol{v})$最小且相等，其中$v_a^s / f_a(\boldsymbol{v})$等于该路段 a 尾节点处的等车时间。这与式(4-47)所述一致，当$v_a^s > 0$($a \in \hat{B}_i^+$)时，由式(4-49)可知$\xi_a^s = 0$，从而根据式(4-47)可得$t_a(\boldsymbol{v}) + \zeta_a^s \sigma_a(\boldsymbol{v}) = \lambda_i^s - \lambda_j^s$。$\lambda_i^s$和$\lambda_j^s$[$a = (i,j)$]分别是节点 i 和节点 j 到终点 s 的最小出行时间，$\zeta_a^s \sigma_a(\boldsymbol{v})$是用路段等车时间表示的该路段尾节点处的等车时间，与 $v_a^s / f_a(\boldsymbol{v})$一致(Codina，2013)。

而平衡条件中的式(4-48)是针对 $a = (i,j) \in B_i^+ / \hat{B}_i^+$，即路段 a 的尾节点是线路节点。在线路节点处，乘客的决策是确定继续留在车上还是下车。由于乘车路段(对应于继续留在车上)和下车路段(对应于下车)的频率都是无穷大的，也就是说，这些路段没有等车时间，那么在平衡条件下，如果$v_a^s > 0$，则先由式(4-49)知$\xi_a^s = 0$，再由式(4-48)可得$t_a(\boldsymbol{v}) = \lambda_i^d - \lambda_j^d$，即路段 a 在从节点 i 到终点 s 的最短出行时间路径上。

从以上分析可知，转换后的 UE 条件是基于扩展网络上的每一条路段的，在站点节点，就是基于离开该节点的每一条线路；在线路节点，就是基于行车路段和下车路段。4.3 节介绍了 Szeto 和 Jiang(2014a)所给的基于路段的公交配流模型，其中的路段是指按 De Cea 和 Fernández(1993)方法组合的共线路段。而本小节的路段是指按 Spiess 和 Florian(1989)方法扩展的网络上的路段。Cepeda 等(2006)和 Codina(2013)所建立的公交配流模型与 Spiess 和 Florian(1989)模型的区别是决策变量由策略流量变为路段流量，并且主要区别体现在站点节点处能够直接确定出各离开线路的客流量，而不是策略客流(策略客流还需要进一步分配到各线路上，而不同策略也可能包含同一条线路，因此需要再合并计算才能得到各线路实际的客流量)。因此，为了区别于 Szeto 和 Jiang(2014a)的基于路段的公交配流模型，并且体现其与 Spiess 和 Florian(1989)模型不同的特色，将 Cepeda 等(2006)和 Codina(2013)的公交配流模型称之为基于线路的模型。

Codina(2013)还给出了与公交客流 UE 条件(4-46)～(4-49)等价的公交配流 VI 模型如下：寻找($\boldsymbol{v}^*, \zeta^*$) $\in \Omega \times S$[S 是ζ_a^s的可行集，即它满足式(4-44)和

式(4-45)],使得

$$\sum_{s}\sum_{i\in N_s}\Big[\sum_{a\in E(i)}\big(t_a(\boldsymbol{v}^*)+w_a(\boldsymbol{v}^*)\zeta_a^{s*}\big)(v_a^s-v_a^{s*})-y_a^s(\boldsymbol{v}^*)(\zeta_a^s-\zeta_a^{s*})\Big]\geqslant 0,$$

$$\forall(\boldsymbol{v},\zeta)\in\Omega\times S \tag{4-50}$$

其中:

$$y_a^s(\boldsymbol{v})=\begin{cases}x_a^s(\boldsymbol{v})=\sigma_a(\boldsymbol{v})v_a^s, & a\in\hat{B}_i^+\\0, & a\in B_i^+/\hat{B}_i^+\end{cases}\quad a\in B_i^+,i\in N \tag{4-51}$$

$$w_a(\boldsymbol{v})=\begin{cases}\sigma_a(\boldsymbol{v}), & a\in\hat{B}_i^+\\0, & a\in B_i^+/\hat{B}_i^+\end{cases}\quad \mathrm{a}\in \mathrm{B}_i^+,\mathrm{i}\in \mathrm{N} \tag{4-52}$$

同时,说明了 Spiess 和 Florian(1989)所给模型只考虑流量对路段上出行时间的影响,而假设线路频率是不变的,不受流量影响,因此 Spiess 和 Florian(1989)的模型(第 3 章 3.4.3 中所介绍)是本小节模型的特例。

对于所给公交配流 VI 模型(4-50)~(4-52)的求解问题,Codina 和 Rosell(2017)设计了基于算法 4-2 的改进算法,每一次迭代中的线性化子问题考虑了严格的能力限制以避免线路超载,而对于有能力限制的线性化子问题,则应用了对偶割平面算法(*Bazaraa* 等,第 6 章,2006)进行求解。

4.6 小　结

本章在第 3 章介绍的几种经典的公交客流分配模型的基础上,介绍了基于共线路段进行改进的模型和基于策略进行改进的模型,在本章中称为基于途径的和基于线路的客流分配模型。基于途径的客流分配模型将经过同一共线路段的客流进行合并,而基于线路的客流分配模型将客流的策略选择以线路流量的形式进行描述。

第5章 基于共线路径的公交客流分配模型

5.1 概　　述

由第 3 章的内容可以得出，在不考虑车上拥挤对车上行驶时间的影响，也不考虑车上行驶过程中拥挤带来的不舒适性的情况下，如果同一 OD 对之间的一组公交线路的车上行驶时间很短，则无论公交网络是否拥堵，该公交线路都会被选择，即该公交线路永远属于吸引集。在公交网络拥堵时，De Cea 和 Fernández(1993)和 Cepeda 等(2006)建议使用有效频率来描述公交线路的拥挤状况对乘客等车时间的影响和对乘客选择吸引集的影响。在这种情况下，如果乘客所选择的吸引集包含了有较长车上行驶时间的公交线路(慢车)，则有较短车上行驶时间的线路(快车)必定包含在被选择的吸引集中。在实际公交出行中，当公交网络拥挤时，乘客会考虑选择那些有较长车上行驶时间的线路，即使很拥挤但有较短运行时间的线路到达车站时，乘客也会毫不犹豫地选择，因为它会降低等车时间，这是公交网络与一般交通网络之间最重要的区别之一。基于这一特征建立的公交网络客流分配模型，其重要的求解过程之一就是要根据客流状况确定乘客的吸引集，不同的客流状况下乘客所考虑选择的吸引集是不同的。

吸引集所包含的线路反映了公交网络的拥挤程度，换言之，如果吸引集仅包括一些较短车上行驶时间的线路(快车)，则表示此时公交网络是不拥挤的；如果吸引集包括一些相对较长车上行驶时间的线路，则表示此时公交网络正在变得拥挤；如果吸引集包括一些特长车上行驶时间的线路(慢车)，则表示公交网络的拥挤程度非常高。使用此逻辑可以将 OD 对之间的所有公交线路按照车上行驶时间划分为几个不同等级的线路集合：最短车上行驶时间的线路集合(快车集或最优吸引集)；较短车上行驶时间的线路集合(较快车集或次优吸引集)；较长车上行驶时间线路集合(较慢车集或一般吸引集)；最长车上行驶时间线路集合(慢车集或无吸引集)。

以上思路基于以下两个原因：

(1)假定线路的车上行驶时间是不变的，而客流量决定的公交线路有效频率一直在变化，在拥挤水平不断变化的情况下吸引集也是不同的。因此，在客流分配模型的求解算法中，由于客流分配的变化使得有效频率也在不断变化，每次迭代都需要重新计算吸引集，因此严重影响了算法的稳定性。比如在 De Cea 和 Fernández (1993)的公交配流模型中，其网络构造的方法是在任意两个换乘节点之间建立共线路段，共线路段是根据两点之间的直达吸引集来得到的，吸引集随着客流和有效频率而变化，因此在迭代算法中，每次更新网络客流量后就需要重新构建新的公交网络。因此，本章考虑事先使用名义频率将 OD 对之间的所有公交线路按照车上行驶时间划分为几个不同等级的吸引集。

(2)乘客在不同等级的吸引集中进行出行选择，最终平衡时，每个乘客所选择的吸引集的出行费用都相等。客流在各吸引集之间平衡分配之后，吸引集内各条线路上的客流分配则依据各线路的有效频率的比值，即假设公交车辆到达车站的时间间隔符合指数分布，而乘客是均匀到达公交车站的。

首先将这种机制应用于最简单的公交网络，如图 5-1 所示，根据名义频率将 OD 对之间的所有公交线路划分为几个等级的吸引线路集，同时提出一种简化的算法来划分公交线路，得到算法 5-1 如下。

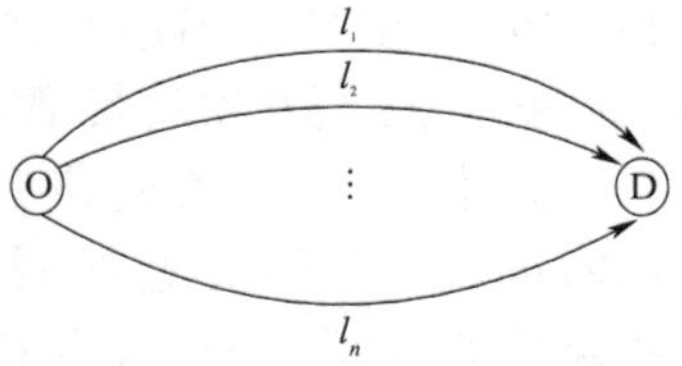

图 5-1 直达公交网络

算法 5-1：

第 0 步：使用算法 3-1，根据车上行驶时间和名义频率生成最短车上行驶时间的线路集合(快车集)，并将其表示为$\Omega_1 = \{l_1, l_2, \cdots, l_{n1}\}$。

第 1 步：设置$t^* = t_{n1+1}$，$f^{0*} = f^0_{n1+1}$，其中f^0_{n1+1}是名义频率；令$k = n_1 + 2$。使用算法 3-1 生成较短车上行驶时间线路集合(较快车集)，将此集合表示为$\Omega_2 = \{l_{n1+1}, l_{n1+2}, \cdots, l_{n2}\}$。

第 2 步：设置$t^* = t_{n2+1}$，$f^{0*} = f^0_{n2+1}$，$k = n_2 + 2$。同样使用算法 3-1 生成较长车上行驶时间线路集合(较慢车集)，并将其表示为$\Omega_3 = \{l_{n2+1}, l_{n2+2}, \cdots, l_{n3}\}$。

第 3 步：较长车上行驶时间的线路集(慢车集)将包括 OD 对之间的所有其余公交线路，即$\Omega_4 = \{l_{n3+1}, l_{n3+2}, \cdots, l_n\}$。

注 5-1：算法 5-1 根据乘客需要将每个 OD 对之间的公交线路划分为几个不同拥挤等级的吸引集，当乘客在公交出行过程中的选择依据较为简化，比如，一方面根据公交线路的基础数据进行快车和慢车的划分，另一方面根据等车人数的多少判断车辆的拥挤状况，从而进行快车或慢车的选择，此时乘客的出行选择行为接近本章所给模型。

注 5-2:从另一角度来看,当公交系统需求量较大而出现拥挤时,实际上快车集和慢车集同时也反映了它们具有不同的拥挤等级,即快车集上的拥挤程度高于慢车集,正因如此,才有乘客考虑选择慢车集。

5.2 一般公交网络的路径排序问题

共线问题使乘客将具有吸引力的线路捆绑在一起选择以减少等车时间,从而减少总出行时间(Chriqui 和 Robillard,1975)。当这种共线的概念应用于一般公交网络时,将公交网络按照任意两个站点之间进行共线处理,这种处理方法只考虑将直达线路进行捆绑以减少等待时间,如果有一条换乘的线路捆绑之后可以使总出行时间降低,却无法处理(De Cea 和 Fernández,1993)。另外,任意两个站点之间都需要求解一个共线问题,构造一条共线路段,使得改造后的网络比原始公交网络复杂得多。并且,一方面,随着公交网络上拥挤程度的改变,吸引集也始终在变化。另一方面,在客流分配模型的求解算法中,由于客流分配的变化使得有效频率也在不断变化,使得每次迭代都需要重新计算吸引集,因此严重影响了算法的稳定性。

为建立一般公交网络上的客流分配模型,并考虑以上问题,本章首先将共线(Common Line)的思想扩展到共线路径(Common Route),即计算吸引集从而进行线路捆绑时可以考虑有换乘的非直达线路。当乘客在给定的公交 OD 对之间出行时,可以在该 OD 对之间选择任何一条线路,但只会考虑选择具有吸引力的线路;所选择线路可以是一条直达线路,也可以是一条需要通过换乘才能到达终点的路径。被选择的一组路径集合被定义为吸引路径集,称为共线路径。

另外,吸引路径集也可以按照上一节所介绍的方法进行快慢等级划分,但由于换乘行为的存在,无法直接根据车上行驶时间利用算法 5-1 进行计算。为了对吸引路径集进行等级划分,需要先定义有换乘路径的车上行驶时间,它不是简单地把所涉及线路的车上行驶时间进行相加。如图 5-2 所示,如果仅使用车上行驶时间对公交路径进行排序,则可能会包括许多从一条线路频繁换乘到另一条线路的路径,如此会变得不切实际。对于一个 OD 对上的乘客来说,他/她在起点选择要捆绑的线路时,如果该线路是需要通过换乘才能到达目的地的线路,那么在换乘站点的换乘惩罚应该被考虑成这条待捆绑线路的车上行驶时间的一部分,作为固定费用部分,并且用来判断这条线路是否是共线路径(Common Route)。

与共线问题一样,为了计算吸引路径集,首先要对连接 OD 对的包括换乘的可达路径进行排序,排序只考虑车上行驶时间和换乘惩罚。本章提出一种将 OD 对之间的公交路径进行排序的方法，该方法同时考虑了车上行驶时间和换乘惩罚。首先可以应用现有的 k-短路径算法来生成路径集，比如 Han（2007）根据 Dial（1971）的研究定义了一种合理路径集；Bekhor 和 Toledo（2005）给出了一种将路段消除法与 k-最短路方法相结合的方法；Bekhor 等（2006）提出了一个大城市网络上路径集的生成方法和一个路径选择模型。公交网络上 OD 对之间的最短路径，如果不是直达，需要同时考虑车上行驶时间和换乘惩罚，换乘惩罚具有不可加性，只有存在换乘行为时才需要考虑，这是与一般道路交通网络不同之处，但还是可以应用 Dijkstra 算法，但要加上换乘惩罚。

给定一个公交网络 $G(N,A,L)$，它由一组车站（站点或节点）和连接车站的公交线路组成。其中，N 是节点集，A 是公交线段（连接相邻站点的公交线部分段）的集合，L 是公交线的集合。令 r 和 s 分别为起点和终点节点。每个弧 $a \in A$ 都有给定的车上行驶时间 $\tau i_a \in R$。对于所有的换乘行为，还假定换乘惩罚系数相同且等于常数 τr。

使用 Dijkstra 算法中的标记方法，每个节点都有两条信息：①从该节点到目的地的标记出行费用；②后续节点。在改良的 Dijkstra 算法中，将 t_a^{is} 定义为经弧 a 到达节点 i 的乘客从 i 到目的地 s 的标记出行费用。因为在公交网络中必须确定是否要在此节点处包含换乘惩罚，所以标记所经过的上游线路的下标 a 是必要的。t_a^{is} 可按下式计算：

$$t_a^{is} = \min_{b \in B_i^+} \{ \tau i_b(x) + t_b^{js} + \max_l [\delta_{a,b}^l \tau r] \}, \quad \forall i \neq rs, s, a \in B_i^- \tag{5-1}$$

其中，B_i^+ 是离开节点 i 的弧，B_i^- 是进入节点 i 的弧；$\delta_{a,b}^l$ 是指示符，当弧 a 和 b 同属于线路 l 时其值为 1，否则为 0。使用式（5-1）中的最大值来确定是否需要添加换乘惩罚 τr。

最终 OD 对 rs 之间的标记出行费用 t^{rs}（也是 rs 之间最短路径的固定费用部分）为：

$$t^{rs} = \min_{b \in B_r^+} \{ \tau i_b(x) + t_b^{js} \}, \quad \forall r, s \tag{5-2}$$

以下通过一个示例来说明本节中所给符号的定义。如图 5-2 所示，示例网络包含一个 OD 对、5 个车站和 3 条公交线，车站 A 和 B 分别是始发站和目标站，X 和 Y 是换乘站。

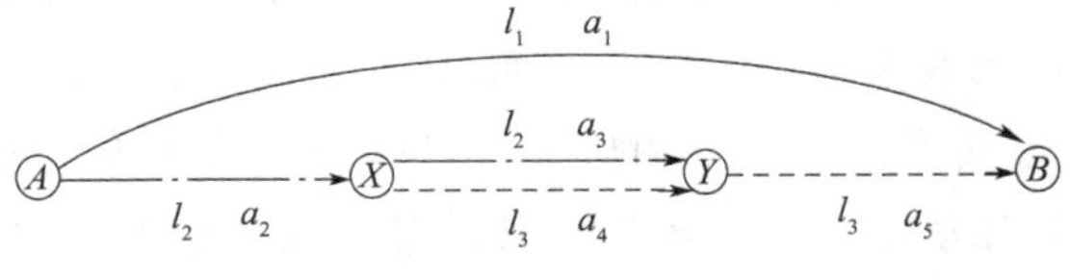

图 5-2　公交网络示例

对于节点 Y,可以得到

$$t_{a_3}^{YB}=\tau i_{a_5}+\tau r \tag{5-3}$$

同时,

$$t_{a_4}^{YB}=\tau i_{a_5} \tag{5-4}$$

对于节点 X,可以得到

$$t_{a_2}^{XB}=\min(\tau i_{a_3}+t_{a_3}^{YB},\ \tau i_{a_4}+t_{a_4}^{YB}+\tau r) \tag{5-5}$$

对于起始节点 A 有

$$t^{AB}=\min(\tau i_{a_1},\ \tau i_{a_2}+t_{a_2}^{XB}) \tag{5-6}$$

使用 Dijkstra 算法中的上述标记方法,可以找到公交网络上 OD 对之间的最短标记路径,该路径仅考虑了车上行驶时间和换乘惩罚。随后,使用给定的 k-最短路径算法可以找到 OD 对之间的 k 条可行公交路径,并对其按标记出行费用进行排序。

5.3 求解共线路径(Common Route)问题

根据上述排序方法,可以使用算法 5-1 中的思想来解决共线路径问题,计算出吸引路径集,在此之前先要计算已知路径集的车上行驶时间和频率。这里需要特别强调的是,虽然上一节给出了公交路径的排序方法,但当几条公交路径因为具有共同的吸引力而组合成一个路径集时,该路径集的等价车上行驶时间和频率则不是这几条路径的车上行驶时间及频繁的简单叠加,而是和这几条路径之间的拓扑组合关系密切相关。

首先,针对某个 OD 对之间的路径集 Ω,它所包含的所有公交线路可以形成一个子网。假设路径集 Ω 中的所有路径有一个公共的换乘节点 x,也就是说,该 OD 对的所有乘客都必须在该节点处进行换乘。对于没有这种公共换乘节点或者有不止一个换乘节点的情况,后文将给出扩展方法来获得结果。

对于 OD 对 rs 之间的吸引路径集 Ω,假设所有路径有一个公共的换乘节点 x,令t_{Ω}^{rs}和 f_{Ω}^{rs}分别表示乘客从起节点 r 到目的地 s 选择吸引路径集 Ω 的等价车上行驶时间(或固定费用部分,即包括车上行驶时间和换乘惩罚)和频率。如果没有公共的换乘节点,则可以把节点 x 看作终点 s,而t_{Ω}^{xs}按不存在进行处理。t_{Ω}^{rx}和t_{Ω}^{xs}分别是从起节点 r 到唯一的公共换乘节点 x 和从 x 到目的地 s 的等价车上行驶时间,$f_{\Omega}^{rx,0}$和$f_{\Omega}^{xs,0}$分别是从 r 到 x 和从 x 到 s 的名义频率。需特别注意的是,这几个等价车上行驶时间和频率的计算均是基于 Ω 的公交子网络。首先,如下关系式成立:

$$t_{\Omega}^{rs} = t_{\Omega}^{rx} + t_{\Omega}^{xs}, \quad \forall r,s,\Omega \tag{5-7}$$

令 w_{Ω}^{rs} 表示吸引路径集 Ω 在始发节点 r 的等车时间，即从始发节点 r 到唯一的公共换乘节点 x 的等车时间与从 x 到目的地 s 的等车时间之和：

$$w_{\Omega}^{rs} = w_{\Omega}^{rx} + w_{\Omega}^{xs}, \quad \forall r,s,\Omega \tag{5-8}$$

假设吸引路径集 Ω 中有多条通过节点 r 的公交线路，记 B_r^+ 为离开节点 r 的第一条弧的集合，则 f_{Ω}^{rx} 可按下式计算：

$$f_{\Omega}^{rx,0} = \sum_{a \in B_r^+} \frac{1}{\dfrac{1}{f_a^0} + \dfrac{1}{f_{\Omega}^{h(a)x,0}}} \tag{5-9}$$

其中，$f_{\Omega}^{h(a)x,0}$ 表示经过弧 a 到达其头节点 $h(a)$ 的乘客要到节点 x 所面临的频率，$1/f_{\Omega}^{h(a)x,0}$ 表示这些乘客在节点 j 处的总等待时间。在计算 $f_{\Omega}^{h(a)x,0}$ 时必须考虑其上游弧 a，即这些乘客是经由哪条线路到达 $h(a)$ 点的，如下式所示：

$$f_{\Omega}^{h(a)x,0} = \frac{1}{\displaystyle\sum_{b \in B_j^+} \frac{\delta_{ab} Pr_{\Omega}^{a \to b}}{f_{\Omega}^{h(b)x,0}} + \frac{1 - \displaystyle\sum_{b \in B_j^+} \delta_{ab} Pr_{\Omega}^{a \to b}}{\displaystyle\sum_{b \in B_j^+} \left(\frac{1 - \delta_{ab}}{\dfrac{1 - \delta_{ab}}{f_b^0} + \dfrac{1}{f_{\Omega}^{h(b)x,0}}} \right)}} \tag{5-10}$$

其中，$f_{\Omega}^{h(b)x,0}$ 表示从弧 b 的头节点 $h(b)$ 到节点 x 的频率；δ_{ab} 表示弧 a 和弧 b 的关系，如果它们同属于一条线路，则其值为 1，否则其值为 0。如果弧 a 和弧 b 同属于一条线路，则 $(1-\delta_{ab})/f_b^0 = 0$，表示乘客不需要在节点 j 换乘，所以在该节点的等车时间为零。$Pr_{\Omega}^{a \to b}$ 表示从弧 a 换乘到弧 b 的乘客比例，计算方法见公式(5-11)。头节点 $h(a)$ 处的频率 $f_{\Omega}^{h(a)x,0}$ 不等于方程式中离开节点 j 的线路的频率之和，其原因是，如果有一个弧 $b \in B_j^+$ 与弧 a 同属于一条线路，则只有换乘其他线路的乘客具有相同的等车时间，即 $\sum_{b \in B_j^+} (1/\{[(1-\delta_{ab})/f_b^0] + (1/f_{\Omega}^{h(b)x,0})\}$，见式(5-10)。因此，要去节点 x 的乘客从弧 a 到达节点 $h(a)$ 时，其平均等车时间(即 $1/f_{\Omega}^{h(a)x,0}$)是换乘等车时间和非换乘等车时间的加权和，权重由换乘比例计算得到。

类似地，可以计算得到 $f_{\Omega}^{xs,0}$，此处不再赘述。如果节点 j 是目的地，则令 $f_{\Omega}^{js,0} = \infty$。可以使用等车时间和频率以及式(5-8)和式(5-9)之间的关系来计算 w_{Ω}^{rs} 和 $f_{\Omega}^{rs,0}$。

在吸引路径集 Ω 中，对于在始发节点 r 处的每个离开该节点的弧 $a \in B_r^+$，乘客需求按照各条弧的有效频率分配到各条弧上，如下式：

$$Pr_{\Omega}^{r\to a}=\frac{f_a^0}{\sum\limits_{a\in B_r^+}f_a^0},\quad \forall a\in B_r^+,\Omega \tag{5-11}$$

对于某个中间节点 i,离开该节点的所有弧都包含在集合B_i^+中,而指向该节点的所有弧都包含在集合B_i^-中。对于每个弧 $a\in B_i^-$上的乘客,均按以下比例换乘到弧 $b\in B_i^+$上:

$$Pr_{\Omega}^{a\to b}=\begin{cases}\dfrac{\delta_{ab}f_b^0}{\sum\limits_{a\in B_i^+}\delta_{ab}f_b^0},\ \sum\limits_{b\in B_i^+}\delta_{ab}=1,\text{且 } l \text{ 能够到达 } s\\[2ex] \dfrac{f_b^0}{\sum\limits_{a\in B_i^+}f_b^0},\ \sum\limits_{b\in B_i^+}\delta_{ab}=0\\[2ex] \left(\dfrac{1}{\dfrac{1-\delta_{ab}}{f_b^0}+\dfrac{1}{f_{\Omega}^{h(b)s,0}}}\right)\Bigg/\left(\sum\limits_{b\in B_i^+}\dfrac{1}{\dfrac{1-\delta_{ab}}{f_b^0}+\dfrac{1}{f_{\Omega}^{h(b)s,0}}}\right),\text{其他}\end{cases}\quad \forall a\in B_i^-,b\in B_i^+,\Omega \tag{5-12}$$

在任何换乘节点 i 处,假设 a 是线路 l 上的一条可换乘弧。根据定义,$\sum\limits_{a\in B_i^+}\delta_{ab}\leqslant 1$ 表示与弧 b 属于同一条公交线路的最多有一条弧;$\sum\limits_{a\in B_i^+}\delta_{ab}=1$ 表示存在一条与弧 b 属于同一条公交线路的下游弧,$\sum\limits_{a\in B_i^+}\delta_{ab}=0$ 表示不存在与弧 b 属于同一条公交线路的下游弧。式(5-12)右边的第一种情况表示如果乘客可以直接到达目的地,则该车辆属于吸引集,而不考虑换乘至其他线路;公式右边第二种情况表示线路 l 在节点 i 处终止而乘客必须换乘其他线路,则乘客根据吸引集中的线路频率选择换乘线路;第三种情况表示其他情况下乘客选择下游弧的计算方法。如果节点 j 是目的地 s,则 $f_{\Omega}^{js,0}=\infty$。

为了说明上述所给符号,仍然以图 5-2 中给出的简单公交网络为例进行说明。假设所有三条公交线路都包含在吸引路径集 Ω 中,在这种情况下没有公共换乘节点,从起始节点 A 到终点 B 的名义频率计算如下:

$$f_{\Omega}^{AB,0}=f_{a_1}^0+\frac{1}{\dfrac{1}{f_{a_2}^0}+\dfrac{1}{f_{\Omega}^{X(a_2)B,0}}} \tag{5-13}$$

其中,$f_{\Omega}^{X(a_2)B,0}$ 是对于来自弧 a_2的乘客从换乘节点 X 到节点 B 的共线频率,即

$$f_{\Omega}^{X(a_2)B,0}=\frac{1}{\dfrac{\delta_{a_2a_3}Pr_{\Omega}^{a_2\to a_3}}{f_{a_5}^{0}}+\dfrac{\delta_{a_2a_4}Pr_{\Omega}^{a_2\to a_4}}{f_{a_5}^{0}}+\dfrac{1-\delta_{a_2a_3}Pr_{\Omega}^{a_2\to a_3}-\delta_{a_2a_4}Pr_{\Omega}^{a_2\to a_4}}{\dfrac{1-\delta_{a_2a_3}}{[(1-\delta_{a_2a_3})/f_{a_3}^{0}]+(1/f_{\Omega}^{Y(a_3)B,0})}+\dfrac{1-\delta_{a_2a_4}}{[(1-\delta_{a_2a_4})/f_{a_4}^{0}]+(1/f_{\Omega}^{Y(a_4)B,0})}}} \tag{5-14}$$

因为弧 a_2 和弧 a_3 属于同一条线路 l_2，所以 $\delta_{a_2a_3}=1$；而弧 a_2 和弧 a_4 不属于同一条线路，所以 $\delta_{a_2a_4}=0$。

类似地，可以计算：

$$f_{\Omega}^{Y(a_3)B,0}=\frac{1}{\dfrac{1-\delta_{a_3a_5}}{f_{a_5}^{0}}+\dfrac{1}{f_{\Omega}^{BB,0}}}=f_{a_5}^{0}$$

$$f_{\Omega}^{Y(a_4)B,0}=\frac{1}{\dfrac{1-\delta_{a_4a_5}}{f_{a_5}^{0}}+\dfrac{1}{f_{\Omega}^{BB,0}}}=\infty$$

$$Pr_{\Omega}^{a_2\to a_3}=\frac{\dfrac{1}{\dfrac{1-\delta_{a_2a_3}}{f_{a_3}^{0}}+\dfrac{1}{f_{\Omega}^{Y(a_3)B,0}}}}{\sum\limits_{b\in B_X^+}\dfrac{1}{\dfrac{1-\delta_{a_2b}}{f_b^{0}}+\dfrac{1}{f_{\Omega}^{Y(b)B,0}}}}=\frac{f_{a_5}^{0}}{f_{a_5}^{0}+f_{a_4}^{0}}=\frac{f_{l_3}}{f_{l_3}^{0}+f_{l_3}^{0}}=1/2$$

$$Pr_{\Omega}^{a_2\to a_4}=1/2$$

因此可以得出：

$$f_{\Omega}^{X(a_2)B,0}=\frac{1}{\dfrac{1}{2\ f_{a_5}^{0}}+\dfrac{1}{2\ f_{a_4}^{0}}}=f_{l_3}^{0} \tag{5-15}$$

从而，始发节点 A 的换乘比例可以通过式(5-11)得到：

$$Pr_{\Omega}^{A\to a_1}=\frac{f_{a_1}^{0}}{\sum\limits_{a\in B_A^+}f_a^{0}}=\frac{f_{a_1}^{0}}{f_{a_1}^{0}+f_{a_2}^{0}}=\frac{f_{l_1}^{0}}{f_{l_1}^{0}+f_{l_2}^{0}}$$

$$Pr_{\Omega}^{A\to a_2}=\frac{f_{l_2}^{0}}{f_{l_1}^{0}+f_{l_2}^{0}}$$

可以看出，吸引集组合频率的计算是一个递推的过程，取决于 Ω 中公交线路的组成和结构，而车上行驶时间 t_{Ω}^{rx} 可以表示为：

$$t_{\Omega}^{rx}=\sum_{a\in B_r^+}Pr_{\Omega}^{A\to a}(t_a+t_{\Omega}^{j(a)x}) \tag{5-16}$$

$$t_{\Omega}^{j(a)x} = \sum_{a \in B_j^+} Pr_{\Omega}^{a \to b}(t_b + t_{\Omega}^{j(b)x}) \tag{5-17}$$

使用式(5-7)可以计算出吸引集 Ω 上的车上行驶时间。

接下来,将改进后的算法 3-1 集成到算法 5-1 中,从而设计如下的算法 5-2 来获得每个 OD 对之间的吸引路径集。

算法 5-2:

第 0 步:使用 5.2 节"一般公交网络的路径排序问题"中所述的方法,对公交路径按照固定费用部分(车上行驶时间与换乘惩罚之和)进行等级排序。

第 1 步:生成最短吸引路径集,设置吸引路径集编号 $m=1$,路径编号 $k=1$。

第 1.1 步:设置吸引路径集$\Omega_m=\{p_k\}$。

第 1.2 步:使用本节所述的方法计算吸引路径集频率 $f^{0*}=f_{\Omega_m}^0$ 和车上行驶时间 $t^*=t_{\Omega_m}$。

第 1.3 步:如果为 $t_{k+1}<t^*+1/f^{0*}$,则令$\Omega_m=\Omega_m+\{p_{k+1}\}$,并返回到第 1.2 步;否则执行第 2 步,令路径编号 $k=k+1$。

第 2 步:设置 $m=m+1$,循环第 1.1 步 ~ 1.3 步,直到所有公交路径都包含在一个吸引路径集中。

5.4 基于共线路径的出行费用

本章中乘客的出行费用包括三个部分:①车上行驶时间;②车站(节点)的等车时间;③换乘惩罚。公交网络与道路交通网络之间的一个重要区别是公交路段费用的不可加性,尽管车上行驶时间是可加的,但等车时间和换乘惩罚并不总是发生在公交路径的每个路段上,或者说,等车时间仅在乘客从始发站出发或在一个站点从一条公交线路下车并换乘到另一条线路时才发生。当乘客没有在车站下车时,他/她在下一个路段的等车时间就为零;同样,如果乘客在出行途中没有换乘其他公交线路,则换乘惩罚也将不存在。

如前所述,线路上的车上行驶时间是固定的,并且仅由道路网络上的拥堵程度决定。本章假定,每个弧 $a \in A$ 由固定的车上行驶时间 $\tau i_a \in R^+$(R^+ 为非负实数空间)和光滑的有效频率函数 $f_a \in R^+$(与等车时间成反比)组成。函数 $f_a(\cdot)$是连续的,其值要么是∞,要么各处均为有限,$f_a:[0,\bar{v}_a] \to (0,\infty)$,并且 $f'_a(v_a) \leqslant 0$,当$v_a \to \bar{v}_a$时,$f_a(v_a) \to 0$,其中,v_a是弧 a 的乘客流量,$\bar{v}_a>0$,$\bar{v}_a$ 是该弧的饱和流量。此函数是一个递减函数,反映由于乘客流量增加而导致的等车时间递增,并且 $f_a(\cdot)$ 与网络中所有路段的乘客流量相关。这是有效频率的重要特性,因为等待时间不仅取决于等待乘车的乘客数量和各条线路的属性(容量、名义频率、到达时间间隔分布),而且还取决于在该站点仍然在车上的乘客数量(Cepeda 等,2006)。当交通网络出现拥堵引起级联效应时,情况会变得更加复杂,上游节点的拥堵会影响下游的流量分配,而这个拥堵过程也会受到其他线路流量的影响。本章只采用函数 $f_a(\cdot)$ 来描述拥堵而不特指某种具体的拥堵模型。

定义 P^{rs} 为根据上述方法生成的分等级的吸引路径集的集合,即 $\{\Omega_1,\Omega_2,\cdots\}$,乘客根据各吸引集的出行费用进行出行选择,那么,就需要计算各吸引路径集的出行费用。如上节所述,吸引路径集的出行费用不是所包含路径费用的简单叠加,而是与所包含路径的拓扑组合关系相关。另外,对于同一个吸引路径集,其出行费用与公交乘客流量密切相关。

例如,假设 Ω 是 P^{rs} 中的一个吸引路径集,它包括多条公交路径 $\{p_1,p_2,\cdots,p_n\}$,则可以使用式(5-9)和式(5-10)来计算吸引路径集 Ω 的频率 f_Ω,唯一的区别是用有效频率 $f_a(\cdot)$ 替代名义频率 f_a^0,而有效频率 $f_a(\cdot)$ 取决于公交网络的拥堵程度。

在此基础上可以计算吸引路径集 Ω 的乘客出行费用如下:

$$\tau_\Omega^{rs} = \frac{1}{f_\Omega^{rs}} + t_\Omega^{rs}, \quad \forall r,s,\Omega \tag{5-18}$$

同样地,按照这种方法可以计算出乘客选择 P^{rs} 中任意吸引路径集的出行费用。

5.5　基于共线路径的 VI 模型

乘客在公交网络上的任意 OD 对之间出行时,根据上节中所计算的不同等级的吸引路径集的出行费用,选择最优的吸引路径集进行出行。乘客出行选择的结果最终将达到一种平衡状态:任何乘客都不能通过单方面改变吸引路径集的选择使得自己的出行费用更优。这种平衡状态可以用以下数学语言进行描述:

$$\tau_\Omega^{rs}\begin{cases} =\mu_{rs}, h_\Omega^{rs} > 0 \\ \geqslant \mu_{rs}, h_\Omega^{rs} = 0 \end{cases} \quad \forall r,s,\Omega \in P^{rs} \tag{5-19}$$

式中,τ_Ω^{rs} 是吸引路径集 $\Omega \in P^{rs}$ 的乘客出行费用,h_Ω^{rs} 是选择吸引路径集 Ω 的乘客人数,μ_{rs} 则表示 OD 对 rs 之间的最小乘客出行费用。这个平衡条件表明:任何有乘客选择的吸引路径集的出行费用都最小,而无乘客选择的吸引路径集的出行费用都不小于该最小出行费用。这一平衡条件称为基于共线路径的 UE 条件,满足该 UE 条件的客流状态称为基于共线路径的 UE 平衡状态。

选择各个吸引路径集的乘客人数还要满足如下守恒约束:

$$\sum_{\Omega \in P^{rs}} h_{\Omega}^{rs} = d_{rs}, \quad \forall r,s \tag{5-20}$$

以及如下非负条件:

$$h_{\Omega}^{rs} \geqslant 0, \quad \forall r,s,\Omega \in P^{rs} \tag{5-21}$$

式中,d_{rs}是 OD 对 rs 之间的乘客需求。

令 $\boldsymbol{h}$ 表示吸引路径集 $\Omega \in P^{rs}$的乘客流向量,$\boldsymbol{d}$ 表示 OD 乘客需求向量,则可行乘客流量集合定义为 $\Theta = \{\boldsymbol{h} \mid \boldsymbol{\Delta h} = \boldsymbol{d}, \boldsymbol{h} \geqslant \boldsymbol{0}\}$,其中 $\boldsymbol{\Delta}$ 是 OD 需求/吸引路径集流量的关联矩阵。公交网络上的 UE 条件等价于如下的 VIP:公交客流 $\boldsymbol{h}^* \in \Theta$,满足以下不等式

$$\tau(\boldsymbol{h}^*)^{\mathrm{T}}(\boldsymbol{h} - \boldsymbol{h}^*) \geqslant 0, \quad \forall \boldsymbol{h} \in \Theta \tag{5-22}$$

UE 条件与 VIP 之间的等价性证明可以参考很多相关文献和书籍(Wu 等,1994;Ran and Boyce,1996;Chen,1999;高自友和任华玲,2005)。

5.6 基于共线路径 VI 模型的求解

求解公交网络客流分配模型时的已知条件包括:①公交网络信息,例如节点集、公交线路集、公交网络结构、车辆运行时间、公交线路能力(或公交车辆容量)和公交线路名义频率等;②OD 对数据,例如起点集合、目的地集合和乘客 OD 需求;③换乘惩罚和有效频率函数。因为乘客出行选择遵循用户平衡原理,需要校准的模型参数不多。公交网络数据可以直接从公交公司获得,而 OD 对数据和换乘惩罚可以通过乘客出行调查问卷的方式获得。共线路径(Common Route)的概念是从共线(Common Line)的概念扩展而来的,吸引路径集由 OD 对之间公交线路的有效频率决定,该频率是线路乘客流量的函数,因此有效频率函数中的参数校准对于构建吸引集是必需的。

VIP 解的存在性要求可行集是紧的,并且费用函数 τ 是连续的。假设本章中的有效频率函数是公交客流的连续函数,则 VIP(5-22)的解存在。求解 VIP 的迭代算法有很多,如对角化算法、投影算法,本章给出了一种基于相继平均法(MSA)的松弛算法来求解 VIP(5-22),算法过程概述如下。

算法 5-3:

第 1 步:根据本章介绍的共线路径和分等级的吸引路径集的概念,计算初始吸

引路径集,使用零流乘客出行费用进行“全有全无”分配,得到初始的可行公交客流 $h_{\Omega}^{rs(n)}$ ($\forall r,s,\Omega \in P^{rs}$)。设置迭代次数 $n=1$。

第 2 步:根据路径集的出行费用计算方法,计算得到各个吸引路径集的出行费用 $\tau_{\Omega}^{rs(n)}$ ($\forall r,s,\Omega \in P^{rs}$)。

第 3 步:根据各个吸引路径集的出行费用进行“全有全无”客流分配,得到可行的客流 $g_{\Omega}^{rs(n)}$ ($\forall r,s,\Omega \in P^{rs}$)。

第 4 步:使用 MSA 更新公交乘客流量。

$$h_{\Omega}^{rs(n+1)} = h_{\Omega}^{rs(n)} + (g_{\Omega}^{rs(n)} - h_{\Omega}^{rs(n)})/(n+1), \quad \forall r,s,\Omega \in P^{rs} \tag{5-23}$$

根据吸引路径集中各条线路的有效频率,将吸引路径集的乘客流量分配给吸引路径集所包含的所有线路。

第 5 步:如果满足收敛条件则停止;否则返回到第 2 步。

5.7　简 单 算 例

本节首先使用简单公交网络来说明本章所提出的模型,并特别强调共线路径和共线之间的区别,说明吸引路径集的概念。示例公交网络如图 5-3 所示,图中包含三个节点:一个起节点 A、一个目的地节点 B 和一个换乘节点 X;包含三条公交线路,从 A 到 X 和从 X 到 B 的车上行驶时间均为 10min,线路 l_1、l_2 和 l_3 的名义频率分别为 15 次/h、15 次/h 和 30 次/h。

在此公交网络中考虑共线问题,从 A 到 X 有 l_1 和 l_2 共线,从 X 到 B 有 l_1 和 l_3 共线,A 到 B 之间有一条直达线路 l_1。根据 De Cea 和 Fernández(1993)的共线概念,转换后的公交网络如图 5-4 所示。

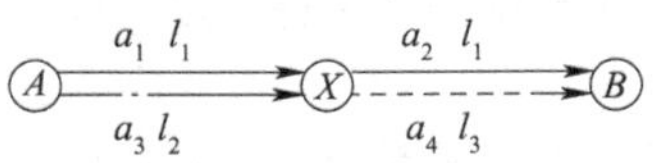

图 5-3　简单公交网络

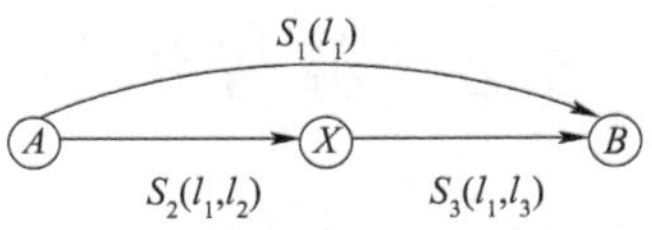

图 5-4　转换后的公交网络

在非拥堵状态下,将 OD 需求设置为 1。共线 S_1 的平均等车时间为 2min,S_3 的平均等车时间为 4 /3min。当线路能力(车辆容量)足够大时,可以忽略拥堵成本,并且客流分配结果不会受到影响。第一条路径是由吸引集 S_1 组成,其出行费用为 20 +4 =24min,第二条路径由吸引集 S_2 和 S_3 相连组成,其出行费用为 20 +2 +4/3 = 20 +2 +4/3 ≈23. 33min。因此,所有需求都分配给了第二条路径,则在节点 A 处,

1/2 的需求分配到线路 l_1上,另外 1/2 的需求分配到线路 l_2上(与两条线路的频率成比例)。类似地,在节点 X 处,1/3 的需求分配到线路l_1上,2/3 的需求分配到线路 l_3上,那么有 1/2 - 1/3 = 1/6 的需求从 l_1换乘到 l_3。但实际情况是没有乘客愿意离开能够直达的线路 l_1去换乘 l_3,故此客流分配结果是不合理的。

接下来分析本章提出的客流分配方法和分配结果。由于所有弧段具有相同的车上行驶时间,因此所有路径都包含在唯一吸引路径集中。当忽略换乘惩罚时,可以将本章方法得到的客流分配结果与 De Cea 和 Fernández(1993)的共线方法的配流结果进行比较。所有公交需求在此吸引集中的各条线路上进行分配,使用式(5-11)和式(5-12)计算每个节点处各线路的客流分配比例。

$$Pr_{\Omega}^{a_1\to a_2}=1,Pr_{\Omega}^{a_1\to a_4}=0$$

$$Pr_{\Omega}^{a_3\to a_2}=\left(\frac{1}{\dfrac{1}{f_{a_1}^0}+\dfrac{1}{\infty}}\right)\Bigg/\left(\frac{1}{\dfrac{1}{f_{a_2}^0}+\dfrac{1}{\infty}}+\frac{1}{\dfrac{1}{f_{a_4}^0}+\dfrac{1}{\infty}}\right)=\frac{f_{a_2}^0}{f_{a_4}^0+f_{a_2}^0}=\frac{1}{3}$$

$$Pr_{\Omega}^{a_3\to a_4}=\frac{2}{3}$$

$$Pr^{A\to a_1}=\frac{f_{a_1}^0}{f_{a_1}^0+f_{a_3}^0}=\frac{1}{3},Pr^{A\to a_3}=\frac{1}{2}$$

客流分配结果是节点 A 处有 1/2 的需求选择弧 a_1,另外 1/2 的需求选择弧 a_3。在节点 X 处,所有来自 a_1的乘客都保留在线路 l_1上直到目的地;从 a_3到达 X 点的乘客中有 1/3 换乘到 a_2和 2/3 换乘到 a_4,这与 a_2和 a_4的名义频率成比例。该客流分配结果更符合实际生活中乘客的选择情况。

5.8 苏福尔斯(Sioux Falls)网络算例

本节使用苏福尔斯(Sioux Falls)的公交网络进行数值实验,以验证本章所提出的模型和算法。该公交网络由 76 条有向弧和 24 个节点(站点)组成,有 5 条公交线路覆盖整个网络,每个节点至少有一条线路为其服务,如图 5-5 所示。特别地,将线路 2 的南端终点由节点 5 延长到节点 15,以使线路 1 和线路 2 在节点 5 和 15 之间沿北向南的方向重叠。此外,还包括一些其他细微的修改以适应本节的研究分析。

具体的线路数据和三个 OD 需求如表 5-1 和表 5-2 所示。

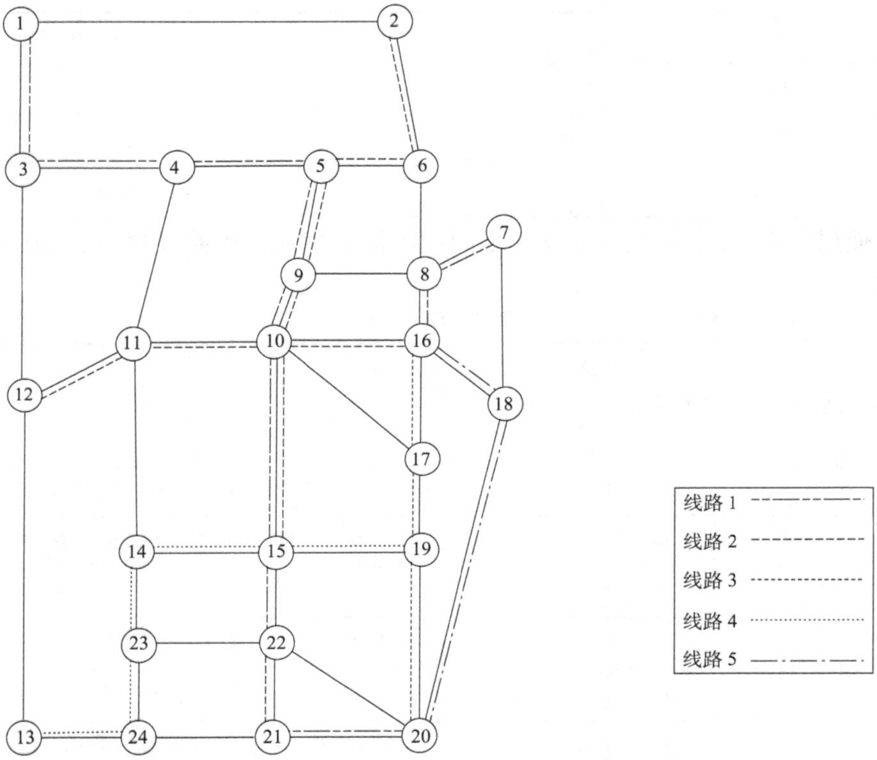

图 5-5　Sioux Falls 的公交网络

公交网络中线路的基础数据　　表 5-1

线路	车上行驶时间(min)	线路容量(人/车)	线路行程	线路各路段的车上行驶时间(min)
l_1	3	200	1—3—4—5—9—10—15—22—21—20	2.4—2.4—1.2—3—1.8—3.6—2.4—5.2—3.6
l_2	2	250	2—6—5—9—10—15	3—2.4—3—1.8—3.6
l_3	15/8	300	12—11—10—16—17—19—20	3.6—3—3—1.2—1.2—2.4
l_4	3	200	13—24—23—14—15—19	2.4—1.2—2.4—3—2.4
l_5	4	200	7—8—16—18—20	1.8—3—3.8—8.4

公交网络中的 OD 需求　　表 5-2

OD 对	符　号	需求（人/h）
（1，24）	OD_1	2000
（2，20）	OD_2	3000
（7，20）	OD_3	1000

使用算法 5-2 获得每个 OD 对之间的不同级别的吸引路径集，结果如表 5-3 所列。

路径集列举　　表 5-3

OD 对	吸引路径集	路径号	路径上的等价车上行驶时间（min）	路径行程
OD_1	S_{11}	r_1	27	l_1（1—3—4—5—9—10—15）换乘l_4（15—14—23—24）
OD_2	S_{21}	r_2	24	l_2（2—6—5—9—10）换乘l_3（10—16—17—19—20）
	S_{22}	r_3	31	l_2（2—6—5）换乘l_1（5—9—10—15—22—21—20）
		r_4	31	l_2（2—6—5—9）换乘l_1（9—10—15—22—21—20）
		r_5	31	l_2（2—6—5—9—10）换乘l_1（10—15—22—21—20）
		r_6	31	l_2（2—6—5—9—10—15）换乘l_1（15—22—21—20）
OD_3	S_{31}	r_7	15.6	l_5（7—8—16）换乘l_3（16—17—19—20）
	S_{32}	r_8	19	l_5（7—8—16—18—20）

在数值实验中使用固定的车上行驶时间，并且将无换乘弧的有效频率设置为无穷大，同时有效频率函数采用以下形式：

$$f_a(v_a)=\begin{cases}\mu\left[1-\left(\dfrac{v_a}{\mu c-v_a'+v_a}\right)^{\beta}\right], & v_a'<\mu c\\ 0, & \text{其他}\end{cases} \tag{5-24}$$

式中，v_a是弧 a 的上车客流人数（包含所有的 OD 对）；v_a'是乘客在节点下车后仍停留在车上的乘客数量（注意 $\mu c-v_a'\geqslant v_a$）；参数 μ 表示线路的名义频率，c 是公交线路的车辆容量，因此 $\mu c-v_a'$是乘客在节点上车前的预期剩余能力。有效频率取为 $\tilde{f}_a(v)=\max\{f_a(v),1/999\}$，也就是说，令最大车头时距为 999min 或 16.7h。

如果在城市环境中，公交的一般车上行驶时间为20min到1h，那么这个值已经足够高，能够反映最拥堵的情况。在算法运行的第一次迭代中，由于使用“全有全无”的方法，可能会出现客流超出线路能力的情况，但是如果存在可行的客流结果，则乘客会在随后的迭代中转移到其他有能力的线路上，因此可以找到平衡的客流分配结果。如果客流需求过大，超过了公交网络现有的能力范围，算法也会最终给出判断。

这里的换乘惩罚主要体现了换乘的不方便性和换乘时间费用，它不仅与乘客在不同的车站进行换乘有关，而且与换乘站的乘客流量大小有关。本节为了简化模型，假定所有换乘行为的换乘惩罚均相同且等于一个常数。而等车时间也发生在换乘车站（包括起始站），它主要与换乘的线路有关，包括换乘线路的发车频率和换乘线路的拥挤程度，用来反映客流分配结果对等车时间的影响，它反过来会再影响乘客的出行选择和客流分配。

首先，验证本章所给迭代算法的收敛性。基本OD需求为（2000，3000，1000）（人/h），定义OD需求乘子ϑ，基本OD需求乘以不同的乘子得到不同的需求水平。图5-6给出了吸引集S_{21}在$\vartheta=1.5$时的OD_2之间的乘客流量的收敛性，即OD需求为（3000，4500，1500）（人/h），可以看出该算法具有很好的收敛性。

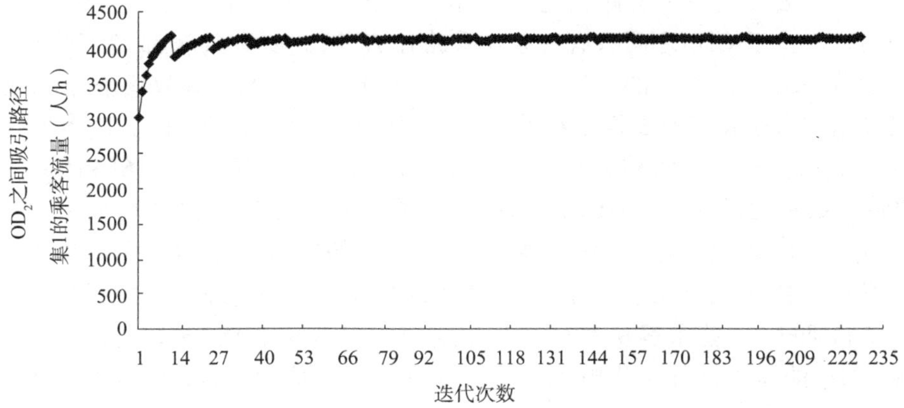

图5-6　算法收敛性

图5-7描述了随着OD需求水平的提高，两个OD对之间选择不同路径集的乘客比例的变化情况。从图中可以看出，当需求较低时，OD_2之间的所有乘客都选择了快速路径集S_{21}（$\vartheta=0.9$和$\vartheta=1.1$时比例均为100%）。当需求增加时，快速路径集的等车时间会增加，因此一些乘客会考虑具有较长车上行驶时间的

慢速路径集S_{22}。对于 OD_3,当 OD 需求乘子 ϑ 从 0.9 增加到 1.7 时,选择慢速路径集S_{31}的乘客比例从 47% 增加到 79%。由此可得出结论,当 OD 需求低时,乘客选择快速路径集,随着 OD 需求的增加,车站的拥堵加剧、等车时间增加,越来越多的乘客愿意选择具有较长车上行驶时间但没那么拥堵(较短等车时间)的慢速路径集。

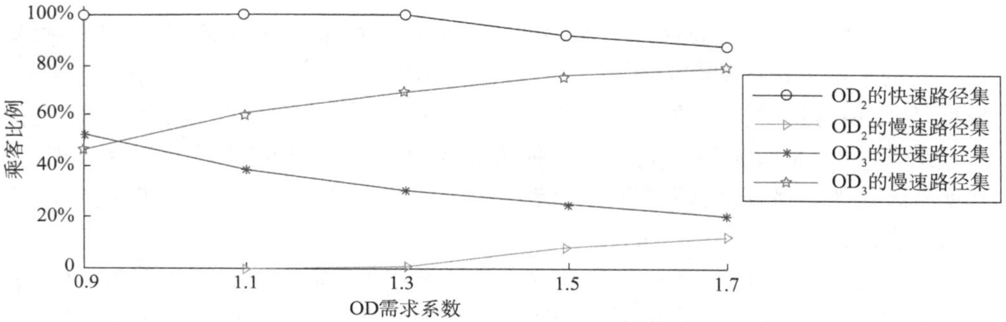

图 5-7　不同需求水平下选择快慢吸引路径集的乘客比例变化

图 5-8 显示了乘客选择各路径的人数随 OD_1 需求的变化而变化的情况,并突出反映了公交网络中各路径之间的相互关联和影响作用,包括其他 OD 对之间的路径。由于 OD_1 之间只有一条换乘路径 r_1,因此所有乘客都必须选择此路径。随着 OD_1 之间需求的增加,在节点 1 处乘上线路 l_1的乘客数量增加,所以选择路径 r_3的乘客在节点 5 换乘线路 l_1时会感到拥堵程度增加,因此随着 OD_1 的需求增加选择路径 r_3的乘客数量减少了。因为同样的原因,选择路径 r_4、r_5和 r_6的乘客数量也减少了。OD_2 之间的许多乘客由于线路 l_1的拥堵而放弃了路径 r_3、r_4、r_5和 r_6,因此这个 OD 对之间路径 r_2上的乘客数量增加了。以上级联效应继续在网络上蔓延。由于 OD_2 之间选择路径 r_2的乘客数量增加,因此线路 l_3变得拥挤,一些乘客从路径 r_7改为路径 r_8以避免节点 16 处的拥堵。由此可见,OD_1 的需求增加会影响到整个公交网络的不同 OD 对之间的路径流量分配结果。

从图 5-8 中还可以观察到另一种结果:选择路径 r_4的乘客数量比选择路径 r_3的乘客数量减少更多,选择路径 r_5的乘客数量比选择路径 r_4的乘客数量减少更多。以上三条路径的换乘节点在同一条线路 l_1上,沿线的拥堵程度逐渐加剧。相反地,选择路径 r_6的乘客数量相对变化不大,这是因为选择路径 r_1的所有乘客都在节点 15 换乘了线路 l_4,所以大大减轻了线路 l_1在节点 15 的拥堵。

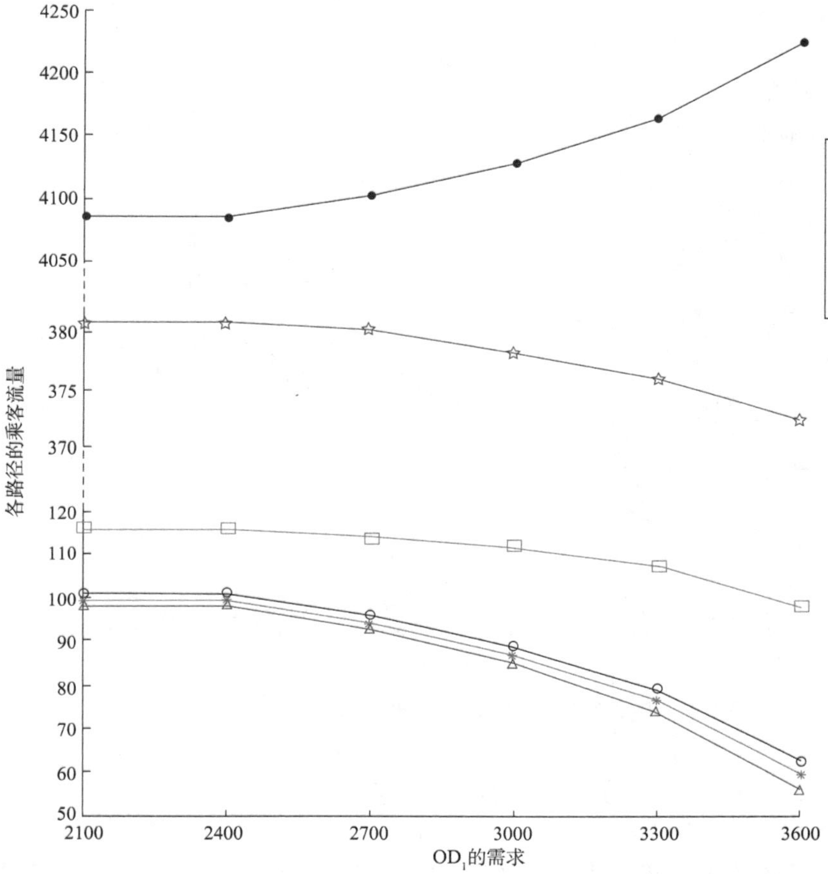

图 5-8 乘客路径流随 OD$_1$ 需求的变化

图 5-9 分析了乘客分配结果如何随着节点处的拥堵敏感度而变化，拥堵敏感度通过有效频率函数(5-24)中参数 β 的变化反映。图 5-9 给出了 5 条路径的客流分配结果，其中 β 有 6 个值，从 0.2 增加到 0.45。当 β 值增加时，同样客流情况下有效频率的值相应增加，对应的等车时间减少，起始节点或换乘节点的等车费用在路径出行费用中所占比重越来越小，而固定费用部分(车上行驶时间和换乘惩罚)在乘客的路径选择行为中起着更为重要的作用。因此，越来越多的乘客开始选择固定费用较低的路径集(S_{21}，包含路径 r_2)，因为该路径集原来的等车时间较长，而现在乘客不那么在意等车时间了；而固定费用较高、等车时间短的路径集(S_{22}，包含路径 r_3、r_4、r_5和 r_6)由于等车时间的比重增加，其总费用变得更大，客流曲线因此呈现下降趋势。

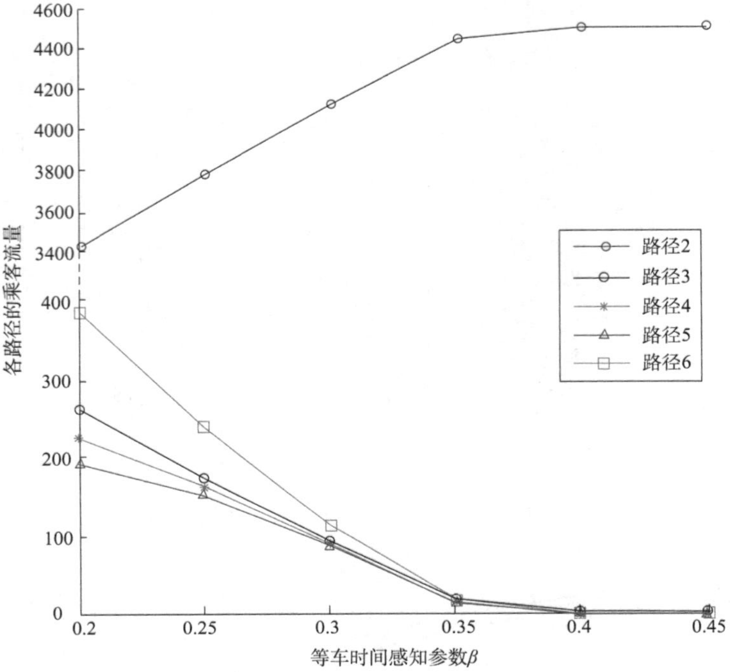

图 5-9 OD_2 之间路径客流随等车感知参数 β 的变化情况

5.9 小　　结

本章将公交网络上已有的共线的概念推广到共线路径，提出了一种划分快速路径集和慢速路径集的方法，这种划分省去了算法中每次迭代都要更新吸引集的过程；在快速路径集和慢速路径集的基础上建立了公交客流分配的变分不等式模型；同时，对于公交乘客的出行还考虑了换乘惩罚，但不需要对公交网络进行扩展就可以进行路径集的搜索；另外，采用有效频率来反映公交网络中的拥挤，其中所含的等车感知参数可以反映乘客对拥挤的敏感程度。

第6章 基于线路节点的公交客流分配模型

6.1 概　　述

公交网络与道路网络的构成存在很大的差异,出行者的费用构成也存在着很大的差异,乘客在公交网络上的路径选择与道路网络上私家车的路径选择过程有很大的不同,从而使得公交配流问题与道路交通配流问题在许多方面都有很大的区别。首先,在私家车行驶的道路网络中,路段行驶时间通常是受拥堵影响的唯一变量。而在公交网络中,除了共线问题(CLP)之外,拥挤对公交乘客出行选择的影响也更加复杂。拥挤不仅可以表现为公交车行驶时间的加长,也可以表现为行驶过程中的车内不适感,同时还会影响乘客在车站的等车过程。该区别在前两章所给模型中都进行了说明,其中共线问题在所有模型中已讨论,而对于拥挤问题,不同模型在不同程度的假设下进行了探讨。

最早的公交配流模型中,对于路径的定义借用了道路网络的思想,即路径是乘客实际经过的轨迹,并假设乘客沿着每个 OD 对上的最短路径行进,但总出行时间则包括等车时间和车上行驶时间(Dial,1967;Fearnside 和 Draper,1971;Le Clercq,1972)。Chriqui 和 Robillard(1975)的论文开创性地介绍了共线的概念,建议乘客可以将几条线路捆绑在一起以减少等车时间,从而减少总出行时间。

第 3 章 3.3 节中介绍了 De Cea 和 Fernández(1993)基于共线路段的公交配流模型,乘客在每对换乘节点之间移动,每对换乘节点之间的吸引线路集构成一条共线路段。随后许多模型(Szeto 等,2011;Huang 等,2016)在共线路段的基础上进行了扩展。应用这类模型时应注意以下问题:在一对换乘节点之间,可能存在把有换乘的线路和直达线路组合起来更能减少等车的情况,比如第 3 章 3.3 节注 3-3 中所给的例子。并且,在距离较远的 OD 对之间可能存在很多条共线路段组成的路径,这意味着此 OD 对之间要换乘很多次。

第3章3.4节中介绍了 Spiess 和 Florian(1989)基于策略的公交配流方法,其做法是通过网络扩展,使得乘客的出行选择转化成在每一节点决策吸引集的过程,包括换乘过程。此后,基于策略或超级路径的方法也越来越多地得到改进和应用(Wu 等,1994 年;Bouzaiene-Ayari 等,1995;Nguyen 等,1998;Kurauchi 等,2003;Chen 和 Nie,2015;Martínez 等,2014;Li 等,2015)。但是,即使对于具有 n 条直达线路的单 OD 对网络,策略/超级路径的数量也有 $\sum_{i=1}^{n} C_n^i = 2^n - 1$,这意味着在每个 OD 对之间,一个具有许多换乘节点的公交网络将拥有更多的策略/超级路径。此外,将每一个公交站点扩展成一个站点节点(对应于站台)和多个线路节点(对应于所连接的不同线路),以及连接这些节点的众多上车路段、下车路段、行车路段、换乘路段等,这是一个复杂的扩展网络,会大大增加计算量。并且,最终的最优策略仍然难免会有换乘多次的现象。

第4章4.5节中介绍了 Cominetti 和 Correa(2001),Cededa 等(2006),Codina(2013)及 Codina 和 Rosell(2017)的基于线路的公交配流模型,描述了平衡条件下线路上乘客流量的特点,并建立了基于线路的优化模型和 VI 模型。关于此类模型,需要注意两点:①公交网络仍然需要按照基于策略的方法进行扩展,计算量仍是需要关注的问题;②虽然模型是基于线路流量的,但模型的求解最终还是需要基于策略进行设计。

换乘是公交出行的重要特征,在乘客更愿意尽量减少换乘次数的心理下,乘客的出行轨迹实际是非常简单的,就是在 OD 之间可达相连的有限几条公交线上乘坐,实现从 O 点到达 D 点的转移,但较少文献充分利用了公交出行的这一有利特征(Han 和 Wilson,1982;Baaj 和 Mahmassani,1990、1991、1995;Afandizadeh 等,2013;Arbex 和 Cunha,2015;Van Nes 等,1988;Zhao 等,2006;Jiang 和 Szeto,2016);或者只是进行了一些简单的假设来解决乘客的换乘意愿,如增加换乘弧的费用(Cancela 等,2015)。但是,这种方法也存在许多问题:①模型的大小显著增加,因为在每次计算中都需要添加不同的换乘弧,这使得大型公交网络上的乘客分配更具挑战性(Cancela 等人,2015)。②每次换乘的感知可能会因地点、便利性、步行时间和等待时间的不同而有很大差异,并且能够产生预期效果的换乘费用多少尚不清楚(Cancela 等,2015;Garcia-Martineza 等,2018)。③乘客的换乘态度在很大程度上取决于整个出行中的换乘次数;即使额外的步行和等待时间为零,乘客也会选择较长的无换乘出行而不是多次换乘(Garcia-Martineza 等,2018)。④这种方法不方便网络设计者控制最佳出行方案中的换乘次数(Cancela 等,2015)。

通过对比公交出行和道路私家车出行的差异,并基于以上对公交配流模型和方法的分析,使我们从不同的角度有新的发现。一方面,公交乘客在公交网络上出行,其出行轨迹实际是非常简单的,特别是乘客都有尽量避免换乘的心理。另一方面,乘客出行轨迹简单并不能说明乘客出行选择是简单的,恰恰相反,由于共线问题和换乘问题同时并且交叉存在,使得公交网络配流问题变得异常复杂。如上所述,基于共线路段的方法是先把换乘站点确定下来,然后在换乘站点之间构造无换乘的共线问题;基于策略的方法是通过网络扩展的方法来达到用统一的方式处理共线问题和换乘问题的目的;基于线路的方法则采用线路流量的方式描述了共线问题的客流特征,但其求解算法仍需要基于策略进行设计。但这些方法都没有将乘客出行轨迹的简单性和公交出行选择的复杂性联系起来,不仅没有将公交换乘次数的重要优势利用在公交配流模型中,反而使最优决策结果可能出现很多次换乘的不合理现象。

为了更真实准确地描述乘客在公交网络上的出行行为,特别是分析他们在公交网络上的决策行为,有必要确定乘客在出行过程中的每一个决策点,了解他们在不同决策点的决策依据及其差异。另外,对乘客出行所设定的假设不同,可能使乘客选择所依据的出行费用得到不同的计算结果,从而导致公交网络上乘客流量的分配结果不同(Fu 等人,2012)。

本章将对乘客的实际出行选择行为进行深入探讨、综合分析。众所周知,公交网络上的出行完全可以通过两种决策来决定:一是在等车的站点确定要考虑的吸引线路集,二是乘坐上公交车时决定在哪一个站点下车。如果这两种决策有明确的决策依据和决策方法,则乘客的出行就能完全确定下来。基于这两种决策,本章提出了在换乘节点(包括始发节点)的线路策略(Line Strategy,LS)和在乘坐线路上的节点策略(Node Strategy,NS)的概念。线路策略和节点策略统一称为线路节点策略(Line and Node Strategy,LNS)。

基于策略的公交配流方法中,需要把网络进行扩展,将每一个公交站点扩展成多个节点,并增加一系列路段进行连接,大大增加了计算量。节点策略的引入免去了扩展网络的过程,极大地减少了计算工作量。这是因为节点策略使乘客在上车后就确定下车的站点,而不是每到一个站点都要决定是否下车;而每个站点又有等车的乘客在作决策,在同一站点的这两类乘客的决策机制不同,所以基于策略的公交配流模型采用扩展网络的方法来解决该问题。节点策略则不需要,因为事先已经决定了是否选择这个站点下车:若选择就直接下车,若没选择就继续留在车上,完全不干扰站点等车乘客的选择。同时,也避免了对具有无限频率的路段进行特殊假设,以便区分站点节点和线路节点乘客的不同决策机制。

定义选择每个线路策略和节点策略的乘客比例为决策变量,线路策略比例表示在决策站点处选择各策略的乘客占该站点去往同一终点的所有乘客的比例；节点策略比例表示在线路公交车上的乘客中选择在各节点下车的乘客占该线路上去往同一终点的所有乘客的比例。乘客的线路节点策略选择的结果最终达到用户平衡(UE)状态,即没有乘客可以通过在始发和换乘节点处更改其线路策略或在线路上更改其节点策略来减少其总出行时间。基于线路节点策略概念和线路节点策略比例,本章将给出基于线路节点策略的 UE 条件,并建立与之等价的 VI 模型。

此外,本章模型将换乘约束作为影响乘客出行选择的重要因素,可以对每个 OD 对明确单独施加不同的最大换乘次数,只要满足不大于这个换乘次数的出行路线都是可行的,并且乘客可以平等地考虑。这一约束大大缩小了可行策略集范围,从而进一步降低了计算量。此外,具有相同最大换乘次数的乘客可以混合在一起分配,不用考虑其始发节点的区别。特别地,当给定的最大换乘次数足够大时,Codina(2013)的公交配流模型被证明是本章模型的特例。

6.2 模型构建

6.2.1 问题描述

在建立模型之前,我们首先描述一般公交网络的表示方法和公交网络上的乘客出行选择过程。连通的公交网络由有向图 $G=(N,A,L)$ 表示,如图 6-1 所示,N 代表网络中的公交站点(节点)的集合,A 是在任意线路上两个连续站点之间的线路段的集合,L 是服务该公交网络的公交线路的集合。对于每个 OD 对 rs $(r,s\in N)$,其公交乘客需求 q_{rs}是已知并固定的。

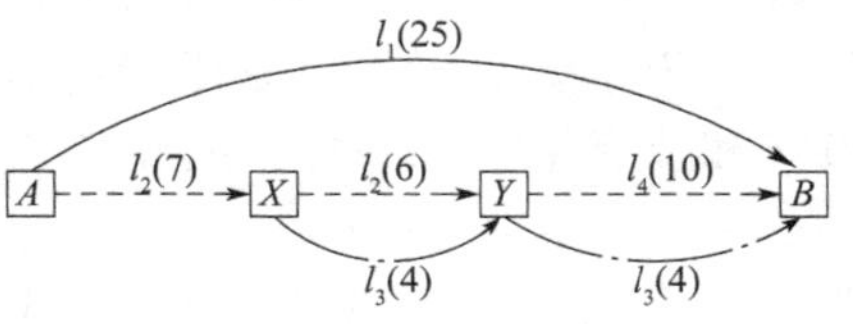

图 6-1　一个简单的公交网络

由于公交网络中共线问题的存在,学者们通过不同方式重新构建公交网络,将第 3 章 3.2 节中所介绍的共线问题的思想推广到具有换乘节点的一般公交网络上。一种方式是将每对换乘节点之间的直达线路组成基本的共线路段(De Cea 和 Fernández,1993;Szeto 等,2011;Huang 等,2016),其优点是可以轻松跟踪乘客的换乘行为,乘客直接从一个节点沿共线路段出行到下一个节点,中间无需决策也无需下车。所有基于策略概念的方法其目的是在当前节点,为乘客找到最快到达终点的方法(策略)。如果当前是站点节点,则乘客面临的是多条上车路段,其策略相当于推广的共线问题;如果当前是线路节点,则乘客面临的是否下车,这取决于下车和不下车哪个费用小(Spiess,1984;

Spiess 和 Florian, 1989; Bouzaiene-Ayari 等, 1995; Nguyen 等, 1998; Kurauchi 等, 2003; Chen 和 Nie, 2015; Martínez 等, 2014; Li 等, 2015; Cominetti 和 Correa, 2001; Cepeda 等, 2006; Codina, 2013; Codina 和 Rosell, 2017)。这两类方法都没有考虑乘客进行了多少次换乘,导致他们的实际出行轨迹可能包含太多次换乘。

实际上,在一般公交网络上出行的乘客通常有两种选择行为:一是在站点等待时选择一个吸引线路集,二是乘坐在车上时决定要下车的站点。基于共线路段的模型,通过在每对换乘节点之间建立直达的共线问题来实现这两个选择,即先选择换乘节点,再选择换乘节点之间的基本共线问题。基于策略的模型首先对节点性质进行判断,如果是站点节点则用共线问题进行选择,如果是线路节点则选择是否下车,相当于用另一种方法选择要下车的站点。

基于这两种选择行为,本章直接定义两种策略:①线路策略(LS)是选择离开当前站点的吸引线路集,包括直达或通过换乘能到达目的地的线路;②节点策略(NS)是由所乘坐的线路选择换乘节点。与传统的基于策略的模型相比,其区别在于把乘车时需要在每个节点决定是否下车转变为决定在哪个节点下车。这一策略表达方式的转变有非常大的优势:省去了扩展公交网络的过程,因为在乘客上车后就可以根据所乘线路上所有可行的下车节点进行决策,确定要下车的节点,所以在公交车到达各站点时,车上的乘客是不需要再作决策的,只有在站点等车的乘客需要作决策,因此,不需要再将站点为该处的两类乘客区分成站点节点和线路节点,只需要等车乘客选择吸引线路集即可。

根据 LS 和 NS 的概念,将 LS 比例定义为选择每个 LS 的乘客比例,将 NS 比例定义为选择每个 NS 的乘客比例。为了解释这两个策略概念以及乘客的选择行为,我们在图 6-1 的示例网络中对其进行说明。

对于 OD 对 AB,始发点 A 的乘客首先选择吸引线路集,注意该吸引线路集既包括直达的线路也包括换乘可达的线路,在本章中将其定义为 LS。本例中,所有 LS 包括:仅有 l_1 的 LS_1,仅有 l_2 的 LS_2,同时包含 l_1 和 l_2 的 LS_3。选择每个 LS 的乘客比例被定义为始发点 A 处选择每个 LS(LS_1、LS_2 和 LS_3)的乘客数量占 OD 需求比率。另外,无论乘客选择哪个 LS,他们都会乘上某一条线路(l_1 或 l_2)。例如,如果选择了线路 l_2,则车上乘客将面临下一个相同的选择,即决定要在节点 X 还是节点 Y 换乘到达目的地 B。将选择每个 NS(X 或 Y)的乘客比例定义为选择每个换乘节点的乘客占车上目的地相同的乘客数量的比率。在此例中,选择 X(Y)的乘客比例就是选择换乘点 X(Y)的乘客占线路 l_2 上具有相同目的地 B 的乘客数量的比率。

乘客的 LS / NS 选择取决于各 LS / NS 的总出行时间,每个乘客都希望选择总出行时间最少的 LS / NS。但是,如果乘客需求量很高,则公交网络会变得拥挤,太多乘客选择出行时间最短的 LS / NS 会使其吸引力降低。通常,拥堵不仅会导致在站点等车时间变长,而且会给车上乘客带来不适感,而本章目前仅考虑在站点的拥堵。"有效频率"通常可以用于描述等车乘客数量对一条或多条吸引线路的等车时间的影响,并且进一步影响公交线路流量的分配。

此外,乘客在出行时会将换乘次数视为影响选择的非常重要的因素。对于给定的 OD 对,如果距离不远,即使存在比较快的换乘可达线路,乘客一般也只考虑直达线路,而不愿意选择换乘线路;如果 OD 距离较远,乘客可能考虑换乘一次或两次可达的线路。对于一个大城市中的大多数行程,乘客一般最多接受两次换乘,也就是说,在对乘客行为进行建模时,只需要考虑一定换乘次数以内的策略就能完全满足实际需要。否则,当模型中没有换乘惩罚或换乘惩罚较少时,最优策略就有可能会包括多次换乘,而不符合公交出行的实际情况。

最后,假定公交乘客的 LS 和 NS 选择遵循 UE 原则,即没有乘客可以通过更改其 LS 或 NS 来减少其总出行时间。基于 LS 比例和 NS 比例,提出了满足 UE 条件的客流分配 VI 模型,本章将其称为基于 LNS(线路节点策略)的模型。

6.2.2 本章符号和变量

由于本章模型符号较多,为方便阅读和理解,本小节中列出了基于 LNS 的公交配流问题中用到的主要符号和变量,如表 6-1 所示。

符 号 与 变 量 表 6-1

q_{rs}	OD 对 rs 之间的乘客需求量
d_{is}^{z}	节点 is 之间考虑最多 z 次换乘的节点乘客流量
f_{l}^{0}	公交线路 l 的名义频率
f_{l}	公交线路 l 的有效频率
K_{l}	公交线路 l 的容量
$\boldsymbol{M}_{l}$	线路 l 的 0-1 方阵
$t_{ij,l}$	公交线路 l 在节点 ij 之间的车上行驶时间
$\overline{\boldsymbol{\Omega}}_{is}^{z}$	节点 i 处最多换乘 z 次可达目的地 s 的可行线路集(FLS-z)
$\overline{N}_{is,l}^{z}$	从节点 i 开始线路 l 上最多换乘 z 次可达目的地 s 的可行节点集(FNS-z)
$\boldsymbol{\Omega}_{is}^{z}$	节点 i 处最多换乘 z 次可达目的地 s 的吸引线路集(ALS-z)
$N_{is,l}^{z}$	从节点 i 开始线路 l 上最多换乘 z 次可达目的地 s 的吸引节点集(ANS-z)
$h_{is,\delta}^{z}$	可行线路策略 LS-z $\delta\subseteq\overline{\boldsymbol{\Omega}}_{is}^{z}$的乘客量

续上表

$h_{is,l}^{z}$	分配到线路 $l \in \overline{\Omega}_{is}^{z}$ 上的乘客量
$h_{is,lj}^{z}$	选择可行节点策略 NS-z $j \in \overline{N}_{is,l}^{z}$ 的乘客量
$\boldsymbol{h}$	线路节点策略向量$[h_{is,\delta}^{z}, h_{is,lj}^{z}]$
$c_{is,\delta}^{ttt,z}$	线路策略 $\delta \subseteq \Omega_{is}^{z}$ 的总出行时间
$c_{is}^{ttt,z}$	所有线路策略 $\delta \subseteq \Omega_{is}^{z}$ 的最小总出行时间
$c_{is,lj}^{inv,z}$	节点策略 $j \in N_{is,l}^{z}$ 的等价车上时间
$c_{is,l}^{inv,z}$	从节点 i 处乘上线路 $l \in \Omega_{is}^{\leqslant z}$ 到目的地 s 的最小等价车上时间
$\boldsymbol{c}$	向量$[c_{is,\delta}^{ttt,z}, c_{is,lj}^{inv,z}]$
$\lambda_{is,\delta}^{z}$	分配给线路策略 $\delta \subseteq \Omega_{is}^{z}$ 的乘客比例
$\lambda_{is,lj}^{z}$	分配给节点策略 $j \in N_{is,l}^{z}$ 的乘客比例
$\boldsymbol{\lambda}$	向量$[\lambda_{is,\delta}^{z}, \lambda_{is,lj}^{z}]$
$\eta_{is,l}^{z}$	乘上线路 $l \in \Omega_{is}^{z}$ 的乘客比例
$v_{i,l}^{o}$	在节点 i 下车后仍然在线路 l 上的乘客数
$v_{i,l}^{a}$	线路 l 上在节点 i 下车的乘客数
$v_{i,l}^{b}$	线路 l 上在节点 i 上车的乘客数

注：FLS 为 Feasible Line Set（可行线路集）的缩写；FNS 为 Feasible Node Set（可行节点集）的缩写；ALS 为 Attractive Line Set（吸引线路集）的缩写。

6.2.3　有换乘约束的可行线路和可行换乘节点

考虑原始未加转换的连通公交网络 $G=(N,A,L)$，对于已知的 OD 对，乘客开始出行时，一般会有一个最大能接受的换乘次数，超过该换乘次数的路线则不予考虑。在每个关键节点，即需要作决策的节点处，都有一组服务的公交线路，其中一些可以连接到目的地，而有些则不能。在选择有吸引力的线路集之前，乘客首先要确保在该节点哪些线路可以在一定次数的换乘内为其提供服务，以及可以沿着这些线路选择哪些换乘节点。因此，在对乘客的出行选择进行建模之前，首先应在本小节中定义具有换乘约束的可行公交线路和可行换乘节点。

我们假设本章中的乘客不考虑换乘次数超过 z 次的公交路线，并且对于不同的 OD 对，z 的大小可能会根据不同 OD 之间的距离而有所不同。下面介绍一种简单有效的算法来识别满足最大换乘次数的可行公交线路和可行换乘节点，这里考虑从始发点 r 到目的地 s 最多换乘 z 次的出行。

首先介绍识别可行直达线路并建立直达线路集的方法。每条公交线路 $l \in L$

可以由大小为$|N|$的0-1方阵$\boldsymbol{M}_l$定义，其中N是公交网络中公交站（节点）的集合，$|N|$是公交节点的数量。如果线路l连接两个连续的节点i和j，则方阵$\boldsymbol{M}_l$的第ij个元素$M_{l,ij}$为1，否则为0。判断OD对$rs(r \neq s)$是否可以通过线路l直接到达，可以由$(\sum_i M_{l,ri})(\sum_i M_{l,is})$的值来确定，如果其值为1，则OD对$rs$可以通过线路$l$直达；否则不行。

我们仍然以图6-1为例进行说明。该网络有4个节点，将它们表示为节点1（对应A）、2（对应X）、3（对应Y）和4（对应B）。那么，对于线路l_1，其0-1方阵表示如下：

$$\boldsymbol{M}_{l_1} = \begin{pmatrix} 0 & 0 & 0 & 1 \\ 0 & 0 & 0 & 0 \\ 0 & 0 & 0 & 0 \\ 0 & 0 & 0 & 0 \end{pmatrix}$$

l_1连接节点1和4，因此$M_{l_1,14}=1$，并且所有其他元素均为0。考虑OD对（1，4），有

$$\begin{aligned}(\sum_i M_{l_1,1i})(\sum_i M_{l_1,i4}) &= (M_{l_1,11}+M_{l_1,12}+M_{l_1,13}+M_{l_1,14})(M_{l_1,14}+M_{l_1,24}+M_{l_1,34}+M_{l_1,44}) \\ &= (0+0+0+1)(1+0+0+0)=1\end{aligned}$$

接下来考虑OD对rs之间允许且只允许一次换乘时，如何确定可行的换乘线路和换乘节点。根据上文，首先检查节点对ri是否可以通过线路l直达，以及节点对is是否可以通过线路$k(l \neq k)$直达。OD对rs之间的乘客是否可以从起点r乘线路l在节点i换乘到线路k到目的地s，取决于$(\sum_j M_{l,rj})(\sum_j M_{l,ji})(\sum_j M_{k,ij})(\sum_j M_{k,js})$的值，如果其值为正，则OD对$rs$之间的乘客可以从起点$r$乘线路$l$在节点$i$换乘到线路$k$到目的地$s$。例如，线路$l_2$、$l_3$和$l_4$的0-1方阵如下：

$$\boldsymbol{M}_{l_2} = \begin{pmatrix} 0 & 1 & 0 & 0 \\ 0 & 0 & 1 & 0 \\ 0 & 0 & 0 & 0 \\ 0 & 0 & 0 & 0 \end{pmatrix}, \quad \boldsymbol{M}_{l_3} = \begin{pmatrix} 0 & 0 & 0 & 0 \\ 0 & 0 & 1 & 0 \\ 0 & 0 & 0 & 1 \\ 0 & 0 & 0 & 0 \end{pmatrix}, \quad \boldsymbol{M}_{l_4} = \begin{pmatrix} 0 & 0 & 0 & 0 \\ 0 & 0 & 0 & 0 \\ 0 & 0 & 0 & 1 \\ 0 & 0 & 0 & 0 \end{pmatrix}$$

则可以得到

$$(\sum_j M_{l_2,1j})(\sum_j M_{l_2,j2})(\sum_j M_{l_3,2j})(\sum_j M_{l_3,j4})=1$$
$$(\sum_j M_{l_2,1j})(\sum_j M_{l_2,j2})(\sum_j M_{l_4,2j})(\sum_j M_{l_4,j4})=0$$

因此，对于OD对（1，4），乘客可以从起点1乘线路l_2在节点2处换乘线路l_3到终点s，而无法从起点1乘线路l_2在节点2处换乘线路l_4到终点s。

将OD对rs之间所有从起点r经过的直达线路和可以经1次换乘到达终点s

的线路一起定义为最多 1 次换乘的可行线路集(FLS-1)$\overline{\Omega}_{rs}^{1}$。对于最多 1 次换乘的可行线路 $l \in \overline{\Omega}_{rs}^{1}$,将该线路上所有可以作为最多 1 次换乘的节点放在一个集合中,并定义为最多 1 次换乘的可行节点集(FLS-1)$\overline{N}_{rs,l}^{1}$。类似地,可以定义最多 z 次换乘的可行线路集(FLS-z)$\overline{\Omega}_{rs}^{z}$和最多 z 次换乘的可行节点集(FNS-z)$\overline{N}_{rs,l}^{z}$($l \in \overline{\Omega}_{rs}^{z}$)。

6.2.4 基于线路节点策略的 UE 条件

乘客的出行过程需要在起始节点或换乘节点选择一个线路策略(LS)和在所乘线路上选择一个节点策略(NS)。本节将讨论同时考虑这两个选择(即线路和节点策略,这里简称为 LNS 策略)和最大换乘次数为 Z 次的基于 LNS 的客流平衡条件。

假设乘客最多考虑 Z 次换乘,将 $\overline{Z} = \{0,1,\cdots,Z\}$ 定义为可行换乘次数的集合,不同的乘客会因为换乘次数的要求不同而作出不同的出行选择。如果按照最多换乘次数进行划分,则在每个决策节点上最多有 $Z+1$ 种类型的等车乘客,他们分别在不同的换乘次数内选择 LS,而对于车上的乘客同样也可以划分为最多 $Z+1$ 种类型,他们分别在不同的换乘次数内选择 NS。最多 z 次换乘的线路策略(LS-z)是从 $\overline{\Omega}_{is}^{z}$中选择的任意一组线路,最多 z 次换乘的节点策略(NS-z)为$\overline{N}_{is,l}^{z}$中的节点。选择 LS-z $\delta \subseteq \overline{\Omega}_{is}^{z}$的乘客人数记为 $h_{is,\delta}^{z}$,选择 NS-z $j \in \overline{N}_{is,l}^{z}$的乘客人数记为$h_{is,lj}^{z}$。$\boldsymbol{h}$ 表示线路节点策略向量[$h_{is,\delta}^{z}, h_{is,lj}^{z}$]。

本章仍采用单调递减的有效频率函数 $f_l(\cdot)$来反映由于客流增加而引起的线路拥挤,该函数同时考虑了线路上的可用空间和上车乘客数量的影响(Bouzaïene-Ayari 等,2001),线路节点策略向量是 $\boldsymbol{h}$ 的函数。目前有许多站点模型可用于描述有效频率和客流之间的关系(Codina,2013),也就是说,可以采用任何合适的有效频率函数,只要它能够在给定客流向量的情况下计算出有效频率的值即可。这不是本章的重点。

根据给定客流计算出有效频率后,可以将客流暂时固定,再计算线路策略和节点策略的出行时间。$c_{is,\delta}^{ttt,z}$是给定的 $\boldsymbol{h}$ 下 LS-z $\delta \subseteq \overline{\Omega}_{is}^{z}$的出行时间,其计算公式如下:

$$c_{is,\delta}^{ttt,z} = \frac{1}{\sum_{l \in \delta} f_l} + \frac{\sum_{l \in \delta} f_l c_{is,l}^{inv,z}}{\sum_{l \in \delta} f_l}, \qquad \forall is, \delta \subseteq \overline{\Omega}_{is}^{z}, z \tag{6-1}$$

式中,f_l是线路 l 的节点 i 的有效频率,它直接取决于已经在车上的乘客流量和等待该线路的乘客流量,并间接取决于某些相邻线路或所有线路的乘客流量(在

下一小节中定义）。将$c_{is}^{ttt,z}$定义为节点对 is 之间最小 LS-z 出行时间，即

$$c_{is}^{ttt,z} = \min_{\delta \subseteq \bar{\Omega}_{is}^{z}} c_{is,\delta}^{ttt,z}, \quad \forall is, z \tag{6-2}$$

将乘客在线路 l 上的节点 i 处上车并在 NS-z $j \in \bar{N}_{is,l}^{z}$ 处换乘的乘客的出行时间定义为节点 i 处乘上线路 l 的等价车上时间，其计算公式如下：

$$c_{is,lj}^{inv,z} = t_{ij,l} + c_{js}^{ttt,z-1}, \quad \forall is, j \in \bar{N}_{is,l}^{z}, z \tag{6-3}$$

式中，$t_{ij,l}$是线路 l 上节点 ij 之间的车上行驶时间，在此假定为常数；$c_{js}^{ttt,z-1}$是节点对 js 之间最多 $z-1$ 次换乘的最小出行时间，通过递推公式(6-1)～公式(6-3)计算。

在所有换乘节点 $j \in \bar{N}_{is,l}^{z}$ 中比较式(6-3)的值，得到节点 i 处乘上线路 l 的乘客的最小等价车上时间如下：

$$c_{is,l}^{inv,z} = \min_{j \in \bar{N}_{is,l}^{z}} c_{is,lj}^{inv,z}, \quad \forall is, l, z \tag{6-4}$$

所有乘客都选择 LS 和 NS（或统称为 LNS）的策略组合，以使得他们的总出行时间最小，直到实现 UE 状态：没有乘客可以通过在起始节点或换乘节点更改其 LS 和在乘坐的线路上更改其 NS 来减少其总出行时间。满足这种 UE 状态的 LS 平衡条件可以用如下数学公式表示：

$$c_{is,\delta}^{ttt,z} \begin{cases} = c_{is}^{ttt,z}, & h_{is,\delta}^{z} > 0 \\ \geqslant c_{is}^{ttt,z}, & h_{is,\delta}^{z} = 0 \end{cases} \quad \forall is, \delta \subseteq \bar{\Omega}_{is}^{z}, z \tag{6-5}$$

沿线路 l 的 NS 平衡条件可以用数学方式表示为：

$$c_{is,lj}^{inv,z} \begin{cases} = c_{is,l}^{inv,z}, & h_{is,lj}^{z} > 0 \\ \geqslant c_{is,l}^{inv,z}, & h_{is,lj}^{z} = 0 \end{cases} \quad \forall is, j \in \bar{N}_{is,l}^{z}, l \in \bar{\Omega}_{is}^{z}, z \tag{6-6}$$

6.2.5 基于线路节点策略比例的公交网络加载

公交网络加载（Transit Network Loading，TNL）描述了给定选择策略时乘客如何分配到公交网络上，从而以出行时间的方式来控制网络性能。本节基于给定的线路节点策略比例向量来实现公交网络加载（TNL）。令d_{is}^{z}是在节点 i 处最多考虑换乘 z（$z \in \bar{Z}$）次到目的地 s 的乘客数量，包括不同起点到达节点 i 的客流。定义在节点 i 处选择 LS $\delta \subseteq \bar{\Omega}_{is}^{z}$的乘客比例为$\lambda_{is,\delta}^{z}$，则可以计算选择 LS $\delta \subseteq \bar{\Omega}_{is}^{z}$的乘客数量如下：

$$h_{is,\delta}^{z} = d_{is}^{z} \lambda_{is,\delta}^{z}, \quad \forall is, \delta \subseteq \Omega_{is}^{z}, z \tag{6-7}$$

将分配到线路 $l \in \bar{\Omega}_{is}^{z}$上的乘客比例定义为$\eta_{is,l}^{z}$，其计算公式为：

$$\eta_{is,l}^{z}=\sum_{\delta\subseteq\bar{\Omega}_{is}^{z}}\frac{\sigma_{\delta,l}f_{l}\lambda_{is,\delta}^{z}}{\sum_{l'\in\delta}f_{l'}},\quad\forall is,l\in\bar{\Omega}_{is}^{z},z\tag{6-8}$$

式中，$\sigma_{\delta,l}$是线路策略关联系数，如果线路 l 属于 LS-z δ，则为 1；否则为 0。则最终乘上线路 $l\in\bar{\Omega}_{is}^{z}$上的乘客人数为：

$$h_{is,l}^{z}=d_{is}^{z}\eta_{is,l}^{z},\quad\forall is,l\in\bar{\Omega}_{is}^{z},z\tag{6-9}$$

同样，定义沿线路 l 选择 NS $j\in\bar{N}_{is,l}^{z}$的乘客比例为$\lambda_{is,lj}^{z}$，则可以计算选择 NS $j\in\bar{N}_{is,l}^{z}$的乘客数量如下：

$$h_{is,lj}^{z}=h_{is,l}^{z}\lambda_{is,lj}^{z},\quad\forall is,l\in\bar{\Omega}_{is}^{z},j\in\bar{N}_{is,l}^{z},z\tag{6-10}$$

基于 OD 需求 q_{rs}和 $h_{is,lj}^{z}$，可以递归计算出最多 z 次换乘的节点乘客数量d_{is}^{z}（$z\in\bar{Z}$）如下：

$$d_{is}^{z}=\begin{cases}q_{is}, & z=Z\\ \sum_{r,l}h_{rs,li}^{z+1}, & z\in\bar{Z}/\{Z\}\end{cases}\quad\forall is,z\tag{6-11}$$

由于 Z 是 OD 对之间乘客需求的最大换乘次数，因此$d_{is}^{Z}=q_{is}$是已知给定的。那么，在已知$\lambda_{is,\delta}^{Z}$和$\lambda_{is,lj}^{Z}$（即 $z=Z$）的条件下，根据式（6-7）～式（6-10）可以计算出$h_{rs,\delta}^{Z}$和$h_{rs,li}^{Z}$。根据式（6-11），对$h_{rs,li}^{Z}$在 r 和 l 上求和，可以得到节点 i 处的节点客流d_{is}^{Z-1}。其实际意义是，当所有在不同起始点 r 出发的乘客需求，已知他们中选择在 i 节点第一次换乘的人数（即$h_{rs,li}^{Z}$）后，那么该人数也就是在节点 i 的最大换乘次数为 $Z-1$ 的乘客人数。类似地，我们可以针对任意 $z\in\bar{Z}$，利用这个递归计算得到所有节点的客流 d_{is}^{z}，以及 $h_{rs,\delta}^{z}$和 $h_{rs,li}^{z}$。也就是说，如果给定$\lambda_{is,\delta}^{z}$和$\lambda_{is,lj}^{z}$，就可以准确地计算 $h_{rs,\delta}^{z}$和 $h_{rs,li}^{z}$，或者说 $\boldsymbol{h}$ 由 $\boldsymbol{\lambda}$ 单方面确定。

同时，还可以根据式（6-8）～式（6-11）跟踪每个 OD 对 rs 之间的乘客出行轨迹。此时，需要给出有效频率的计算方法。

定义$v_{i,l}^{b}$为在节点 i 乘上线路 l 的乘客数量，其中包括在该节点出发和换乘的乘客；$v_{i,l}^{a}$为在节点 i 处从线路 l 下车的乘客数量，其中包括要在该节点换乘的乘客和目的地为该节点的乘客；$v_{i,l}^{o}$为线路 l 在节点 i 停靠以后仍然留在车上的乘客数量。这些乘客数量都可以根据 $\boldsymbol{h}$ 计算如下：

$$v_{i,l}^{b}=\sum\nolimits_{z,s}h_{is,l}^{z},\quad\forall i\in l,l\tag{6-12}$$

$$v_{i,l}^{a}=\sum\nolimits_{z,rs}h_{rs,li}^{z},\quad\forall i\in l,l\tag{6-13}$$

$$v_{i,l}^{o}=\sum\nolimits_{i_{l}^{-}}(v_{i_{l}^{-},l}^{b}-v_{i_{l}^{-},l}^{a}),\quad\forall i\in l,l\tag{6-14}$$

其中，i_{l^-} 表示线路 l 上在节点 i 之前的相邻节点。

线路有效频率不仅与公交线路的名义频率和车辆容量有关，还受车辆上可用空间和等待乘车的乘客数量的影响。对于到达节点 i 的每条线路 l，有效频率函数如下：

$$f_l(v_{i,l}^o, v_{i,l}^b) = \begin{cases} f_l^0 \dfrac{K_l f_l^0 - v_{i,l}^o - v_{i,l}^b}{K_l f_l^0 - v_{i,l}^o}, & v_{i,l}^b \leqslant K_l f_l^0 - v_{i,l}^o - \varepsilon \\ f_l^0 \dfrac{\varepsilon}{K_l f_l^0 - v_{i,l}^o}, & \text{否则} \end{cases} \quad \forall i \in l, l \tag{6-15}$$

式中，K_l 是线路 l 的车辆容量，f_l^0 是线路 l 的名义频率，或网络零流量时的发车频率；ε 是一个充分小的值，反映乘客可以忍受的最拥挤程度。当 $v_{i,l}^b \in [0, K_l f_l^0 - v_{i,l}^o - \varepsilon]$ 时，有效频率 $f_l(v_{i,l}^o, v_{i,l}^b)$ 随 $v_{i,l}^b$ 的增加而增大，在 $v_{i,l}^b = K_l f_l^0 - v_{i,l}^o - \varepsilon$ 处增加到最大值 $f_l^0 \dfrac{\varepsilon}{K_l f_l^0 - v_{i,l}^o}$。如果 $v_{i,l}^b > K_l f_l^0 - v_{i,l}^o - \varepsilon$，则有效频率 $f_l(v_{i,l}^o, v_{i,l}^b)$ 保持取值为 $f_l^0 \dfrac{\varepsilon}{K_l f_l^0 - v_{i,l}^o}$。随着网络乘客需求的增加，较快的线路会越来越拥挤，当不断接近线路能力时，有效频率也会变得越来越小，意味着此线路有非常长的等车时间，这将会阻止更多的乘客选择该线路，从而转向较慢的线路。因此，只要网络能力足够，总能满足乘客需求，虽然会使乘客的出行时间大大增加。而在 Cededa 等(2006)的模型中，用另外一种方法解决了能力限制的问题，即假设存在一条连接 OD 的虚拟的步行路径，以满足超过 OD 能力的乘客需求，也可以达到同样的效果。

定义 $\boldsymbol{c} = [c_{is,\delta}^{ttt,z}, c_{is,lj}^{inv,z}]$ 是费用向量。从式(6-15)和式(6-1)～式(6-4)可知，$\boldsymbol{c}$ 是 $\boldsymbol{h}$ 的函数，又可以进一步表示为 $\boldsymbol{\lambda}$ 的函数。

6.2.6 基于线路节点策略比例的客流分配模型

根据 $\boldsymbol{h}$ 和 $\boldsymbol{\lambda}$ 的关系，基于 LNS 的公交客流 UE 条件(6-5)和(6-6)可以使用 LS 比例和 NS 比例来替换，如下式所示：

$$c_{is,\delta}^{ttt,z} \begin{cases} = c_{is}^{ttt,z}, & \lambda_{is,\delta}^z > 0 \\ \geqslant c_{is}^{ttt,z}, & \lambda_{is,\delta}^z = 0 \end{cases} \quad \forall is, \delta \subseteq \overline{\Omega}_{is}^z, z \tag{6-16}$$

$$c_{is,lj}^{inv,z} \begin{cases} = c_{is,l}^{inv,z}, & \lambda_{is,lj}^z > 0 \\ \geqslant c_{is,l}^{inv,z}, & \lambda_{is,lj}^z = 0 \end{cases} \quad \forall is, l \in \overline{\Omega}_{is}^z, j \in \overline{N}_{is,l}^z, z \tag{6-17}$$

根据定义，LS 比例和 NS 比例必须为非负数：

$$\lambda_{is,\delta}^z \geqslant 0, \quad \forall is, \delta \subseteq \overline{\Omega}_{is}^z, z \tag{6-18}$$

$$\lambda_{is,lj}^{z} \geqslant 0, \quad \forall is, l \in \overline{\Omega}_{is}^{z}, j \in \overline{N}_{is,l}^{z}, z \tag{6-19}$$

由式(6-7)和式(6-10),可得:

$$\sum_{\delta \subseteq \overline{\Omega}_{is}^{z}} \lambda_{is,\delta}^{z} = 1, \quad \forall is, z \tag{6-20}$$

$$\sum_{j \in \overline{N}_{is,l}^{z}} \lambda_{is,lj}^{z} = 1, \quad \forall is, l \in \overline{\Omega}_{is}^{z}, z \tag{6-21}$$

式(6-16)和式(6-17)的 UE 条件可以重写为非线性互补问题(NCP),如下所示:

$$\begin{cases} \lambda_{is,\delta}^{z}(c_{is,\delta}^{ttt,z} - c_{is}^{ttt,z}) = 0, & \forall is, \delta \subseteq \overline{\Omega}_{is}^{z}, z \\ \lambda_{is,lj}^{z}(c_{is,lj}^{inv,z} - c_{is,l}^{inv,z}) = 0, & \forall is, l \in \overline{\Omega}_{is}^{z}, j \in \overline{N}_{is,l}^{z}, z \\ c_{is,\delta}^{ttt,z} - c_{is}^{ttt,z} \geqslant 0, & \forall is, \delta \subseteq \overline{\Omega}_{is}^{z}, z \\ c_{is,lj}^{inv,z} - c_{is,l}^{inv,z} \geqslant 0, & \forall is, l \in \overline{\Omega}_{is}^{z}, j \in \overline{N}_{is,l}^{z}, z \\ \lambda_{is,\delta}^{z} \geqslant 0, & \forall is, \delta \subseteq \overline{\Omega}_{is}^{z}, z \\ \lambda_{is,lj}^{z} \geqslant 0, & \forall is, l \in \overline{\Omega}_{is}^{z}, j \in \overline{N}_{is,l}^{z}, z \\ \sum_{\delta \subseteq \overline{\Omega}_{is}^{z}} \lambda_{is,\delta}^{z} = 1, & \forall is, z \\ \sum_{j \in \overline{N}_{is,l}^{z}} \lambda_{is,lj}^{z} = 1, & \forall is, l \in \overline{\Omega}_{is}^{z}, z \end{cases} \tag{6-22}$$

NCP(6-22)可以重新写为 VIP,如下所示:

定理 6-1:LNS 比例向量$\boldsymbol{\lambda}^{*} = [\lambda_{is,\delta}^{z*}, \lambda_{is,lj}^{z*}]$是满足 UE 条件(6-16)和(6-17)[或式(6-22)]的客流比例,当且仅当它满足如下 VIP:寻找$\boldsymbol{\lambda}^{*} \in \Gamma = \{\boldsymbol{\lambda} \mid$ 式(6-18) ~ 式(6-21)$\}$,使得对于任意 $\boldsymbol{\lambda} \in \Gamma$,都有下式成立。

$$\sum_{is,\delta,z} c_{is,\delta}^{ttt,z*}(\lambda_{is,\delta}^{z} - \lambda_{is,\delta}^{z*}) + \sum_{is,lj,z} c_{is,lj}^{inv,z*}(\lambda_{is,lj}^{z} - \lambda_{is,lj}^{z*}) \geqslant 0 \tag{6-23}$$

证明:假设 LNS 比例向量$\boldsymbol{\lambda}^{*} = [\lambda_{is,\delta}^{z*}, \lambda_{is,lj}^{z*}]$是 UE 条件(6-22)客流比例,则

$$\lambda_{is,\delta}^{z*}(c_{is,\delta}^{ttt,z*} - c_{is}^{ttt,z*}) = 0, \quad \forall is, \delta \subseteq \overline{\Omega}_{is}^{z}, z \tag{6-24}$$

$$\lambda_{is,lj}^{z*}(c_{is,lj}^{inv,z*} - c_{is,l}^{inv,z*}) = 0, \quad \forall is, l \in \overline{\Omega}_{is}^{z}, j \in \overline{N}_{is,l}^{z}, z \tag{6-25}$$

对于每个可行的 $\boldsymbol{\lambda} = [\lambda_{is,\delta}^{z}, \lambda_{is,lj}^{z}] \in \Gamma$,满足式(6-18)和式(6-19),将其与$c_{is}^{ttt,z}$和$c_{is,l}^{inv,z}$的定义结合起来,得到:

$$\lambda_{is,\delta}^{z}(c_{is,\delta}^{ttt,z*} - c_{is}^{ttt,z*}) \geqslant 0, \quad \forall is, \delta \subseteq \overline{\Omega}_{is}^{z}, z \tag{6-26}$$

$$\lambda_{is,lj}^{z}(c_{is,lj}^{inv,z*}-c_{is,l}^{inv,z*})\geqslant 0,\quad \forall is,l\in\overline{\Omega}_{is}^{z},j\in\overline{N}_{is,l}^{z},z \tag{6-27}$$

用式(6-26)减式(6-24),然后将其结果对所有 $\delta\subseteq\overline{\Omega}_{is}^{z}$ 求和;同时,用式(6-27)减式(6-25),并将其结果对所有 $j\in\overline{N}_{is,l}^{z}$ 求和,再根据式(6-20)和式(6-21),可以得到:

$$\begin{aligned}&\sum_{\delta}(c_{is,\delta}^{ttt,z*}-c_{is}^{ttt,z*})(\lambda_{is,\delta}^{z}-\lambda_{is,\delta}^{z*})\\&=\sum_{\delta}c_{is,\delta}^{ttt,z*}(\lambda_{is,\delta}^{z}-\lambda_{is,\delta}^{z*})-c_{is}^{ttt,z*}\sum_{\delta}(\lambda_{is,\delta}^{z}-\lambda_{is,\delta}^{z*})\\&=\sum_{\delta}c_{is,\delta}^{ttt,z*}(\lambda_{is,\delta}^{z}-\lambda_{is,\delta}^{z*})\geqslant 0,\quad \forall is,z\end{aligned} \tag{6-28}$$

$$\begin{aligned}&\sum_{j}(c_{is,lj}^{inv,z*}-c_{is,l}^{inv,z*})(\lambda_{is,lj}^{z}-\lambda_{is,lj}^{z*})\\&=\sum_{j}c_{is,lj}^{inv,z*}(\lambda_{is,lj}^{z}-\lambda_{is,lj}^{z*})-c_{is,l}^{inv,z*}\sum\nolimits_{j}(\lambda_{is,lj}^{z}-\lambda_{is,lj}^{z*})\\&=\sum_{j}c_{is,lj}^{inv,z*}(\lambda_{is,lj}^{z}-\lambda_{is,lj}^{z*})\geqslant 0,\quad \forall is,l\in\overline{\Omega}_{is}^{z},z\end{aligned} \tag{6-29}$$

将式(6-28)对所有 isz 求和,式(6-29)对所有 $is,l\in\overline{\Omega}_{is}^{z},z$ 求和,然后再相加,可以得到对于任意可行的 $\boldsymbol{\lambda}\in\Gamma,\boldsymbol{\lambda}^{*}$ 满足 VIP(6-23)。

反过来,现在假设 LNS 比例向量 $\boldsymbol{\lambda}^{*}=[\lambda_{is,\delta}^{z*},\lambda_{is,lj}^{\leqslant z*}]$ 满足 VIP(6-23),则 $\boldsymbol{\lambda}^{*}$ 是以下优化问题(Optimization Problem,OP)的解:

$$\min_{\boldsymbol{\lambda}\in\Gamma}\sum_{is,\delta,z}\lambda_{is,\delta}^{z}c_{is,\delta}^{ttt,z*}+\sum_{is,lj,z}\lambda_{is,lj}^{z}c_{is,lj}^{inv,z*} \tag{6-30}$$

式中,$c_{is,\delta}^{ttt,z*}$ 和 $c_{is,lj}^{inv,z*}$ 是对应 $\boldsymbol{\lambda}^{*}$ 的值,并且是固定的。

利用条件(6-18)~(6-21),可以得到 OP(6-30)的一阶条件为:

$$\lambda_{is,\delta}^{z*}(c_{is,\delta}^{ttt,z*}-c_{is}^{ttt,z*})=0,\quad \forall is,\delta\subseteq\overline{\Omega}_{is}^{z},z \tag{6-31}$$

$$\lambda_{is,lj}^{z*}(c_{is,lj}^{inv,z*}-c_{is,l}^{inv,z*})=0,\quad \forall is,l\in\overline{\Omega}_{is}^{z},j\in\overline{N}_{is,l}^{z},z \tag{6-32}$$

$$c_{is,\delta}^{ttt,z*}\geqslant c_{is}^{ttt,z*},\quad \forall is,\delta\subseteq\overline{\Omega}_{is}^{z},z \tag{6-33}$$

$$c_{is,lj}^{inv,z*}\geqslant c_{is,l}^{inv,z*},\quad \forall is,l\in\overline{\Omega}_{is}^{z},j\in\overline{N}_{is,l}^{z},z \tag{6-34}$$

式中,$c_{is}^{ttt,z*}$ 和 $c_{is,l}^{inv,z*}$ 分别是约束(6-20)和(6-21)的拉格朗日乘子。因此,证明了 $\boldsymbol{\lambda}^{*}$ 满足 UE 条件(6-22)。

证明结束。

定理 6-2:VIP(6-23)至少存在一个解。

对于解的存在性问题,VIP(6-23)要求:①费用函数是连续的;②Γ 是非空紧凸集(Nagurney,1993)。由于有效频率函数(6-15)是 $\boldsymbol{h}$ 的连续函数,并且出行时间函数(6-1)和(6-3)都是 $\boldsymbol{h}$ 的连续函数,也都是 $\boldsymbol{\lambda}$ 的连续函数,因此满足连续性条件。LS 比例和 NS 比例的定义满足了第二个条件[式(6-18)~式(6-21)]。因此,基于 LNS 的 VIP 至少存在一个解。然而,解的唯一性还要求费用函数严格单调,这还有待进一步证明。

6.3 基于线路节点策略客流分配模型的特例

据笔者所知,尚没有发现在设定最多换乘次数下进行的公交配流模型,即所有线路在不超过最多换乘次数的情况下是无差别的。Baaj 和 Mahmassani(1990,1991,1995)的模型假设乘客首先考虑直达线路,只有当所有直达线路都没有多余空间容纳更多乘客时,才考虑一次换乘的路线。与基于策略的模型相比,一方面,如果给定的换乘次数上限 Z 足够大,则可以证明本章所提出的模型与基于策略的模型等价,比如 Codina(2013)的模型,这意味着现有一些模型是本章模型的特例。另一方面,基于 LNS 的模型有几大优势:它无需像基于策略的模型那样将原始公交网络进行扩展;求解算法无需在每次迭代时都针对固定的客流状态搜索最优策略;最多换乘次数的约束使得可行策略集的范围大大缩小。这些极大地减轻了模型的复杂度和计算的复杂度。

首先分析基于策略的模型的建模思路。在公交站点上,当有公交车辆到达时,已经在公交车上的乘客可以选择在此站通过(不下车)或下车换乘;在站点等待的乘客可以选择上车或者继续等待。在原始的公交网络上,一个站点表示为一个节点,该节点由数条公交线路服务,并且都有一个非零的等车时间,其值取决于乘客所选策略的频率。而同样的方法却不适用于描述同一站点处车上乘客的不下车行为,因为他们的等车时间为零。这两类乘客处于同一站点,却难以用相同的方法为他们的行为建模,除非车上乘客事先确定了在此站点是否下车。基于策略的模型采用扩展网络方法解决这一问题,如第 3 章 3.4 节所述。扩展网络中,公交站点被扩展为一个站点节点,以描述车站等车乘客的选择,多个线路节点以描述车上乘客的选择[如 Wu 等(1994)和 Codina(2013)]。扩展网络中的每条路段都有两个参数:有效频率和车上时间。并且假设行车路段、下车路段的频率无穷大,对应于等车时间为零;而上车路段的有效频率有限。在每个扩展的节点上,乘客都有同样的决策目标,即如何选择到达目的地的最优策略,但此决策目标在站点节点和线路节点处是不同的。对于站点节点,离开该节点的路段是具有有限频率的上车路段,其决策过程是一种推广的共线问题,并且根据有效频率将客流分配给所选的吸引集线路。对于线路节点,离开该节点的路段是行车路段和下车路段,其频率都是无穷大,因此需要特殊假设才能对该点客流进行分配,而不能按频率分配。

本章所给模型不需要对原始公交网络进行扩展,即节点就对应于实际站点,路段则对应于各公交线路上相邻站点之间的部分。每条路段具有两个参数:车上行驶时间和有效频率。因为在 NS 决策过程中,车上乘客已经选择了他们的换乘节点,所以不需要再扩展站点;也就是说,如果所考虑的节点是他们的换乘选择,则他们将在该节点下车;否则,他们将留在车上,无需在此节点上作任何决策。这种决策方法区别于基于策略的模型的是,将每个站点处决策是否下车转变为决策在哪个站点下车,这种转换的优势在于,由于 NS 决策过程已经确定了下车的站点,而站点处需要作决策的只有站台等车的乘客,他们需要在换乘节点上作出 LS 决策,这意味着无需扩展站点即可区分车上车下乘客,并分别寻找最优策略。

接下来,证明基于策略的模型是本章基于 LNS 模型的特例。基于 LNS 的客流分配 VIP(6-23),如果最大换乘次数 Z 足够大,并且公交网络是连通的,则吸引集线路上的所有节点都是可行的换乘节点。即使在这种情况下,仍然不需要扩展公交网络。

定理 6-3:基于策略的模型(例如 Codina,2013)是本章所提出模型的特例。

证明:Codina 提出的客流分配模型在第 4 章中被称为基于线路的模型,因为模型中共线部分决策变量是直接基于线路的,但它实际仍然属于一种改进的策略模型,因为乘客选择的依据及模型求解算法都是基于策略计算的。文中所给 VI 模型[如第 4 章式(4-47)~式(4-49)所述]是建立在基于策略方法扩展的公交网络上的。将 $\hat{N}_s$ 定义为站点节点集,其节点至少连接一条能够到达终点 s 的具有有限频率的路段。而将 $\hat{E}(i)$ 定义为离开节点 i 的具有有限频率的路段,表示节点 i 处的上车路段。$N_s/\hat{N}_s$ 中的节点是线路节点,从这些线路节点出发的路段是下车路段和行车路段,它们的频率都是无穷大。

需要注意的是,本章并未考虑 Codina(2013)图 1 中所示的换乘路段,换乘路段表示的是"与其他交通方式相连或与其他公交车站相连的步行路段"。如 Cepeda 等(2006)所说:"这并不意味着在平衡条件下有乘客会选择这种步行路段,除非公交网络已经饱和而迫使一些乘客沿步行路段换乘到其他交通方式或其他车站进行换乘。"这意味着选择换乘路段只是平衡解存在的理论条件,并没有实际意义,否则说明公交不能满足乘客需求而只能步行,这是不现实的。因此,为简单起见,本章不考虑换乘路段。在这种情况下,对于 $\forall i \in \hat{N}_s$,$E(i)$ 中的所有路段都有有限的频率,即 $E(i)=\hat{E}(i)$。另一方面,对于任意 $i \in N_s/\hat{N}_s$,$E(i)$ 中的所有路段均具有无限频率,即 $\hat{E}(i)=\varnothing$。

假设 LNS 比例向量 $\boldsymbol{\lambda}^*=[\lambda_{is,\delta}^{z*},\lambda_{is,lj}^{z*}]$ 满足本章的客流分配 VIP(6-23)(为方便比较,记为 LNS 模型)。如果最大换乘次数 Z 没有限制,则在此证明中我们忽略所有上标 z 并使用 $\boldsymbol{\lambda}^*=(\lambda_{is,\delta}^*,\lambda_{is,lj}^*)$。我们将证明无换乘约束的 $\boldsymbol{\lambda}^*$ 所定义的客流满

足 Codina(2013)的 VIP(66)或前文第 4 章中的 VIP(4-47) ~ (4-49)(同样,为方便比较,记为 L 模型)。第 4 章中式(4-47) ~ 式(4-49)等价于式(4-43) ~ 式(4-46),因此我们只需要证明 LNS 模型的$\boldsymbol{\lambda}^*$结果满足 L 模型的式(4-43) ~ 式(4-46)即可。为此,先分析 LSN 模型中 LS 和 NS 与 L 模型中站点节点$\hat{N}_s$和线路节点$N_s/\hat{N}_s$的选择决策之间的关系。

首先,LNS 模型中车上乘客沿所乘线路选择 NS 对应于 L 模型中沿该线路上的所有线路节点$N_s/\hat{N}_s$处的决策。因为没有换乘约束,所以每个节点都是可行换乘节点。假设节点 i 和 j 是 LNS 模型中沿一条线路的两个连续站点,其扩展图如图 6-2 所示,其中i_0和j_0分别是站点 i 和 j 的线路节点;(i,i_0)和(j,j_0)是上车路段,(i_0,i)和(j_0,j)是下车路段。对于线路节点$j_0 \in N_s/\hat{N}_s$,只有两条离开路段,一条是行车路段,另一条是下车路段,两者都有无穷大的频率。

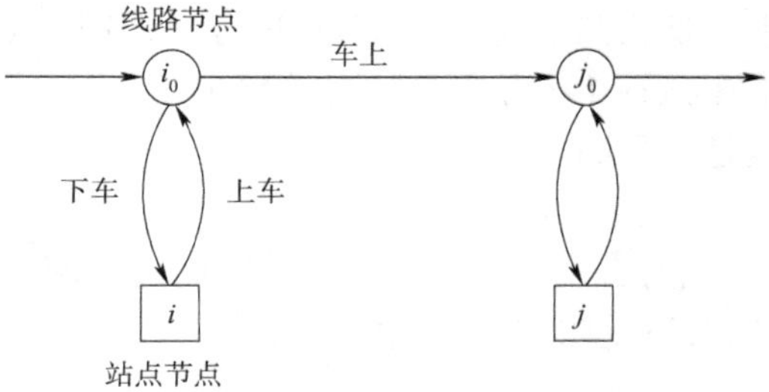

图 6-2 一个简单的扩展公交网络

如果 $\lambda_{is,lj}^*$满足 LNS 模型的 VIP(6-23),它与 UE 条件(6-22)等价,则:

$$\lambda_{is,lj}^*(c_{is,lj}^{inv\,*} - c_{is,l}^{inv\,*}) = 0 \tag{6-35}$$

$$c_{is,lj}^{inv\,*} \geqslant c_{is,l}^{inv\,*} \tag{6-36}$$

节点 j 处的换乘流量 $h_{is,lj}^*$可以通过等式(6-10)计算。如果$\lambda_{is,lj}^* > 0$,则$h_{is,lj}^* > 0$,也有$v_{(j_0,j)}^* > 0$[L 模型中令 $a = (j_0,j)$]。一方面,这意味着节点 j 是最优换乘节点之一,并且$c_{is,lj}^{inv\,*} = c_{is,l}^{inv\,*}$。根据式(6-3)可知,$c_{is,lj}^{inv\,*} = t_{ij,l} + c_{js}^{ttt\,*}$,此式在图 6-2 中表示为$t_{i_0j_0} + t_j^{s\,*}$。另一方面,根据等价车上时间的含义,$c_{is,l}^{inv\,*} = t_{i_0j_0} + t_{j_0}^{s\,*}$。所以,可以得到:

$$t_j^{s\,*} = t_{j_0}^{s\,*} \tag{6-37}$$

也就是说,$\lambda_{is,lj}^*$满足 LNS 模型的 UE 条件时,如果$\lambda_{is,lj}^* > 0$,即$v_{(j_0,j)}^* > 0$,则可以得到 $t_j^{s\,*} = t_{j_0}^{s\,*}$($t_{(j_0,j)} = 0$),从而满足 L 模型的 UE 条件 (4-47)和(4-48)。

其次,LNS 模型中在原始网络上每个节点的 LS 过程对应于 L 模型里$\hat{N}_s$中每个站点节点的决策过程。对于 LNS 模型的 LS 过程,等车乘客面对的是从节点 i 到 s

的推广 CLP,离开节点 i 的每条可行线路的出行时间为 $c_{is,l}^{inv*}=t_{i_0}^{s*}$。L 模型中,每个站点节点的等车乘客在 $i\in\hat{N}_s$ 处也面临着从节点 i 到 s 的推广 CLP,离开节点 i 的每条路段的出行时间为 $t_a(v^*)+t_{t(a)}^{s*}$,其中 $t(a)$ 是站点节点 i 处的上车路段的头节点,即线路节点(图 6-2 中的 i_0 是其中之一)。L 模型中假设上车路段的出行时间为 0,行车路段的频率为 $+\infty$,则 $t_a(v^*)+t_{t(a)}^{s*}=t_{ii_0}+t_{i_0}^{s*}=t_{i_0}^{s*}[a=(i,i_0)]$,与 LNS 模型的 $c_{is,l}^{inv*}$ 相同。也就是说,两个模型都以相同的出行时间求解相同的从节点 i 到 s 的推广 CLP。因此,给定 LNS 模型的 UE 流量 $\lambda_{is,\delta}^*$,可以通过式(6-7)~式(6-9)计算出线路流量 $h_{is,l}^*(l\in B_i)$,得到向量 $\boldsymbol{h}_{is}^*=(h_{is,l}^*)$,它是全局客流向量 $\boldsymbol{h}^*$ 定义的局部共线问题(节点 i 到终点 s)的局部平衡解,满足 L 模型的不动点问题[Codina(2013)中的式(16)],进而 $\boldsymbol{h}^*$ 满足 L 模型 UE 条件(4-43)~(4-46)。

需特别说明的是,LNS 模型的 LS $\delta\subseteq\overline{\Omega}_{is}$ 和 L 模型的站点节点 $i\in\hat{N}_s$ 的策略 $\xi(i)$ 都没有区分节点处乘客是从哪个起点出发的,只考虑他们是去往同一目的地 s 的乘客,这与 Spiess 和 Florian(1989)中最初对策略的定义是不同的。在这一点上,LNS 模型与 L 模型也是相同的。

证明结束。

综上所述,公交配流的 L 模型及其他基于策略的公交配流模型是本章 LNS 模型的特例,即当换乘次数不受限制时,二者等价。

6.4 求解算法

上一节通过引入乘客出行的两种选择策略:在始发节点和换乘节点的线路策略(LS)和在线路上选择换乘的节点策略(NS),提出了一种全新的基于 LS 和 NS 平衡配流的变分不等式模型。该模型不再需要对原始网络进行扩展,更加容易追踪乘客的出行轨迹;明确引入最大换乘次数的限制,大大缩小了策略可行集的范围。并且证明现有的一些基于策略的公交配流模型是所给模型的特例。

本节将为基于 LS 和 NS 平衡配流的变分不等式模型分别设计基于相继平均法(Method of Successive Algorithm,MSA)和基于投影(Projection)的求解算法,并分别在试验小网络分析多种情景下平衡客流的性质和在北京市公交子网络上分析模型及算法的效率。

基于 LNS 的客流分配模型的输入数据要求包括:①公交网络数据,包括节点集合、线路矩阵集合、线路车上行驶时间矩阵、线路车辆容量和线路名义频率;②OD 对数据,包括起点集合、目的地集合和乘客 OD 需求;③线路有效频率函数。由于客流遵循 Wardrop UE 原则,需要校准的参数不多。公交网络数据可直接从官方网站获取,OD 对数据可从公交公司获取。

本节提出两种求解 VIP(6-23)的算法:基于 MSA 的算法和投影算法。基于 MSA 的算法是一种用于达到收敛的常用方法。但是,它的主要缺点是由于步长不合适(对于某些迭代而言太大或太小)而导致收敛速度慢。该算法过程概述如下:

算法 6-1:求解 VIP(6-23)的基于 MSA 的算法

第 1 步:初始化。

对于每个节点 i 到目的地 s,计算 FLS-z $\overline{\Omega}_{is}^{z}$ 和 FNS-z $\overline{N}_{is,l}^{z}$。根据名义频率,使用后面给出的算法 6-2 计算最多 z 次换乘的线路吸引集 ALS-z $\Omega_{is}^{z,(0)}$,并计算最多 z 次换乘的节点吸引集 ANS-z $N_{is,l}^{z,(0)}$,确定初始的策略比例 $\boldsymbol{\lambda}^{(1)}$ 和初始客流 $\boldsymbol{h}^{(1)}$。设置收敛精度为$\varsigma>0$,令迭代次数 $n=1$。

第 2 步:检查终止条件。

如果 $\text{Gap}(\boldsymbol{\lambda}^{(n)})<\varsigma$,则停止,其中间隙函数 $\text{Gap}(\boldsymbol{\lambda})$ 的定义如下:

$$\text{Gap}(\boldsymbol{\lambda})=\frac{\sum\limits_{is,\delta,z}\left|\lambda_{is,\delta}^{z,(n)}\left(c_{is,\delta}^{ttt,z,(n)}-c_{is}^{ttt,z,(n)}\right)\right|}{\sum\limits_{is,\delta,z}\lambda_{is,\delta}^{z,(n)}c_{is,\delta}^{ttt,z,(n)}}+\frac{\sum\limits_{is,lj,z}\left|\lambda_{is,lj}^{z,(n)}\left(c_{is,lj}^{inv,z,(n)}-c_{is,l}^{inv,z,(n)}\right)\right|}{\sum\limits_{is,lj,z}\lambda_{is,lj}^{z,(n)}c_{is,lj}^{inv,z,(n)}} \tag{6-38}$$

第 3 步:确定搜索方向。

第 3.1 步:用式(6-15)计算有效频率 $f^{(n)}$。

第 3.2 步:使用后面给出的算法 6-2 计算最多 z 次换乘的线路吸引集 ALS-z $\Omega_{is}^{z,(n)}$,并计算最多 z 次换乘的节点吸引集 ANS-z $N_{is,l}^{z,(n)}$。

第 3.3 步:计算可行的线路节点策略比例 $x^{(n)}$ 如下:

$$x_{is,\delta}^{z,(n)}=\begin{cases}1, & \delta\subseteq\Omega_{is}^{z,(n)}\\ 0, & 否则\end{cases}\quad \forall is,\delta\subseteq\overline{\Omega}_{is}^{z},z \tag{6-39}$$

$$x_{is,lj}^{z,(n)}=\begin{cases}1, & j\in N_{is,l}^{z,(n)}\\ 0, & 否则\end{cases}\quad \forall is,l\in\overline{\Omega}_{is}^{z},j\in\overline{N}_{is,l}^{z},z \tag{6-40}$$

第 4 步:更新线路节点策略比例。

令$\boldsymbol{\lambda}^{(n+1)}=\boldsymbol{\lambda}^{(n)}+\dfrac{1}{n+1}(\boldsymbol{x}^{(n)}-\boldsymbol{\lambda}^{(n)})$,并令 $n=n+1$,返回第 2 步。

使用如下算法 6-2 来计算 ALS-z。第 3 章中算法 3-1 描述的简单算法与 Chrique 和 Robillard(1975)及 Ren 等(2012)的算法相同,在此通过改进来获得 ALS-z Ω_{is}^{z}。将所有离开节点 i 去往终点 s 的可行线路按照 $c_{is,l}^{inv,z,(n)}$($l\in\overline{\Omega}_{is}^{z}$)的值进

行排序，提出 ALS-z $\Omega_{is}^{z,(n)}$ 的算法总结如下。

算法 6-2：给定$\boldsymbol{\lambda}^{(n)}$计算 ALS-$z$ $\Omega_{is}^{z,(n)}$ 的算法

第 1 步：对于节点对 is，计算每条线路 $l \in \overline{\Omega}_{is}^{z}$ 的$c_{is,l}^{inv,z,(n)}$ 和 ANS-z $N_{is,l}^{z,(n)}$。

第 2 步：以升序的顺序对所有可行的公交线路($l \in \overline{\Omega}_{is}^{z}$)进行排序，并将它们表示为$l_1^{(n)}, l_2^{(n)}, l_3^{(n)}, \cdots$，对应的有效频率表示为 $f_{l_1}^{(n)}, f_{l_2}^{(n)}, f_{l_3}^{(n)}, \cdots$，对应的车上时间表示为 $c_{is,l_1}^{inv,z,(n)}, c_{is,l_2}^{inv,z,(n)}, c_{is,l_3}^{inv,z,(n)}, \cdots$。设置 ALS-$z$ $\Omega_{is}^{z,(n)} = \{l_1^{(n)}\}$，$c_{is}^{ttt,z,(n)} = 1/f_{l_1}^{(n)} + c_{is,l_1}^{inv,z,(n)}$。令 $k=2$。

第 3 步：检查下一条可行的公交线路 $l_k^{(n)}$。如果$c_{is,l_k}^{inv,z,(n)} < c_{is}^{ttt,z,(n)}$，则令$\Omega_{is}^{z,(n)} = \Omega_{is}^{z,(n)} \cup \{l_k^{(n)}\}$，并进行第 4 步；否则，停止。

第 4 步：更新$c_{is}^{ttt,z,(n)} = 1/\sum_{l_k^{(n)} \in \Omega_{is}^{z,(n)}} f_{l_k}^{(n)} + \left(\sum_{l_k^{(n)} \in \Omega_{is}^{z,(n)}} f_{l_k}^{(n)} c_{is,l_k}^{inv,z,(n)}\right) / \sum_{l_k^{(n)} \in \Omega_{is}^{z,(n)}} f_{l_k}^{(n)}$。令 $k=k+1$，返回第 3 步。

注：具有换乘约束的 ALS 的计算是递归的。计算 ALS-z $\Omega_{is}^{z,(n)}$时需要基于 $c_{is,l}^{inv,z,(n)}$和 ANS-z $N_{is,l}^{z,(n)}$，则计算 ANS-z $N_{is,l}^{z,(n)}$ ($j \in N_{is,l}^{z,(n)}$) 时需要根据 ALS-($z-1$) $\Omega_{js}^{z-1,(n)}$，直到直达线路。

求解 VIP(6-23)的投影方法概述如下：

算法 6-3：用于求解 VIP(6-23)的投影算法

第 1 步：初始化。

对于每个节点 i 到目的地 s，计算 FLS-z Ω_{is}^{z} 和 FNS-z $\overline{N}_{is,l}^{z}$。确定初始的策略比例$\boldsymbol{\lambda}^{(0)}$和初始的客流$\boldsymbol{h}^{(0)}$。设置收敛精度为$\varsigma>0$，令迭代次数 $n=0$。

第 2 步：检查终止条件。

如果 Gap($\boldsymbol{\lambda}^{(n)}$) $<\varsigma$，则停止。

第 3 步：更新线路节点策略比例。

第 3.1 步：计算有效频率 $\boldsymbol{f}^{(n)}$。

第 3.2 步：计算 ALS-z $\Omega_{is}^{z,(n)}$ 和 ANS-z $N_{is,l}^{z,(n)}$。

第 3.3 步：用$\boldsymbol{\lambda}^{(n+1)} = \mathrm{Proj}_{\Gamma}(\boldsymbol{\lambda}^{(n)} - \rho^n \boldsymbol{c}^{(n)})$更新线路节点比例，并令 $n=n+1$，返回第 2 步(其中$\boldsymbol{c}^{(n)}$是对应于线路节点策略比例向量$\boldsymbol{\lambda}^{(n)}$的出行时间向量)。

6.5 数值实验

本节的数值实验分为三个部分，6.5.1 节用直达小网络分析了 LNS 模型平衡客流的特征，6.5.2 节利用 Spiess 和 Florian(1989)中公交网络对 LNS 模型和基于

策略的模型进行了比较，第 6.5.3 节使用北京公交子网络来说明本章所提出的 LNS 模型及所设计的求解算法的效果和计算效率。

6.5.1　基于 LNS 模型平衡客流的特征

使用第 3 章图 3-3 的由直达公交线路构成的简单公交网络，假定有三条公交线路服务该 OD 对。已知数据有：$t_1 = 10\text{min}$，$t_2 = 20\text{min}$，$t_3 = 23\text{min}$，$f_1 = f_2 = f_3 = 10$ 车/h，$K_1 = K_2 = K_3 = 100$ 人/车。在该 OD 对之间共有 7 个可行策略，分别为 $\{l_1\}$，$\{l_2\}$，$\{l_3\}$，$\{l_1, l_2\}$，$\{l_1, l_3\}$，$\{l_2, l_3\}$ 和 $\{l_1, l_2, l_3\}$，每个策略包含的线路是选择该策略的乘客在车站等车时所考虑的线路，哪条线路的车辆先来就乘哪辆车。这 7 个策略分别用 LS_1、LS_2、LS_3、LS_4、LS_5、LS_6 和 LS_7 表示。乘客流量为零时，根据第 3 章所给的 0-1 规划(3-1)和(3-2)可以计算出非拥挤状态下的基本公共线路集合 $\{l_1\}$。运行算法 6-1，可以获得如图 6-3 所示的客流平衡解。

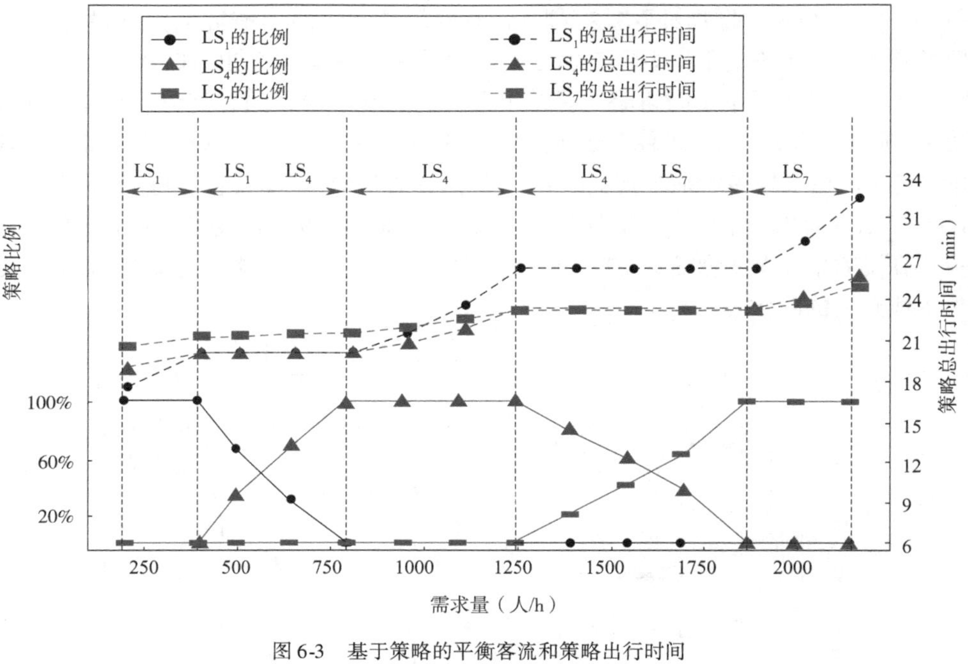

图 6-3　基于策略的平衡客流和策略出行时间

图 6-3 展示了第 3 章注 3-2 中的内容：两个站点之间线路吸引集的可分割特性。图中显示了随着客流需求的不断增加，基于策略的平衡客流分配结果和对应的总出行时间变化趋势。客流需求介于[0,400]人/h 之间时，策略 LS_1 的总出行时间都是最小的，所有乘客都选择 LS_1。当需求增加到(400,800]人/h 之间时，一

些乘客选择 LS_1，其他乘客选择 LS_4，他们具有相同的总出行时间（均小于所有其他策略）。当需求增大到(800，1250]人/h之间时，最具吸引力的 LS_1 变得非常拥挤，以至于其出行时间开始超过 LS_4 的出行时间，因此没有乘客愿意选择 LS_1，但在 LS_4 中仍包含线路 l_1。此时，LS_4 的出行时间还不足以使乘客考虑最慢的 l_3 线路。随着需求进一步增加到(1250，1875]人/h之间时，网络十分拥挤，一些乘客不得不选择包括最慢线路 l_3 的 LS_7；而且，LS_1 的出行时间也进一步增加，此时没有乘客愿意选择 LS_1。当需求超过1875人/h后，LS_4 的出行时间也增加到超过了 LS_7，以至于乘客放弃了选择 LS_4，而仅选择 LS_7（即 $\{l_1, l_2, l_3\}$）。

乘客并不是只选择平衡客流状态下计算出来的包含线路最多的吸引集，根据平衡客流计算出吸引集后，需求并不能直接按频率进行加载，也就是说，平衡状态下的最优策略是可分割的。

从整个客流需求持续增加的过程中可以看出，最优策略仅包括 $\{l_1\}$、$\{l_1, l_2\}$ 和 $\{l_1, l_2, l_3\}$。当需求增加，网络变得拥挤，有些较慢的线路逐渐被选择，但较快的线路始终不会被放弃，因为只要有可能乘上，就会减少乘客的总出行时间。

图6-4显示了平衡时策略选择结果下对应的基于线路的客流分配结果。由图可见，随着需求的增加，线路 l_1 逐渐变得拥挤，没有乘客愿意只选择它，而是同时考虑 l_1 和 l_2。越来越多的乘客乘上线路 l_2，但因为 l_1 是最快线路，它使得 LS_1（$\{l_1\}$）和 LS_4（$\{l_1, l_2\}$）的总出行时间都小于 LS_2（$\{l_2\}$）的总出行时间，线路 l_1 和 l_2 上的乘客量都在随着需求的增加而增加。同样的现象也发生在需求继续增加时，乘客开始考虑线路 l_3 的时候。

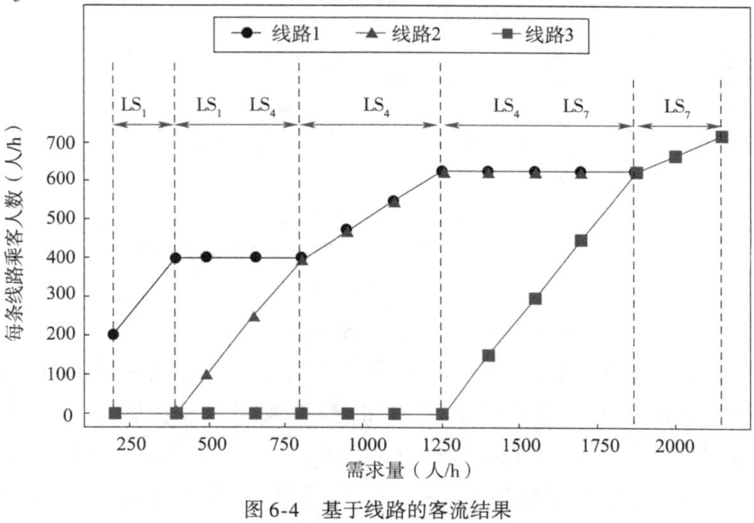

图6-4 基于线路的客流结果

6.5.2 与现有基于策略模型的比较

在此例中，我们使用 Spiess 和 Florian（1989）中的公交网络来演示 Codina（2013）的模型（L 模型）与基于 LNS 的模型（LNS 模型）之间的等效性，这里将 LNS 模型中的换乘次数取为足够大（相当于没有换乘约束），以便在同等条件下进行比较。原始网络如图 6-5a）所示，扩展网络如图 6-5b）所示；此处使用的扩展方法与 L 模型中的方法相同（Cominetti 和 Correa，2001；Cepeda 等，2006；Codina，2013；Codina 和 Rosell，2017）。

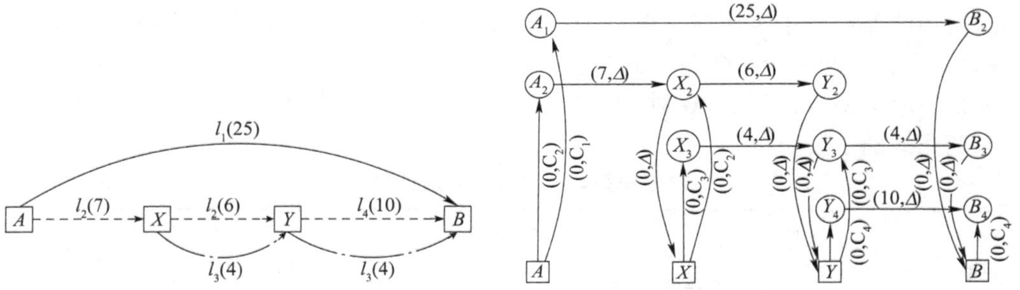

a）原始公交网络　　　　b）基于策略模型的扩展网络

图 6-5　Spiess 和 Florian（1989）的公交网络

表 6-2 列出了公交网络的基本数据，OD（A，B）和（X，B）的需求分别为 1600 人/h 和 1300 人/h。

公交网络的基本数据　　　　表 6-2

线路	名义频率（车/h）	车辆容量（人/车）	线 路 轨 迹	各路段的车上行驶时间（min）
1	10	120	A—B	25
2	10	100	A—X—Y	7 ~ 6
3	15	100	X—Y—B	4 ~ 4
4	20	80	Y—B	10

6.5.2.1 客流结果对比

因为这个简单网络最多具有 2 次换乘，所以将 LNS 模型中的最大换乘次数设置为 2 次。分别使用 LNS 模型和 L 模型进行计算，得到的平衡客流结果完全相同，结果见表 6-3。其中，LNS 模型的线路流量对应 L 模型的上车流量，而 LNS 模型的节点流量（即所选择的换乘节点的流量）对应 L 模型的下车流量。以 OD 对（AB）

之间的乘客决策过程为例进行对比。节点 A 有两条起始线路，即 l_1 和 l_2，其中 l_1 是有 25min 车上行驶时间的直达线路。因为在 LNS 模型中起始线路 l_1 和 l_2 的等价车上行驶时间分别与 L 模型中从线路节点 A_1 和 A_2 到目的地 B 的最小出行时间相等，因此可以分别看作是在节点 A 乘上线路 l_1 和 l_2 的最小出行时间。在这两个模型中，该节点的乘客面临着同样的节点 A 到节点 B 的共线问题，并且按照相同的 UE 准则和相同的线路出行时间选择吸引线路集合。在 UE 状态下，离开节点 A 的线路 l_1 和 l_2 的等价车上行驶时间分别为 25min 和 24.9min，此节点处线路 l_1 和 l_2 的有效频率分别为 2.89 车/h 和 2.53 车/h，也是路段 (A,A_1) 和 (A,A_2) 上的有效频率，因此这两条线路都属于吸引集。此外，在此需求水平下，同时选择两条线路是最佳策略，总出行时间为 36.02min。这比仅选择 l_1(38.11min) 或仅选择 l_2(37.59min) 的总出行时间要少，因此，OD 对 AB 的乘客需求 1600 人/h 按照这两个有效频率分配到两条线路上。

LNS 模型与 L 模型的客流结果对比 表 6-3

OD	节点	线路	线路比例(%)	线路流量(上车路段流量)	节点	节点比例(%)	节点流量(下车路段流量)	线路	线路比例(%)	线路流量(上车路段流量)
OD_1	A	1	53.3	852.8	—			—		
		2	46.7	747.2	Y	100	747.2	3	29.8	222.7
								4	70.2	524.5
OD_2	X	2	17.7	230.1	Y	100	230.1	3	29.8	68.6
								4	70.2	161.5
		3	82.3	1069.9	—	—		—	—	—

对于在节点 A 乘上线路 l_1 的乘客，或者说行车路段 (A_1,B_2) 上的乘客，他们只能直接到达目的地。在 LNS 模型中，对于在节点 A 处乘坐线路 l_2 的乘客，他们分别比较在节点 X 和节点 Y 处换乘的总出行时间，并选择最佳的换乘节点。实现 UE 状态时，在节点 X 和 Y 处换乘的总出行时间分别为 29min 和 24.9min，因此所有乘客选择在节点 Y 换乘（表 6-3 中 Y 节点换乘比例为 100%）。在 L 模型中，乘客乘上线路 l_2 并到达节点 X_2，随后他们通过比较下车换乘与留在车上两种情况的总出行时间，从而决定是否下车。因为从节点 X 到目的地 B 的出行时间(22min)比从节点 X_2 到目的地 B 的出行时间(17.9min)要长，所以乘客选择留在车上，这与 LNS 模型的结果相同。需要注意的是，节点 X_2 到 X 的下车路段没有车上时间。线路 l_2 上的乘客到达节点 Y_2 时，他们必须下车，因为这是线路 l_2 的最后一个节点，这也与 LNS 模型中的结果相同。

6.5.2.2 综合对比

表6-4中列出了L模型与LNS模型在此例中的综合对比。

L模型与LNS模型的综合对比 表6-4

模 型	L模型[图6-5b)]	LNS模型[图6-5a)]
网络表示	3+3+4+4=14个节点	4个节点
	6+2+3+4+3=18条路段	6条路段
客流	站点节点:例如在站点节点A处的上车路段流量$v^B_{(A,A_1)}$,$v^B_{(A,A_2)}$(6)*	站点:例如在节点A处的线路流量h^2_{AB,l_1},h^2_{AB,l_2}(6)*
	沿线路上线路节点处的下车路段和行车路段的流量:例如$v^B_{(X_2,X)}$,$v^B_{(X_2,Y_2)}$;$v^B_{(Y_2,Y)}$。变量的数量是线路节点数量的2倍(10)*	沿线路上的换乘节点:例如线路l_2上的h^2_{AB,l_2X},h^2_{AB,l_2Y}。变量的数量约等于线路上的节点数量。如果有换乘次数的限制,变量的数量将大大小于每条线路上的节点数量(4)*
决策	站点节点处的CLP:例如在站点节点A处,在弧集合$\{AA_1,AA_2\}$中选择一个路段策略。决策点的数量大约等于站点节点的数量	节点处的CLP:例如在节点A上,在线路集合$\{l_1,l_2\}$中选择一个线路策略。决策点的数量约等于原始网络的节点数量。如果有换乘限制,决策节点数量会减少
	线路节点处选择下车路段或行车路段:例如在线路节点X_2处可以选择下车或继续在车上;由于线路节点Y_2处是最后一站,所以在该点必须下车	沿所乘线路选择要换乘的节点:例如,在节点A乘上线路l_2,选择在X或Y处换乘
UE条件	在每个站点节点和每个线路节点的非线性互补问题(4-43)~(4-46)	在每个起点或换乘节点和每条吸引线路上的非线性互补问题(6-22)
模型	VIP(4-47)~(4-49)	VIP(6-23)
求解算法	首先需要进行原始公交网络的扩展;在每次迭代中,最优策略的寻找过程是主要的计算量。对于每个目的地s,需要计算从每个节点i到s的最优策略,以获得策略树	不需要进行原始网络的扩展;在每次迭代中,只需在FLS和FNS中进行ALS和ANS的计算即可获得简化的策略树;如果再加上换乘限制,则计算量少得多

注:* 括号内数字为变量的个数。

6.5.2.3 网络设计评估与优化的应用

本节仍在图6-5的基础上探讨LNS模型中存在换乘约束对公交网络UE客流的影响,以及在评估网络设计和优化公交网络设计方面的应用。

假设OD对(X,B)之间的乘客仅考虑直达线路。表6-5中显示了网络中线路的承载率,将其与没有换乘约束的结果进行了比较。除了 OD 对(X,B)的需求之外,本示例中使用的所有数据均与前述示例中的数据相同。对于此 OD 对,需求设置为 4 个级别:$D_1=1100$ 人/h,$D_2=1200$ 人/h,$D_3=1300$ 人/h,$D_4=1400$ 人/h。

有无换乘次数限制情况下线路的承载率　　表 6-5

换乘限制	线路	节点	承载率(%)				节点	承载率(%)			
			D_1	D_2	D_3	D_4		D_1	D_2	D_3	D_4
(X,B)中仅考虑直达线路	1	A	71.1	71.1	71.1	71.1	X	74.6	74.6	74.6	74.6
	2	A	74.6	74.6	74.6	74.6					
	3	X	73.3	80	86.7	93.3	Y	88.9	93.4	97.1	99.3
	4	Y	32	34	36.9	41.1					
无换乘约束	1	A	71.1	71.1	71.1	71.1	X	96.2	96.9	97.6	98.2
	2	A	74.6	74.6	74.6	74.6					
	3	X	60	65.1	71.3	77.6	Y	81.7	86.4	90.7	94.4
	4	Y	38.8	40.6	42.8	45.7					

从表 6-5 中可发现,在没有换乘约束的情况下,即使乘客必须在节点 Y 换乘,线路l_2在节点 X 上也很有吸引力,这是因为如果乘客选择策略$\{l_3,l_4\}$,在线路 l_2 的节点 Y 下车面临的等待时间较短。在这种情况下,线路 l_2 的节点 X 和线路 l_3 的节点 Y 都具有较高的承载率,因为当线路到达停靠点时,车上承载率已经很高。如果 OD 对(X,B)之间的乘客仅考虑直达线路,因为该 OD 对仅相隔两站,则线路 l_3始终保持较高的承载率,其结果与无换乘约束的结果大不相同。鉴于短 OD 对在此网络中无法通过直达线路很好地服务,因此这种网络设计的效果可能不尽如人意。

如果网络设计人员的目标是提高网络有效性,例如通过增加某些线路的频率来减少换乘次数,但是由于线路l_2和l_3都有一个承载率非常高的区段和一个承载率较低的区段,因此仅根据承载率的数据而不受换乘次数约束来识别目标线路是困难的。因此,为避免在非常短的 OD 对中传输[在此示例中为(X,B)],可以通过预先设置换乘约束并将其与无换乘限制的情况进行比较来识别网络中的瓶颈。从换乘约束下的承载率结果(表 6-5)中,我们发现线路l_3在需求高时在整个线路上都具有较高的承载率;表 6-6 显示了当线路 l_3 的频率从 15veh/h 增加到 20veh/h 时,在不同换乘限制的情况下线路占用率数据。两组结果非常相似,表明即使没有换乘限制,OD 对(X,B)之间的乘客也喜欢直达线路,因此在换乘方面保证了服务质量。我们未来的工作将集中于进一步提高网络设计的效率。

线路客流有无换乘限制结果 表6-6

换乘限制	线路	节点	承载率(%)				节点	承载率(%)			
			D_1	D_2	D_3	D_4		D_1	D_2	D_3	D_4
(*X*,*B*)中仅考虑直达线路	1	*A*	71.1	71.1	71.1	71.1	*X*	59.6	69.6	74.6	74.6
	2	*A*	74.6	74.6	74.6	74.6					
	3	*X*	62.5	62.5	65	70	*Y*	81.2	81.2	82.5	85.2
	4	*Y*	13.8	20.1	24.8	27.7					
无换乘约束	1	*A*	71.1	71.1	71.1	71.1	*X*	59.6	69.6	79.6	89.4
	2	*A*	74.6	74.6	74.6	74.6					
	3	*X*	62.5	62.5	62.5	62.6	*Y*	81.2	81.2	81.2	81.5
	4	*Y*	13.8	20.1	26.3	32.3					

6.5.3 北京公交子网上的数值运算结果

本小节使用北京公交子网来说明第6章提出的LNS模型和本章所给算法的运算效果和效率。图6-6所示的公交网络具有571个站点、991个路段和35条线路。这里考虑了1054个OD对，需求矩阵是根据官方网站获得的公交线路容量估算的。如果给出实际需求矩阵，同样可以很好地运行。

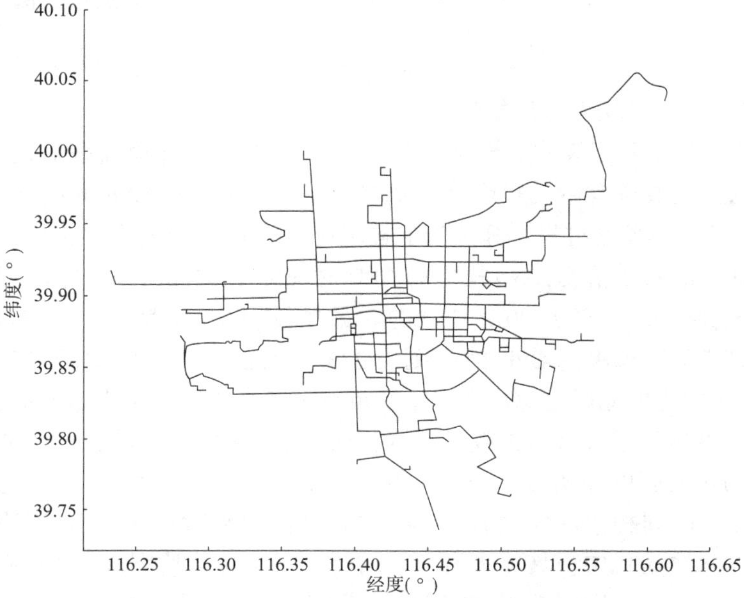

图6-6 北京的公交子网络示意图

6.5.3.1 不同算法的收敛效果比较

图6-7显示了基于MSA算法和不同步长的投影算法求解LNS模型的收敛效果对比。基于MSA算法能很快收敛，但精度达到0.1后下降变得很慢。与基于MSA的算法相比，投影算法显示出巨大的优势。投影算法的收敛速度非常快，当步长$\rho=30$时，16次迭代后，Gap函数值收敛精度就小于1.00×10^{-2}；在$\rho=70$时，仅8次迭代收敛精度即小于1.00×10^{-2}。此外，随着步长从30增加到110，收敛速度也会不断地加快。

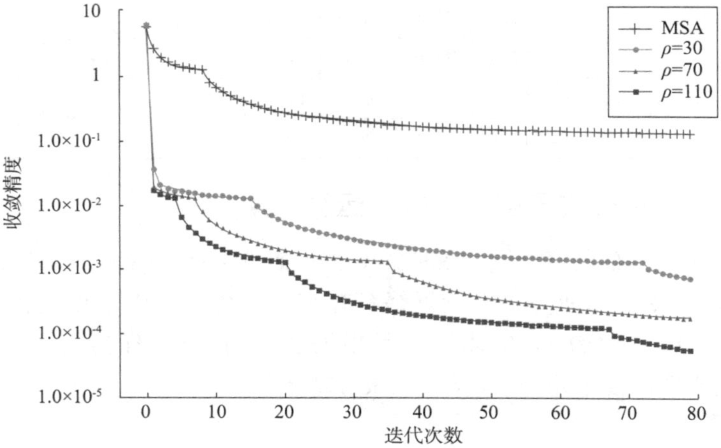

图6-7 不同算法收敛效果对比

6.5.3.2 不同模型的计算效率比较

表6-7给出了基于策略的模型和基于LNS的模型的计算效率对比，这里两个模型都通过具有相同参数的投影算法来求解。由表6-7的“CPU时间”一栏可以看出，基于LNS的模型通过投影算法来求解所花费的CPU时间有了极大的改善。对于1.00×10^{-2}的收敛精度，LNS模型的CPU时间为1.34min，基于策略模型的CPU时间为138.59min；对于1.00×10^{-4}的收敛精度，LNS模型的CPU时间仅为6.59min，而基于策略模型的CPU时间则为2232.31min。CPU时间的节省主要来自两个方面，其中主要原因是每次迭代中的策略搜索过程节省了大量时间，这是因为换乘次数约束排除了大量的无效策略的搜索过程，并且这种计算量的节省会随着网络规模的增大而更加明显。简单地从表6-7的“迭代次数”一栏对比就可以看出，虽然CPU时间相差巨大，相比起来，迭代次数优势就小多了，这说明节省时间主要体现在每次迭代中。具体来看，表6-7的“每次迭代搜索次数”一栏给出了两个OD对：法华寺—朝阳半壁店和孛罗营—豆各庄路口西，它们在每次迭代中计算

最优策略的搜索次数。在 LNS 的模型中,这两个 OD 对每次搜索的次数分别为 19(1 次换乘限制的情况)和 46(2 次换乘限制的情况);而在策略模型中,这两个 OD 对每次搜索的次数分别为 825 和 928。每次迭代中计算量的显著减少是节省 CPU 时间的主要原因。另一方面,从表 6-7 还可以看出,LNS 模型的迭代次数比策略模型的迭代次数少了很多,虽然没有每次最优策略的搜索次数节省得那么多。

基于 LNS 和基于策略的模型之间的计算效率比较 表 6-7

收敛精度	CPU 时间(min)		迭代次数		每次迭代搜索次数			
	LNS	策略	LNS	策略	法华寺—朝阳半壁店		李罗营—豆各庄路口西	
1.00×10^{-2}	1.34	138.57	5	8	LNS(1 次换乘)	策略	LNS(2 次换乘)	策略
1.00×10^{-3}	2.58	583.07	21	36				
1.00×10^{-4}	6.12	2232.31	68	148	19	825	46	928

6.5.3.3 不同模型中乘客出行轨迹比较

该测试比较了传统策略模型和 LNS 模型在平衡状态下乘客的出行轨迹。这里选择了两个 OD 对,分别是距离为 9.6km 的法华寺—朝阳半壁店和距离为 15km 的李罗营—豆各庄路口西。考虑到 OD 距离,这两个 OD 对的换乘约束分别为 1 次以内换乘和 2 次以内换乘。如图 6-8 所示,对于 OD 对李罗营—豆各庄路口西,由于没有换乘约束,策略模型中平衡状态下乘客的出行轨迹竟然多达 5 次换乘,而这还是寻优后的策略,实际在优化过程中则进行了大量无效策略的计算搜索过程,耗费了大量的计算时间。另外,其平衡状态下的总出行时间为 52.2403min,与 LNS 模型的 52.3496min 却相差无几,没有任何优势;并且,基于 LNS 模型的出行轨迹只有 2 次换乘,这是更符合乘客的实际出行意愿的结果。对于距离较近的 OD 对法华寺—朝阳半壁店,两个模型计算出来的平衡状态下乘客的出行轨迹是相同的。

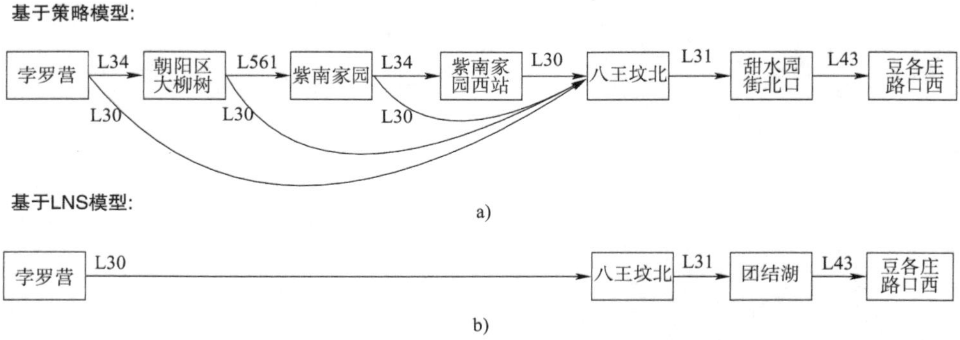

图 6-8 基于策略模型与基于 LNS 模型之间的乘客出行轨迹比较

6.6 小　结

本章通过深入分析公交网络上乘客在关键决策点的决策过程,特别通过探讨乘客处于不同位置所采取的不同决策方式,并考虑乘客出行中的换乘特点,引入乘客出行的两种选择策略:LS 和 NS。结合这两种策略以及 LS 比例和 NS 比例的概念,提出了一种新型基于 LS 和 NS 平衡配流的变分不等式模型。引入 NS 比例使得公交模型不再需要对原始网络进行扩展,降低了建模复杂度,更加容易追踪所有乘客的出行轨迹;并且进一步减小了公交策略的可行集范围,避免了无效策略的搜索过程,大大降低了计算复杂度。当不考虑换乘约束时,它与现有的基于策略的公交配流模型等价,说明本章所给模型是一种应用更广的模型。本章为基于 LNS 的客流分配 VI 模型设计了基于 MSA 的算法和投影算法进行求解。数值结果表明,去除换乘约束后,提出的 LNS 客流分配模型与已有策略模型结果一致,一方面说明模型的有效性,另一方面也说明 LNS 模型更普适。通过数值实验分析了 UE 状态下客流随需求增加的变化规律,并说明了在换乘约束下,公交网络设计人员可以更方便地对网络设计效果进行评估和改进。该模型和算法在北京公交子网络上的运行效果表明,在收敛速度、计算效率和策略轨迹有效性方面,利用投影算法求解的 LNS 模型比传统的策略模型具有更大的优势,并且这种优势随着公交网络规模的增大而更加明显。

第7章 基于线路节点的随机公交客流分配模型

7.1 概　　述

多数公交配流模型假设乘客对公交网络上的所有信息了如指掌,因而满足 Wardrop 的用户平衡(UE)配流原则(Wu 等,1994;Poon 等,2004;Hamdouch 等,2011;Schmöcker 等,2011;Sun 等,2013;Trozzi 等,2013;Verbas 等,2016;Binder 等,2017),第 6 章给出的基于线路节点策略的客流分配模型同样满足用户平衡(UE)配流原则。

Daganzo 和 Sheffi(1977)及 Fisk(1980)将 Wardrop 的 UE 配流原则扩展到随机用户平衡(SUE)的情况,以考虑随机因素对出行者出行选择的影响。与 UE 假设不同,SUE 假设出行者不能准确了解出行信息,只能依据理解出行时间进行出行选择,这种假设比 UE 模型更符合出行实际,反映更真实的出行选择结果。

Nguyen 等(1998)基于超级路径的概念建立了随机公交配流模型,模型中上车点乘客的超级路径选择满足 Logit 分配形式。Nielsen(2000)则根据 Sheffi(1985)中基于概率的随机分配形式,建立了公交网络上的随机配流模型。

Lam 等(1999a)在扩展的公交网络上建立了一种基于发车频率的公交 SUE 配流模型,以考虑不同乘客对同一条路径上感觉到的出行时间的不同。他们建立的基于多项式 Logit 的随机公交配流模型,其解满足有能力约束的公交 SUE 配流原则,其中能力约束对应的拉格朗日乘子等于能力约束带来的拥挤延迟。高自友等(2000a,2000b)将这个固定需求的随机公交配流模型扩展到考虑弹性需求的情况,建立了同时考虑弹性需求和能力约束的随机公交配流模型,并且证明其解满足公交配流 SUE 原则。

Cortés 等(2013)将 Cominetti 和 Correa(2001)以及 Cepeda 等(2006)的确定型公交配流模型扩展到随机的情况,通过一个概率分布来描述乘客的乘车行为,从而得到一个随机的共线问题,建立了随机公交配流模型,该模型仍然同 Cepeda 等(2006)一样考虑线路能力问题。

Szeto 等(2011)针对风险规避型随机公交分配问题提出一种非线性互补问题(Nonlinear Complementarity Problem,NCP)模型。车上行驶时间、等车时间、线路能力以及交通拥堵效应等因素都被作为随机变量加入模型中。该 NCP 模型中还纳入了一个新的交通拥堵模型,以分析和解释拥堵对车上乘客及等车乘客产生的不同影响。

Sun 和 Szeto(2018)建立了基于途径(Approach-based)的随机公交配流模型,并将其表示成一个公交配流不动点问题(Fixed Point Problem,FPP),证明 FPP 的解等价于 Logit 分配形式的公交 SUE 条件。文中详细分析了模型随机性带来的悖论和线路能力悖论,并对比了多种求解算法的效果。

第 6 章提出了一种基于线路节点的公交配流 VI 模型,这个模型是满足 UE 原则的确定型模型。本章将在同样的线路节点策略概念的基础上,建立满足 SUE 原则的公交配流不动点问题(FPP),并且设计求解 FPP 的基于相继平均法(MSA)的算法,分别在小型公交网络和北京公交子网络上进行数值实验。

7.2 随机公交配流模型

如同第 6 章一样,仍然考虑原始未加转换的连通公交网络 $G=(N,A,L)$,对于已知的 OD 对,乘客开始出行时,同样有一个能接受的最大换乘次数。在每个关键节点,即需要作决策的节点处,都有一组服务的公交线路,其中一些可以连接到目的地,有些则不能。在选择有吸引力的线路集之前,首先要确定哪些线路是换乘次数内的可行线路、哪些节点是可行换乘节点。然后讨论乘客同时考虑这两个选择策略:线路策略(LS)和节点策略(NS)。这里假设由于拥挤、气候、事故等各种随机因素的存在,不同的乘客对同一个策略感受到的出行时间不同,因此,乘客无法掌握所有出行信息,只能按照个人的理解,选择自己认为费用最小的策略,最终达到 SUE 的客流状态,即没有乘客可以通过在始发和换乘节点处更改线路策略或在线路上更改节点策略来减少其理解出行时间。

如无特殊说明,本章所使用符号与变量含义与第 6 章相同,见表 6-1。另外,由于随机因素的存在,有必要用随机变量描述乘客的出行时间。假设 $C_{is,\delta}^{ttt,z}$ 表示从节点 i 到终点 s 的线路策略 $\delta \subseteq \Omega_{is}^{z}$ 上乘客感觉到的总出行时间,$C_{is,lj}^{inv,z}$ 表示线路 $l \in \Omega_{is}^{z}$ 上选择节点策略 $j \in N_{is,l}^{z}$ 的乘客感受到的等价车上时间,并且 $C_{is,\delta}^{ttt,z}$ 和 $C_{is,lj}^{inv,z}$ 均为随机变量。$c_{is,\delta}^{ttt,z}$ 表示线路策略 $\delta \subseteq \Omega_{is}^{z}$ 的实际总出行时间,$c_{is,lj}^{inv,z}$ 表示节点策略 $j \in N_{is,l}^{z}$ 的实际等价车上时间,则

$$C_{is,\delta}^{ttt,z} = c_{is,\delta}^{ttt,z} + \xi_{is,\delta}^{ttt,z}, \quad \forall\, is, \delta \subseteq \overline{\Omega}_{is}^{z}, z \tag{7-1}$$

$$C_{is,lj}^{inv,z} = c_{is,lj}^{inv,z} + \zeta_{is,lj}^{inv,z}, \quad \forall is, j \in \overline{N}_{is,l}^{z}, z \tag{7-2}$$

式中，$\xi_{is,\delta}^{ttt,z}$和$\zeta_{is,lj}^{inv,z}$分别为线路策略和节点策略出行时间的随机误差项，并且假设 $E[\xi_{is,\delta}^{ttt,z}] = 0$ 和 $E[\zeta_{is,lj}^{inv,z}] = 0$，即这两个随机误差项的均值都为 0，也就是说，乘客感觉到的线路策略和节点策略的出行时间的平均值等于其实际出行时间。

同第 6 章一样，给定 $\boldsymbol{h}$ 时可以根据式(6-15)计算出有效频率 $\boldsymbol{f}$，在此基础上分别计算线路策略 LS-z 和节点策略 NS-z 的实际出行时间如下：

$$c_{is,\delta}^{ttt,z} = \frac{1}{\sum_{l \in \delta} f_l} + \frac{\sum_{l \in \delta} f_l c_{is,l}^{inv,z}}{\sum_{l \in \delta} f_l}, \quad \forall is, \delta \subseteq \overline{\Omega}_{is}^{z}, z \tag{7-3}$$

$$c_{is,lj}^{inv,z} = t_{ij,l} + c_{js}^{ttt,z-1}, \quad \forall is, j \in \overline{N}_{is,l}^{z}, z \tag{7-4}$$

式中，$c_{is,l}^{inv,z}$是节点 i 处乘上线路 l 的乘客的实际最小等价车上时间：

$$c_{is,l}^{inv,z} = \min_{j \in \overline{N}_{is,l}^{z}} c_{is,lj}^{inv,z}, \quad \forall is, l, z \tag{7-5}$$

$c_{js}^{ttt,z-1}$为节点对 js 之间 LS-($z-1$)的最小实际出行时间，即

$$c_{js}^{ttt,z-1} = \min_{\delta \subseteq \overline{\Omega}_{js}^{z-1}} c_{is,\delta}^{ttt,z-1}, \quad \forall is, z \tag{7-6}$$

$c_{js}^{ttt,z-1}$通过式(7-3)～式(7-6)递推计算。

同样地，令d_{is}^{z}是在节点 i 处最多考虑换乘 $z(z \in \overline{Z})$ 次到目的地 s 的乘客数量，它包括了从不同起点到达节点 i 的、具有相同目的地和相同换乘次数的客流。定义在节点 i 处选择 LS $\delta \subseteq \overline{\Omega}_{is}^{z}$ 的乘客比例为$\lambda_{is,\delta}^{z}$，则选择 LS $\delta \subseteq \overline{\Omega}_{is}^{z}$ 的乘客数量如下：

$$h_{is,\delta}^{z} = d_{is}^{z} \lambda_{is,\delta}^{z}, \quad \forall is, \delta \subseteq \overline{\Omega}_{is}^{z}, z \tag{7-7}$$

将乘上线路 $l \in \overline{\Omega}_{is}^{z}$ 的乘客比例定义为$\eta_{is,l}^{z}$，它包含了选择不同 LS $\delta \subseteq \overline{\Omega}_{is}^{z}$ 而乘上线路 $l \in \overline{\Omega}_{is}^{z}$ 的比例之和，其计算公式为：

$$\eta_{is,l}^{z} = \sum_{\delta \subseteq \overline{\Omega}_{is}^{z}} \frac{\sigma_{\delta,l} f_l \lambda_{is,\delta}^{z}}{\sum_{l' \in \delta} f_{l'}}, \quad \forall is, l \in \overline{\Omega}_{is}^{z}, z \tag{7-8}$$

则最终乘上线路 $l \in \overline{\Omega}_{is}^{z}$ 上的乘客人数为：

$$h_{is,l}^{z} = d_{is}^{z} \eta_{is,l}^{z}, \quad \forall is, l \in \overline{\Omega}_{is}^{z}, z \tag{7-9}$$

同样，定义沿线路 $l \in \overline{\Omega}_{is}^{z}$ 而选择 NS $j \in \overline{N}_{is,l}^{z}$ 的乘客比例为$\lambda_{is,lj}^{z}$，计算选择 NS $j \in \overline{N}_{is,l}^{z}$ 的乘客数量如下：

$$h_{is,lj}^{z} = h_{is,l}^{z} \lambda_{is,lj}^{z}, \quad \forall is, l \in \overline{\Omega}_{is}^{z}, j \in \overline{N}_{is,l}^{z}, z \tag{7-10}$$

已知 OD 需求q_{rs}及所有的线路节点策略选择比例$\lambda_{is,\delta}^{z}$和$\lambda_{is,lj}^{z}$，可以计算出所有

的 $h^z_{rs,li}$，进而递归地计算出任意节点 i 处最多 z 次换乘的节点乘客数量d^z_{is}（$z \in \overline{Z}$），如下所示：

$$d^z_{is}=\begin{cases} q_{is}, & z=Z \\ \sum\limits_{r,l} h^{z+1}_{rs,li}, & z \in \overline{Z}/\{Z\} \end{cases} \quad \forall is,z \tag{7-11}$$

随机公交配流模型中的决策变量包括在节点 i 处选择 LS $\delta \subseteq \overline{\Omega}^z_{is}$的乘客比例 $\lambda^z_{is,\delta}$，和沿线路 $l \in \overline{\Omega}^z_{is}$选择 NS $j \in \overline{N}^z_{is,l}$的乘客比例$\lambda^z_{is,lj}$。在随机变量符合 IIA（Independence of Irrelevant Alternatives，无关选择的独立性）的假设下，建立基于多项式 Logit 的随机公交配流模型。虽然多项式 Logit 模型中关于随机变量是独立同分布的假设还有待商榷，但其使用还是比较广泛的，尤其在出行分析和选择集合分析中（Sheffi，1985）。

在建立基于多项式 Logit 的随机客流分配模型之前，还需要确定有效的 LS 集合和 NS 集合。第 6 章 6.2 节给出了计算可行的 LS 集合$\overline{\Omega}^z_{is}$和 NS 集合$\overline{N}^z_{is,l}$的算法，而有效的 LS 集合和 NS 集合可以利用列生成算法获得，有效的 LS 集合和 NS 集合分别记为Ω^z_{is}和$N^z_{is,l}$。

基于多项式 Logit 的客流 LS 分配比例和 NS 分配比例分别满足：

$$\lambda^z_{is,\delta}=\frac{\exp(-\theta c^{ttt,z}_{is,\delta})}{\sum\limits_{\delta' \subseteq \Omega^z_{is}} \exp(-\theta c^{ttt,z}_{is,\delta'})}, \quad \forall is,\delta \subseteq \Omega^z_{is},z \tag{7-12}$$

$$\lambda^z_{is,lj}=\frac{\exp(-\theta c^{inv,z}_{is,lj})}{\sum\limits_{j' \in N^z_{is,l}} \exp(-\theta c^{inv,z}_{is,lj'})}, \quad \forall is,l \in \Omega^z_{is},j \in N^z_{is,l},z \tag{7-13}$$

显然，式(7-12)和式(7-13)中的 LS 比例和 NS 比例满足非负及和为 1 的约束：

$$\lambda^z_{is,\delta} \geqslant 0, \quad \forall is,\delta \subseteq \Omega^z_{is},z \tag{7-14}$$

$$\lambda^z_{is,lj} \geqslant 0, \quad \forall is,l \in \Omega^z_{is},j \in N^z_{is,l},z \tag{7-15}$$

及

$$\sum_{\delta \subseteq \Omega^z_{is}} \lambda^z_{is,\delta}=1, \quad \forall is,z \tag{7-16}$$

$$\sum_{j \in N^z_{is,l}} \lambda^z_{is,lj}=1, \quad \forall is,l \in \Omega^z_{is},z \tag{7-17}$$

定义满足式(7-14)～式(7-17)的 $\boldsymbol{\lambda}=[\lambda^z_{is,\delta},\lambda^z_{is,lj}]$的可行集为 Γ，则 Γ 有界。定义向量 $\boldsymbol{F}=\left[\frac{\exp(-\theta c^{ttt,z}_{is,\delta})}{\sum\limits_{\delta' \subseteq \Omega^z_{is}} \exp(-\theta c^{ttt,z}_{is,\delta'})},\frac{\exp(-\theta c^{inv,z}_{is,lj})}{\sum\limits_{j' \in N^z_{is,l}} \exp(-\theta c^{inv,z}_{is,lj'})}\right]$，则建立在 Γ 上的随机客流分配模型的 FPP 表示如下：

$$\boldsymbol{\lambda} = \boldsymbol{F}(\boldsymbol{\lambda}) \tag{7-18}$$

由式(7-12)和式(7-13)可知,$\boldsymbol{F}$ 是费用向量 $\boldsymbol{c} = [c_{is,\delta}^{ttt,z}, c_{is,lj}^{inv,z}]$ 的函数,而费用向量 $\boldsymbol{c}$ 由式(7-3)~式(7-6)根据有效频率 $\boldsymbol{f}$[参见第6章式(6-15)]计算,因此它是客流向量 $\boldsymbol{h}$ 的函数,而根据式(7-7)~式(7-11),$\boldsymbol{h}$ 是线路节点策略比例向量 $\boldsymbol{\lambda}$ 的函数,也就是说,$\boldsymbol{F}$ 是 $\boldsymbol{\lambda}$ 的函数,即 $\boldsymbol{F}(\boldsymbol{\lambda})$。并且,不难看出,$\boldsymbol{F}(\boldsymbol{\lambda})$ 是连续函数;又因为 Γ 有界,则根据附录 A 定理 A-4,FPP(7-18)的解存在。

7.3 随机公交客流分配模型的求解算法

这里仅给出求解 FPP(7-18)的基于 MSA 的算法,特别说明一下有效 LS 集和 NS 集的计算方法。从第一次迭代开始,每次迭代中都将算法 6-2 计算得到的 ALS-z $\Omega_{is}^{z,(n)}$ 放入一个 LS 集合,组成有效 LS 集 Ω_{is}^{z};同时,也将每次迭代中计算得到的 ANS-z $N_{is,l}^{z,(n)}$ 都放入一个 NS 集合,组成有效 NS 集 $N_{is,l}^{z}$。求解 FPP(7-18)的具体算法步骤如下。

算法 7-1:

第 1 步:初始化。

对于每个节点 i 到目的地 s,计算 FLS-z $\overline{\Omega}_{is}^{z}$ 和 FNS-z $\overline{N}_{is,l}^{z}$。根据名义频率,使用第 6 章给出的算法 6-2 计算最多 z 次换乘的线路吸引集 ALS-z $\Omega_{is}^{z,(0)}$,将其加入有效 LS 集 Ω_{is}^{z};并计算最多 z 次换乘的节点吸引集 ANS-z $N_{is,l}^{z,(0)}$,将其加入有效 NS 集 $N_{is,l}^{z}$。确定初始的策略比例 $\boldsymbol{\lambda}^{(1)}$ 和初始的客流向量 $\boldsymbol{h}^{(1)}$。设置收敛精度为 $\varsigma > 0$,令迭代次数 $n = 1$。

第 2 步:检查终止条件。

如果 $\|\boldsymbol{F}(\boldsymbol{\lambda}^{(n)}) - \boldsymbol{\lambda}^{(n)}\| < \varsigma$,则停止。

第 3 步:计算搜索方向。

第 3.1 步:用公式(6-15)计算有效频率 $\boldsymbol{f}^{(n)}$。

第 3.2 步:使用算法 6-2 计算最多 z 次换乘的线路吸引集 ALS-z $\Omega_{is}^{z,(n+1)}$,将其加入并更新有效 LS 集 Ω_{is}^{z};计算最多 z 次换乘的节点吸引集 ANS-z $N_{is,l}^{z,(n+1)}$,将其加入并更新有效 NS 集 $N_{is,l}^{z}$。

第 3.3 步:计算辅助的线路节点策略比例。

$$\boldsymbol{y}^{(n)} = \boldsymbol{F}(\boldsymbol{\lambda}^{(n)}) \tag{7-19}$$

第 4 步:更新线路节点策略比例。

$$\boldsymbol{\lambda}^{(n+1)} = \boldsymbol{\lambda}^{(n)} + \frac{1}{n+1}(\boldsymbol{y}^{(n)} - \boldsymbol{\lambda}^{(n)}) \tag{7-20}$$

令 $n=n+1$，返回第2步。

7.4 数值实验

本节的数值实验分为两部分，7.4.1节利用Spiess和Florian(1989)中公交网络对基于LNS的SUE模型进行数值计算，并与基于LNS的UE模型进行了比较。7.4.2节使用北京公交子网络来说明本章所提出的基于LNS的SUE模型及所设计的求解算法的效果和计算效率，并与基于LNS的UE模型进行比较。

7.4.1 小型公交网络上的客流特征

在此例中，我们同6.5.2节一样使用Spiess和Florian(1989)中的公交网络来演示基于LNS的SUE客流特征，并与6.5.2节的基于LNS的UE客流结果进行比较。原始网络如图6-5a)所示，表6-2列出了公交网络的基本数据，OD对(A,B)和(X,B)的需求分别为1000人/h和900人/h。

在上述网络中进行实验，用SUE_1、SUE_2、SUE_3分别表示参数θ取值为1、2、3的SUE模型，UE表示UE模型，图7-1给出了这几个参数下SUE模型和UE模型的基于MSA算法迭代结果的收敛情况。由图可以看出，随着SUE模型中的参数θ取值变大，收敛速度变慢，收敛精度变小，但越来越接近于UE模型的收敛情况。由于UE模型每次采用“全有全无”法作为搜索方向进行迭代，所以收敛时波动较大，随着迭代次数增加，波动越来越小。而SUE模型的迭代则相对平稳，并且较快地收敛。

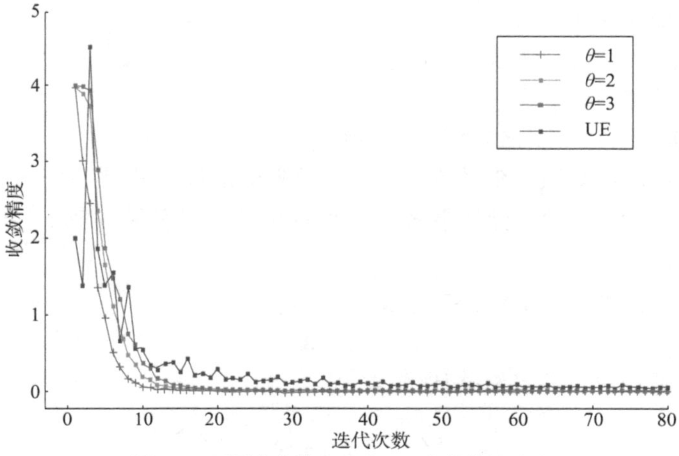

图7-1 不同参数的SUE与UE收敛结果对比

表7-1给出了这几个模型中各条线路在各节点的承载率。从表中可以看出，SUE模型中的参数越大，其配流结果越接近于UE模型的配流结果。

SUE模型和UE模型的线路承载率结果　　表7-1

线路	节点	承载率(%)				节点	承载率(%)			
		SUE_1	SUE_2	SUE_3	UE		SUE_1	SUE_2	SUE_3	UE
1	*A*	43.2	43.4	43.4	43.3	—	—	—	—	—
2	*A*	48.0	47.9	47.9	48.1	*X*	57.1	57.5	58.1	62.1
3	*X*	54.0	53.6	53.2	50.6	*Y*	75.8	74.4	73.4	67.5
4	*Y*	15.2	16.5	17.4	23.0	—	—	—	—	—

7.4.2　北京公交子网上的数值结果

本小节使用北京公交子网来说明第6章提出的LNS模型和本章所给算法的运算效果及效率。图6-6所示的公交网具有571个站点、991个路段和35条线路。这里考虑了1054个OD对，需求矩阵是根据官方网站获得的公交线路容量估算的。

图7-2给出了该网络上参数θ取值为1、2、3时的SUE模型和UE模型的基于MSA算法迭代结果的收敛情况。为了更明显地展示四种情况下的对比效果，此图的纵坐标按10的次方数递减。由图中可以看出，同样用基于MSA的算法进行求解，不管是收敛速度还是达到的收敛精度，SUE模型的收敛效果明显比UE模型的好。同上一小节中小网络类似，随着SUE模型中的参数θ取值变大，收敛速度变慢，收敛精度变小，但越来越向UE模型的收敛情况靠拢。

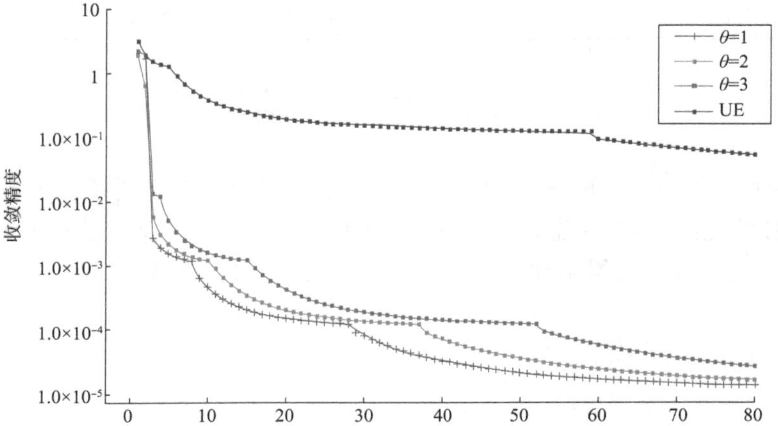

图7-2　不同参数的SUE模型与UE模型收敛结果对比

表7-2列出了参数θ取值为1、2、3时的SUE条件下OD对孛罗营—豆各庄路口西之间的最优策略结果，可以看出，基于线路节点策略的公交SUE配流模型的结果延续了第6章基于线路节点策略UE模型的优势，即最优策略满足换乘次数限制后更加符合乘客的实际出行情况，大大减少了无效策略的计算。

OD对孛罗营—豆各庄路口西的最优策略 表7-2

节点	策略	线路策略	站点策略	线路策略	站点策略	线路策略	节点
孛罗营	策略1	L30	八王坟北	L31	团结湖	L43	豆各庄路口西
		L34	紫南家园西站	L31	团结湖	L43	
	策略2	L30	光华路东口	L31	团结湖	L43	
	策略3	L30	红庙路口北	L31	团结湖	L43	
	策略4	L30	八王坟北	L31	团结湖	L43	

表7-3给出了不同SUE参数及UE条件下选择每种策略的比例。结果显示，在本例中不同θ下的SUE模型及UE模型的最优策略是一样的，但选择比例不同。并且随着θ的增大，SUE模型的结果越来越接近UE模型的结果。

OD对孛罗营—豆各庄路口西SUE和UE模型分配结果 表7-3

模型		策略比例(%)			
		策略1	策略2	策略3	策略4
SUE	$\theta=1$	1.07	32.99	32.98	32.96
	$\theta=2$	0.07	33.31	33.32	33.30
SUE	$\theta=3$	0.03	33.34	33.32	33.31
UE		0.03	33.53	32.86	33.58

7.5 小结

本章在第6章LS和NS概念以及基于LNS的客流UE分配模型的基础上，给出了SUE的配流原则，并建立了相应客流分配的FPP模型，设计了基于MSA的求解算法，并分别在小的网络和大型实际网络上进行了数值实验。

第8章 固定需求下跨区整合公交系统的补贴优化模型

8.1 概　　述

随着科学技术的发展，城市或区域间的分工更加细化，各城市或区域间的合作不断深化。为了适应这种趋势，许多相邻的城市或地区主动结成各种合作联盟——城市群或都市圈。例如，我国的长江三角洲、珠江三角洲以及京津冀等城市群在区域经济的合作与发展中发挥着重要的作用。在城市群发展过程中，城市群内部各地区之间的交流与合作日益加深，人们的经济和社会活动已经不再拘束于传统行政辖区的限制。在这种背景下，如何处理好跨行政边界的交通问题尤为关键。

在我国传统的公共交通规划与管理过程中，公交服务往往受到较为严格的地域限制，往来不同地区的公交乘客一般选择城际巴士或具有多次换乘的区域内常规公交。城际巴士提供的是一种“点对点”的公交服务，即公交乘客只能从起点站上车到终点站下车，中途无法下车。而且，城际巴士通常是由私营公司或者个人承担运营，它的服务缺乏规律性并具有较高的票价水平。与城际巴士相比，常规公交提供了更多的站点以方便人们的出行，而且常规公交通常是由地方公交管理部门监管运营，它的服务具有较强的规律性并具有较低的票价水平。然而，如前所述，由于常规公交经常受到行政管辖区域的限制，因此跨区域出行的人们不得不在中途换乘，甚至需多次换乘。近年来，随着城市群经济的发展，人们对于无缝的跨区域公交出行的需求越来越高。

无缝跨区域公交服务可以通过区域间公交系统的合作与整合实现。先前的研究已经确认公交系统整合可以提高公交服务的机动性和通达性，提高相邻系统之间的连接水平，增加公交出行的吸引力（Tyson，1990）。此外，还有许多研究通过数据调查明确了跨区域公交系统合作的重要意义，验证了执行公交系统合作过程中所面临的主要困难，并提出解决这些困难的相关建议和原则（Rivasplata 等，2012）。

这些文献大多是基于数据调查或以往经验的定性分析，缺少描述各种整合政策的定量模型。而且，由于各地区的地理环境、经济状况以及公交政策各不相同，通过经验和调查获得的结果也无法直接对比各种整合政策的优劣。本章以我国佛山市的跨区公交系统整合实践为背景，提出优化模型，深入探索跨区整合公交系统的运营者竞争行为和政府的经济引导作用。

广州佛山的禅城和顺德两区于 2013 年签订加强区域间公交系统合作框架协议。在该协议的指导下，两区依托各自原有的公交线路进行优化整合，对连接两地的公交线路进行扩容增量，以提高公交覆盖率。整合之后，两区相互开放公交场站以供两区公交车辆共同使用，同时，两区共同规划并联合运营跨区公交线路，这些线路采用统一编号、共同经营、属地管理和各自结算的原则❶。

目前，禅城、顺德两区已经按照上述原则开通了多条跨区公交线路，并取得了不错的市场反馈。禅城区政务委员、区交通运输局局长认为禅城、顺德两区的合作可谓是主动开放各自的公交市场、主动推进公交一体化的先行探索。主要体现在打破了行政区划壁垒，实现了两区公交资源的共享，在机制建立、线路优化整合、模式创新等方面为全市实现公交的大融合提供了宝贵经验。顺德区环运局副局长指出，禅顺公交合作，对两区有效解决各自的掣肘，提升公交发展水平将起到有力的促进作用。一方面有利于形成良好的区域合作模式，让公交资源得到合理的整合优化；另一方面更有利于让禅顺形成公交一体化体系，加强区域联动❷。

尽管两区公交系统的整合为各地方公交系统的运营和人们的出行带来了很多好处，但是仍然有很多问题有待进一步完善与解决。例如，目前跨区公交线路根据专家经验来确定发车频率、公交票价和公交补贴，两公司的合作形式也只是简单的对开。这样的合作运营模式显然不能充分利用各种系统资源，不能使跨区整合公交系统的优势得到充分发挥，也不利于我们充分了解跨区整合公交系统内各方参与者的行为特征。为了深入探究这些问题，本章应用数学规划模型来描述类似广州佛山的跨区整合公交系统，并依据所提出的模型做进一步的分析与探讨，给出整合公交系统的优化建议。

在先前的研究中，Viton(1982)提出了双寡头竞争公交市场下的均衡模型来分析一条连通居民区和商业中心的公交通道上的两个运营者之间的相互竞争。Evans(1987)则同样在一条单独的公交通道上对比了自由竞争公交市场和其他一些典型的经济市场的表现，其中包括垄断、自由竞争、收益与补贴均衡条件下的社会

---

❶http://www.chinanews.com/df/2011/11-24/3484942.shtml

❷http://www.fs0757.com/news/13/1025/2013102510519161.htm? page=2

福利最大化和无补贴限制的社会福利最大化等。Harker(1988)进一步扩展了 Viton(1982)的研究,分别探讨了多寡头竞争的公交市场和自由竞争的公交市场下的均衡模型,并扩展整条线路的需求为任意站点对的需求。Evans(1990)研究了1986 年英国政府解除公交管制后竞争性公交市场的表现,分析了典型的竞争性公交通道上的经济特性、运营者的收益和公交用户的利益。类似地,Yang 和 Kin(2000)在一条公交通道上对比了多种经济市场的表现,主要包括:自由竞争、运营者收益和一定比例消费者剩余的最大化以及考虑赤字约束的社会福利最大化。Williams 和 Abdulaal(1993)提出的公交通道上的公交服务竞争模型,既考虑了服务的差异性,也考虑了整合公交市场的需求弹性。Zubieta(1998)针对寡头竞争的公交市场提出了一般公交网络上的均衡模型,在公交票价和需求给定的情况下,每一条公交线路由一个公交运营者独自运营,公交运营者们通过设置发车频率而相互竞争。Li 等(2008)也针对一般公交网络研究了不同市场制度对运营者车队规模的影响,考虑的市场制度主要包括垄断、自由竞争和寡头市场。Wang 和 Yang(2005)采用一个博弈论理论模型描述解除监管的公交市场内公交运营者的相互关系,既考虑了发车频率竞争又考虑了价格竞争。Li 等(2011)提出了竞争性公交市场下的线路分配模型,并专门考虑了需求的不确定性。Li 等(2012)研究了寡头竞争市场条件下最优的运营者数目和新线路分配等问题,并考虑了公交管理部门、公交运营者和公交乘客之间的相互关系。

总之,大部分现有的模型都集中于如下的典型市场制度:垄断、自由竞争、寡头竞争、考虑收入与补贴均衡的社会福利最大化以及无补贴限制的社会福利最大化。然而,现实中比如广州佛山这样的跨区域整合公交市场,并不能由这些模型进行直接描述。

本章将提出优化模型,专门研究类似广州佛山的跨行政区域整合公交系统。不同区域公交运营者之间的竞争行为和公交管理部门的合作监管是本章考虑的一个重点。针对佛山市的跨区域合作实践,考虑两种典型的市场制度:寡头竞争公交市场和社会福利最大化公交市场,并加以对比分析;采用 VI 模型描述寡头竞争公交市场内的运营者行为,建立一个多层规划模型来描述社会福利最大化下公交市场内公交管理部门、公交运营者及乘客出行选择之间的决策关系;建立数值实验验证模型的有效性,并揭示跨区整合公交系统的特点。

8.2 问题描述、符号和假设

考虑一个大城市内多个地理位置相互邻接的行政区域,从传统上来说,每个区域都存在一个独立的地方公交系统,而每个地方公交系统都包括三个重要的参与者:公交管理部门、公交运营者和公交乘客。地方公交管理部门负责管理当地的公交系统,并在必要时给予公交运营者一定的财政补贴。地方公交运营者以自己的收益最大化为目标,同时必须接受当地公交管理部门的监管。公交乘客希望以最短的时间到达他们的目的地。在这种各自为政的跨区公交体系下,一个区域的公交运营者不愿意也不能够在其他区域提供公交服务,往来不同区域的乘客不得不在两区域的边界地带换乘才能到达目的地。这显然给这部分乘客带来了诸多不便,进而阻碍了区域经济一体化的发展。

为了打破区域间的障碍,提供直接的公交服务以方便跨区出行,这些区域的公交管理部门达成了一项合作协议,建立了一个新的跨区整合公交系统。在这个系统内,相邻区域的公交管理部门联合起来规划跨区公交线路,并对它们进行管理。每一条跨区公交线路的旅程都是在各区原有线路的基础上优化整合而成的,并由其所经过各区的公交运营者共同运营。这个新的跨区整合公交系统代表了新的市场制度。在该制度内,公交管理部门希望通过诱导合作的方式实现社会福利的最大化,而不同区域的公交运营者通过频率竞争以实现它们各自收益的最大化。不同于传统的竞争性公交市场,新市场制度下的公交运营者必须遵从相同的服务标准和票价水平。

本章通过分析公交管理部门、公交运营者和公交乘客三者之间的决策关系,建立多层规划模型,研究每个决策者的决策目的和方法。作为系统中最下层的公交乘客,在各运营者规划好各自发车频率的前提下,进行出行选择并使自己的出行费用最小。中层为公交运营者,在公交管理者确定补贴等经济策略后,优化其各自的线路发车频率,以使自己的运营收益最大化,而优化的过程需要考虑乘客的出行选择对发车频率决策的反应。最上层为公交管理者,他们通过决策补贴等经济策略引导公交运营者的竞争行为,希望达到一定的规划目的,同时他们的决策行为也要考虑公交运营者的反应。本章将对比跨区整合公交系统在寡头竞争公交市场和社会福利最大化公交市场下的系统表现,深入探讨跨区整合公交系统的特点,并试图找到一个优化的管理策略,以确保公交运营者积极参与到整合系统中来,并希望能够平衡公交管理部门、公交运营者和公交乘客三方的利益。

由于每一条跨区公交线路都是专门规划以连通相邻的行政区域,跨不同区域的线路之间其相互关联较少,因此,本章的模型是基于两个相邻区域的跨区线路提出的。为了便于表达本章的主要观点,作出如下假设:

(1)跨区公交线路上的乘客需求是固定的,并且是外部给定的。这一假设在先前的文献(Viton,1982;Evans,1990;Zubieta,1998 等)中已被广泛采用。其次,每条跨区整合线路上的运营者是已知的。

(2)由于跨区整合公交线路具有统一的编号、票价水平和服务质量标准,因此本章假设公交票价是给定的常数,并且不同运营者提供的车辆类型是相同的。

(3)整合线路上的发车间隔是相同的,即规划好之后,整合线路上运营的公司具有统一的时刻表,它们不能够为承载更多乘客而随意改变发车频率。否则,运营者之间有可能产生恶意竞争。智利的公交实践表明,恶意竞争有可能使公交系统利用较高的成本提供较低的服务质量,造成交通事故频发,导致交通拥堵和严重的空气污染(Fernández 等,2008)。

根据以上假设,针对一条整合的跨区公交线路,首先给出本章模型需要的符号和变量,见表 8-1。

符号与变量　　表 8-1

N	跨区线路上参与运营的运营者集合
c_i	运营者 $i(i \in N)$ 的单位运营成本[元/(辆·km)]
f_i	运营者 $i(i \in N)$ 的发车频率(辆/h)
t	平均车内行驶时间(h)
w	站点的平均等车时间(h)
p	公交票价(元)
q	跨区线路的环路公交需求(人/h)
u	公交车辆补贴(元/辆)
v_1	等车时间价值(元/h)
v_2	车内行驶时间价值(元/h)
v_3	车内拥挤的不舒适度价值(元/h)
κ	公交车的容量(人/辆)
g	乘客的拥挤成本(h)
U	乘客的平均广义出行费用(元)

8.3　下层客流分配模型

在公交运营者规划好线路发车频率之后,两区之间的乘客选择使自己出行时间最短的线路集合出行,这与第 3 章介绍的基本公交配流模型一致。本章的跨区整合公交系统中,公交运营者提供无差异的公交服务,即车上行驶时间是相同的(没有快慢之分),因此,根据第 3 章介绍的经典公交配流模型,公交运营者运营的公交线路满足基本的共线问题，都属于吸引集。因此，乘客的选择或者说客流分配的结果是公交乘客将会乘坐第一辆驶来的公交车，则每一个运营者分担的乘客数可以根据线路上所有运营者的发车频率进行计算。具体来说，一个跨区整合线路上公交运营者 $i(i \in N)$ 所分担的乘客数与线路上该运营者的线路发车频率成正比，可用下式计算：

$$q_i(\boldsymbol{f}) = q \frac{f_i}{\sum_{j \in N} f_j}, \quad i \in N \tag{8-1}$$

注 8-1：由于本章的跨区整合公交线路具有统一的编号、票价水平和服务质量标准，因此，这些运营者的线路服务是同质的，不存在换乘问题，从而组成一个直达的共线问题。

注 8-2：由于本章的跨区整合公交线路网络相对简单，客流分配结果可以直接由式(8-1)计算得出。如果跨区整合线路组成一个一般的公交网络，则完全可以采用本书第 3 ~6 章介绍的公交配流模型，在给定各运营者发车频率的前提下，计算出各线路的客流量。

8.4 中层运营者的频率优化模型

中层规划描述跨区整合公交系统中不同区域公交运营者之间的竞争关系。公交运营者是运营活动的主体，他们相互竞争以使其各自的收益最大化。显然，运营者的竞争是寡头竞争公交市场的核心问题。Evans(1990)的研究和实践表明，市场竞争有助于改善运营者效率并缓解政府的财政压力。因此，研究跨区整合公交系统在寡头竞争市场条件下的表现是十分必要的。

本章假设公交需求和公交票价都是固定的，运营者只通过调整各自的发车频率来使其收益最大化。运营者在发车频率上的竞争，实际上也就是乘客分担量的竞争。此外，由于假设不同运营者采用的车辆类型是相同的，因此不考虑运营者在车辆能力上的竞争。为分析运营者的决策行为，首先定义运营者 $i(i \in N)$ 的收益为其总收入与其运营成本的差，即

$$\Pi_i(\boldsymbol{f}) = p\, q_i(\boldsymbol{f}) - 2\, c_i\, f_i k \tag{8-2}$$

式中，c_i 为运营者 $i(i \in N)$ 的单位里程运营成本，k 为跨区线路的长度。

那么，该收益函数是凹的，即如下定理成立。

定理 8-1：在所有其他运营者的决策都固定的情况下，运营者 $i(i \in N)$ 的收益函数(8-2)是凹的。

证明：运营者 i 的收益函数(8-2)的一阶导数为

$$\nabla_{f_i}\boldsymbol{\Pi}_i(\boldsymbol{f})=\frac{pq\left(\sum_{j\in N}f_j-f_i\right)^2}{\sum_{j\in N}f_j}-2c_ik \tag{8-3}$$

二阶导数为：

$$\nabla^2_{f_i}\boldsymbol{\Pi}_i(\boldsymbol{f})=\frac{-2pq\left(\sum_{j\in N}f_j\right)\left(\sum_{j\in N}f_j-f_i\right)^2}{\sum_{j\in N}f_j}\leqslant 0 \tag{8-4}$$

因此,运营者 i 的收益函数是凹的,证毕。

如果每一个运营者都以自己的收益最大化为目标,当系统内没有运营者可以通过单方面改变其运营频率来增加其收益时,跨区整合公交系统就达到了一个平衡状态。在平衡状态下,每一个运营者的发车频率 f_i^* 是下列最大化问题的最优解：

$$\max_{f_i\geqslant 0}\boldsymbol{\Pi}_i(\boldsymbol{f}) \tag{8-5}$$

最大化问题(8-5)的一阶最优性条件是：

$$\nabla_{f_i}\boldsymbol{\Pi}_i(\boldsymbol{f})+\boldsymbol{\lambda}_i=0 \tag{8-6}$$

$$\boldsymbol{\lambda}_i f_i=0 \tag{8-7}$$

$$\boldsymbol{\lambda}_i,\ f_i\geqslant 0 \tag{8-8}$$

这里,$\boldsymbol{\lambda}_i$是与非负约束 $f_i\geqslant 0$ 对应的拉格朗日乘子。

令$\boldsymbol{f}=(f_i,\boldsymbol{f}_{-i})\geqslant\boldsymbol{0}$,这里$\boldsymbol{f}_{-i}$是除了运营者 i 以外的其他运营者发车频率的向量,条件(8-6)～(8-8)组成了一个非线性互补问题(CP)。由于运营者收益函数$\boldsymbol{\Pi}_i$是凹的,该非线性互补问题(CP)等价于如下 VIP(Karamardian,1971)：

定理 8-2:所有运营者 i 的发车频率 f_i^* 都满足如下不等式。

$$-\nabla_{f_i}\boldsymbol{\Pi}_i(f_i^*,\boldsymbol{f}_{-i})(f_i-f_i^*)\geqslant 0,\quad \forall\ f_i\geqslant 0 \tag{8-9}$$

式(8-9)也可以表示成如下向量形式的 VIP:$\boldsymbol{f}^*$满足

$$-\nabla\boldsymbol{\Pi}(\boldsymbol{f}^*)^{\mathrm{T}}(\boldsymbol{f}-\boldsymbol{f}^*)\geqslant 0,\quad \forall\boldsymbol{f}\geqslant\boldsymbol{0} \tag{8-10}$$

其中,$\nabla\boldsymbol{\Pi}(\boldsymbol{f}^*)^{\mathrm{T}}=(\nabla_{f_1}\Pi_1(\boldsymbol{f}^*),\cdots,\nabla_{f_i}\Pi_i(\boldsymbol{f}^*),\cdots,\nabla_{f_{|N|}}\Pi_{|N|}(\boldsymbol{f}^*))^{\mathrm{T}}$,$\boldsymbol{f}=(f_1,\cdots,f_i,\cdots,f_{|N|})^{\mathrm{T}}$,$\boldsymbol{f}^*=(f_1^*,\cdots,f_i^*,\cdots,f_{|N|}^*)^{\mathrm{T}}$,$|N|$是集合 N 的大小。

可以证明,VIP(8-10)的解满足寡头竞争市场下的运营者平衡状态(Harker,1984),在该平衡状态下,没有运营者能够通过改变其服务频率来增加其收益。本章假设跨区整合线路上的公交需求是固定的常数,最大化问题(8-5)有有界解,并且费用函数项(8-3)是连续的,因此寡头竞争的 VIP(8-10)的解存在。

8.5 上层社会福利最大化模型

本节采用一个多层规划的框架来描述跨区整合公交系统在社会福利最大化市

场下的特征，这里的社会福利最大化市场是一个具有公交补贴的市场。在这个市场内，公交管理者不仅要监督运营者的行为，还通过补贴公交运营者的方式参与到公交系统的运营当中。公交运营者们依然如他们在寡头公交市场中表现的那样通过确定服务频率的方式相互竞争。他们的收入包括两部分：票箱收入和补贴收入。在这种情况下，跨区整合公交系统内公交管理者和运营者之间的决策关系可以描述为一个具有上下层关系的领导者-追随者的博弈问题。下层问题是一个描述公交运营者寡头竞争的 VIP，而这个下层频率优化问题本身也是一个包含客流分配的 BP。上层问题是公交管理者模型，公交管理部门希望通过补贴的方式来实现他们的规划目标。因此，整个跨区整合公交系统在社会福利最大化市场下的系统优化问题实际上是一个三层规划问题。

本章假设在寡头市场内，不同区域的公交运营者联合运营跨区整合公交线路，并相互竞争，以实现他们各自收益的最大化，他们并没有考虑乘客的利益和社会福利情况。这种情况下的公交市场将可能遇到两个问题：第一，公交运营者是否愿意参与到跨区公交系统整合规划中来；第二，他们是否愿意为方便乘客出行而相互合作（统一票价、服务标准和时刻表）。众所周知，由于传统的行政壁垒的影响，公交运营者们在不必要的条件下并不愿意相互合作，而公交管理者如果通过强制手段命令他们合作也并非一种好的解决方案。因此，有必要采取一些经济手段促使公交运营者主动参与到跨区公交系统的整合规划中，合适的公交补贴是一种较好的解决方案。

一般来说，公交补贴是为了弥补公交企业的亏损，因此可表示为公交运营费用与票箱收入的差，当运营者的运营成本高于其票箱收入时，使用公交补贴来保证公交系统运营的可持续发展。其实，在许多国家和地区，广泛地使用着不同种类和不同功能的公交补贴方案，公交补贴除了用于补偿运营者的运营成本，也可以用于缓解交通拥堵，优化出行模式选择和改善环境质量等（Tscharaktschiew 和 Hirte，2012）。许多研究也将公交补贴广泛应用于区域间公交系统的合作与整合中。Rinks（1986）建议公交系统的协调与整合中应该应用包括补贴在内的各种“诱导策略”；Roumboutsos 和 Kapros（2008）发现应用于整合措施过程中的投资应该由公共机构（公交管理部门）承担；Buehler 和 Pucher（2011）发现公交补贴可以有效促进公交运营者之间的区域合作；Rivasplata 等（2012）建议公交管理者提供额外的运营资金，以促进区域间公交系统的成功合作。因此，有必要研究在社会福利最大化公交市场中，如何有效利用公交补贴促进运营者之间相互合作，以实现公交系统跨区整合，并实现管理者规划目标。

在本章中，由于公交需求是给定的常数，那么社会福利最大化问题就等价于社会成本最小化问题(Fernández,2008)。因此,首先来分析社会成本的构成,它包括两大部分,一部分是乘客的广义出行费用,另一部分是运营者的成本。

乘客的广义出行费用 U 由四部分组成:平均站点等车时间 w、平均车内行驶时间 t、车内拥挤成本 g 和公交票价 p,用数学公式可以表示为:

$$U = v_1 w + v_2 t + v_3 g + p \tag{8-11}$$

其中,平均等车时间 w 可以由如下公式计算:

$$w = \frac{\gamma}{\sum_{i \in N} f_i} \tag{8-12}$$

这里,参数 γ 的值取决于公交车到站的时间间隔分布和乘客的到达分布。如果公交车辆到达的时间间隔服从指数分布而乘客均匀到达,则 γ 的取值为 1;如果公交车辆到达的时间间隔是一个常数,则 γ 的取值为 0.5(Spiess 和 Florian,1989)。

车内拥挤表达乘客在车上感受到的由于乘客数量较多引起的不舒适性,在以前的研究中,并没有标准的方法来度量这类拥挤。在一些文献(Li 等,2008;Li 等,2011; Li 等,2012;Wu 等,1994;Lo 等,2004;Uchida 等,2007;Tian 等,2007)中,将一条公交线路上的车内拥挤费用 g 表示为乘客流量和公交运力的函数,其数学形式为:

$$g = \alpha t \left(\frac{V}{f\kappa}\right)^{\beta} \tag{8-13}$$

这里,α 和 β 是给定的参数,V、f 和 κ 分别为线路上的乘客流量、发车频率和车辆容量。

公式(8-13)从某种程度上类似于美国公路局车辆拥挤函数(BPR 函数)(Sheffi,1985)。事实上,传统的 BPR 函数是根据交通流理论提出的。它专门考虑了路段上的交通延误和(有信号和无信号的)交叉路口延误(Sheffi,1985)。也就是说,BPR 函数更适用于描述城市道路上的车辆拥挤。显然,公交车内乘客之间的拥挤在形成机理上不同于道路上车辆之间的拥挤。基于这一原因,本章根据行人流理论的最新成果提出了一个新的车内拥挤函数。假设车内拥挤与行人流仿真中的行人拥挤具有相似性,因为它们都是描述人与人之间的相互作用和相互关系的。

在行人流理论中,社会力模型被广泛应用于模拟行人的移动行为(Helbing 和 Molnar, 1995;Helbing 等,2000;Helbing 等,2005;Parisi 等,2009;Gao 等,2014)。在该模型中,行人的运动受各种社会力的影响,每一种社会力都度量了行人个体在某种运动中的内在动机。典型的社会力模型考虑三种社会力:自我驱动力描述了行人对到达其期望速度的加速过程;非接触力反映了乘客尽量避免与其他行人或者场地边界发生接触;接触力发生在拥挤密度很高的情况下,行人之间不可避免地产

生接触。通过计算机仿真,一个乘客受到的社会力的合力与行人密度之间的关系可以描述为:

$$F(\rho) = a'\exp(b'\rho), \quad \rho > 0 \tag{8-14}$$

这里,$F(\cdot)$是一个仿真的社会力函数(N/h),ρ 是乘客密度(人/m^2),a'和b'是标定的参数。从公式(8-14)可知,社会力的合力是乘客密度的非线性递增函数,其详细的模拟过程可以参照 Helbing 和 Molnar(1995)。

公式(8-14)描述了社会力随着行人密度的变化趋势。本章中假设车内拥挤与乘客密度具有相似的关系。一般来说,车内拥挤依赖于乘客流量和公交车容量,并且当车内没有乘客时拥挤函数的值应该为零(Li 等,2008;Li 等,2011;Li 等,2012;Wu 等,1994;Lo 等,2004;Uchida 等,2007;Tian 等,2007)。根据这些原则和公式(8-14),车内拥挤函数可以描述为:

$$g = t\left[a\ \exp\left(\bar{b}\eta\frac{q}{2K\cdot\sum_{i\in N}f_i}\right) - a\right] \tag{8-15}$$

这里公交车容量与地板面积直接相关;$q/2$ 是公交线路上单程的平均乘客需求;令 $LF = \frac{q}{2K\cdot\sum_{i\in N}f_i}$,为负载因子,它是乘客需求与公交运力的比值;$\eta$ 是把 LF 转化为 ρ 的系数;a 和$\bar{b}$是标定的参数。

如果令 $b = \eta\bar{b}$,则公式(8-15)可以写作:

$$g = t\left[a\exp\left(b\frac{q}{2K\cdot\sum_{i\in N}f_i}\right) - a\right] \tag{8-16}$$

公式(8-16)描述了车内拥挤与负载因子之间的关系。当公交车内没有乘客时,车内拥挤的值为零。这些特点与已有文献(Li 等,2008;Li 等,2011;Li 等,2012;Wu 等,1994;Lo 等,2004;Uchida 等,2007;Tian 等,2007)中车内拥挤函数一致。

值得注意的是,本章提出的车内拥挤函数依然存在一定的限制,针对这些限制,提出下列假设:

(1)本章所提出的拥挤模型假设等车时间及站点的排队延误与公交流量不相关。也就是说,所有乘客都能够乘上第一辆到达的公交车,不考虑由于车辆满载而造成的乘客不能乘车的情况。

(2)模型假设同一辆公交车内的所有乘客遭受相同程度的拥挤。

这两个假设在先前的相关文献中也被广泛采用(Li 等,2008;Li 等,2011;Li 等,2012;Spiess 和 Florian, 1989)。由于本章的主要目的是研究跨区公交系统的联合运营情况,有关车内拥挤的更加深入的研究不在本章的研究范围之内。因此,本章提出的车内拥挤函数是较为粗略的。尽管如此,本章所提出的车内拥挤模型由于引入了行人流理论来研究公交车内乘客的相互关系,使我们相信如果对模型中的参数 a 和 b 根据实际数据进行标定,则该模型能够更加准确地度量车内拥挤。

另一部分社会成本是运营者的成本,为运营者运营成本与票箱收入的差。因此,社会福利最大化公交市场中公交管理者的上层规划模型表示如下:

$$\min_u q(v_1 w + v_2 t + v_3 g) + \sum_{i \in N} 2\, c_i\, f_i k \tag{8-17}$$

$$\text{s.t}\quad u\left(\sum_{i \in N} f_i\right) \leqslant B \tag{8-18}$$

$$u \geqslant 0 \tag{8-19}$$

式中,u 是依据发车频率发放的公交补贴,为了保证公平性原则,对每个公司的补贴标准是相同的;B 是对公交管理者进行补贴时的财政约束。

8.6 社会福利最大化市场的三层规划模型

基于前面三小节的分析,本节给出三层规划模型来描述跨区整合公交系统在社会福利最大化市场下的特征。这里的社会福利最大化市场是一个具有公交补贴的市场。在这个市场内,公交管理者不仅要监督运营者的行为,还通过补贴公交运营者的方式参与到公交系统的运营当中。公交运营者们依然如他们在寡头公交市场中表现的那样通过确定服务频率的方式相互竞争。社会福利最大化公交市场的三层规划模型可以表示为如下形式。

上层问题:

$$\min_u \quad q(v_1 w + v_2 t + v_3 g) + \sum_{i \in N} 2\, c_i\, f_i k \tag{8-17}$$

$$\text{s.t}\quad u\left(\sum_{i \in N} f_i\right) \leqslant B \tag{8-18}$$

$$u \geqslant 0 \tag{8-19}$$

中层问题:

$$-\nabla \boldsymbol{\Pi}(\boldsymbol{f}^*)^{\mathrm{T}}(\boldsymbol{f} - \boldsymbol{f}^*) \geqslant 0, \quad \forall \boldsymbol{f} \geqslant 0 \tag{8-10}$$

下层问题:

$$q_i(\boldsymbol{f}) = q\,\frac{f_i}{\sum_{j \in N} f_j}, \quad i \in N \tag{8-11}$$

VIP(8-10)中的收益函数Π_i可表示为:

$$\Pi_i(\boldsymbol{f}) = p\, q_i(\boldsymbol{f}) + u\ f_i - 2\, c_i\, f_i k \tag{8-20}$$

在上述三层规划问题中,上层问题是公交管理者模型,其目标是使社会福利最大化,在本章公交需求固定的情况下,其目标转化成社会成本的最小化(Fernández,2008)。决策变量是运营者每次发车的补贴额度,约束(8-18)是公交管理者的财政补贴约束,约束(8-19)是一般的非负约束。中层问题是描述公交运营者竞争的VI模型,与寡头竞争市场下竞争模型的区别是由于补贴政策的引入而导致运营者收益函数发生了变化。下层问题是客流分配模型,本章所给客流分配模型较为简单,可以直接由关系式(8-1)计算,也完全可以推广到一般公交网络上。

上层公交管理者在进行补贴策略优化时需要考虑公交运营者的频率竞争;公交运营者的频率竞争要在公交管理者确定的补贴策略下进行,并且要考虑乘客的出行选择;而乘客的出行选择是在公交运营者确定发车频率情况下进行的。当上层公交管理者给定补贴策略时,中层和下层构成一个双层规划(BP)问题。而这个双层规划的下层配流问题较为简单,可以作为一个等式约束放入运营者的VIP中,从而转化为一个单层优化问题。这个单层优化问题和上层公交管理者的补贴优化问题组成一个新的BP问题,从而可以根据网络的规模选择合适的BP求解算法进行求解(参见附录B)。

8.7 数值分析

本节首先对我国佛山市顺德与禅城区的跨区公交系统优化整合进行简单的介绍。为了便于表述,两区公交系统在整合前后的运营网络状态如图8-1所示。

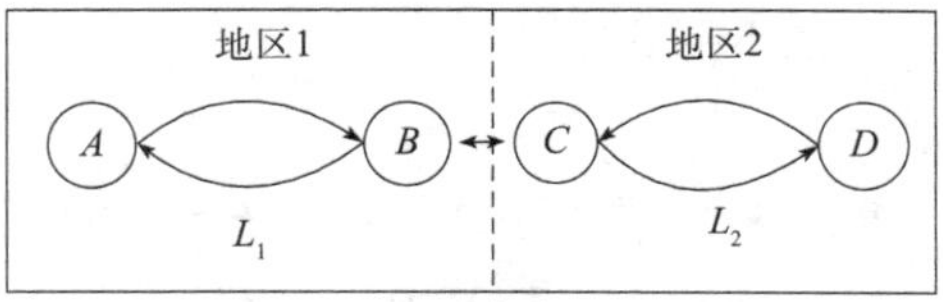

a)整合前

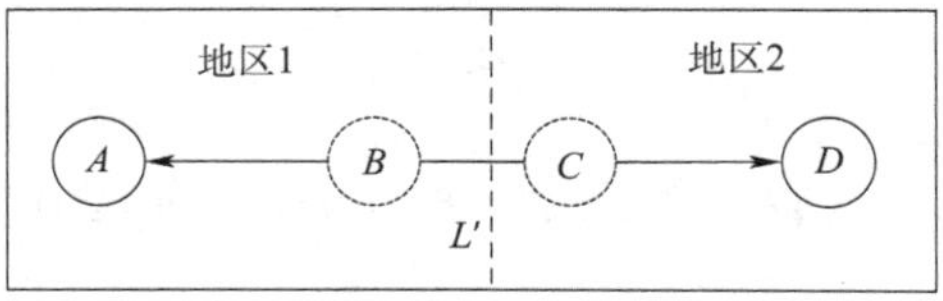

b)整合后

图8-1　相邻两区域公交系统的运营网络状态

如图8-1所示,地区1和地区2是两个地理位置上相邻的区域。在两区进行公交系统合作以前,不存在直接的公交线路连通这两个区域[图8-1a)]。在地区i($i=1,2$),存在一条连通本地区商业中心区和郊区的区域内公交线路L_i,该线路由当地的公交管理部门 i 负责监督和管理,由当地的运营者 i 实际运营。站点 A 和 B 是线路L_1的终端站点,站点 C 和 D 是线路L_2的终端站点。显然,往来地区 1 和地区 2 的乘客不得不在站点 B 和站点 C 之间换乘(很可能需要步行)。

在两区的公交系统整合之后[图 8-1b)],原有的地区内线路L_1和L_2被优化整合为一条新的线路L'。新的线路L'直接连通了地区 1 和地区 2,并由地区 1 内的运营者 1 和地区 2 的运营者 2 联合运营。同时,两区的公交管理部门共同监督和管理新的跨区公交线路,他们的目的和目标是相同的。在这种情况下,站点 B 和站点 C 都变为了中途站点,往来两个地区的乘客不再需要在中途换乘。

接下来,针对图 8-1b)中所描述的跨区域整合公交系统进行数值分析。需要注意的是,本章的数值结果并不是跨区整合公交系统具体的运营数据。尽管如此,这些结果有助于分析跨区公交系统整合过程中各方参与者的行为和相应的市场表现情况,并进一步帮助相关部门了解跨区整合公交系统的特点和效果。

8.7.1 输入数据

假设跨区整合公交线路L'上总的公交需求 $q=2000$ 人/h,线路L'的长度为 $k=20\text{km}$,公交票价 $p=2$ 元。乘客的平均车内行驶时间 $t=0.6\text{h}$。

假设我国公交运营者的平均单位运营成本大约为 5.66 元/(辆·km)。为了体现不同地区公交运营企业的运营效率差异,本章在讨论数值结果时假设单位运营成本c_1的值被固定为 5.66 元/(辆·km),而c_2的取值是变化的。

在本章中,假设跨区公交系统整合前后的单位公交运营成本是不变的。根据 Yang 和 Kin(2000)的研究,公交成本 BC 由两部分组成:固定的成本C_F和可变成本$N_{bus}C_V$,其中N_{bus}是服务一条公交线路所需要的所有车辆数,C_V是每车每小时的运营成本,那么总公交成本可以表示为 $BC=C_F+N_{bus}C_V$。由于$N_{bus}=2kf/\bar{v}$且$C_V=c\bar{v}$,其中 k 是公交线路的长度,f 是该线路的发车频率,$\bar{v}$是公交车的平均速度,c 是每车每千米的单位运营成本,那么公交运营成本公式可以被进一步写为 $BC=C_F+2cfk$。这一类似的结果也可以在 Williams 和 Abdulaal(1993)的研究中找到。

显然,固定成本是一个常数,它并不依赖于这条线路上的公交车数和线路的长度。因此,为了简化分析,省略固定成本,这并不影响本章的主要观点与结论。相似的处理方法也在 Evans(1987)中应用。另外,由于本章引入了公交管理者的补贴,由投资车辆等固定成本产生的摊销成本也不在考虑之列。

有关我国城市居民时间价值的实证研究较少,但是国际上的研究表明,时间价值很大程度上依赖于乘客的收入。参照相关文献(Wang,2011;Small 和 Verhoef,

2007)的数据,本章假定乘客的车内行驶时间价值为其工资率的50%,等车时间价值为车内行驶时间价值的1.8倍。那么,我们可以计算出$v_1=18$,$v_2=10$。另外,本章假设v_3的值为10。其他参数包括$K=100$,$a=0.00075$,$b=6.5$。

8.7.2 跨区公交市场整合前后比较分析

为了突出跨区整合公交系统的优势,本小节比较了两区域公交系统整合前后的总等车时间成本、总换乘成本、总系统收益以及社会成本等主要指标。用于对比的公交系统整合前的数据假设如下:$c_1=5.66$ 元/(辆·km),$c_2=4.53$ 元/(辆·km)。区域1和区域2的公交票价都为1元,假设线路L_1和L_2的长度都为10km。与整合后公交系统一样,整合前往来两地的乘客数为2000人/h。运营者1和运营者2的发车频率都为9.7辆/h,这一数据与寡头竞争公交市场的频率一致。实际上,系统整合前公交系统发车频率很低,上述假设结果实际已经作了高估。根据方可(2010)的分析,乘客的平均换乘成本一般等价于20min的车内行驶时间成本。整合前后比较结果如表8-2所示。

跨区公交服务整合前后的比较结果(元) 表8-2

运营状况	总等车时间成本	总换乘成本	总系统收益	社会成本
整合前	3669.72	6666.67	2000.72	31116.06
寡头竞争	1834.20	0	2024.59	22573.78
社会福利最大化	1115.82	0	2066.46	16834.01

与整合前的独立运营情况相比,寡头竞争市场下跨区整合公交系统的总等车时间成本减少了50%,社会成本减少了27.45%,总系统收益也有少许的改善。同样与整合前的公交系统相比,社会福利最大化市场下跨区整合公交系统的总等车时间成本减少了69.59%,社会成本减少了45.9%,总系统收益则增加了3.29%。另外,在整合前的独立运营情况下,乘客不得不承受较高的换乘成本;而在跨区整合公交系统(包括寡头竞争和社会福利最大化市场)内,乘客们无需换乘。显然,与原有独立运营公交系统相比,跨区域整合公交系统拥有明显的优势。而对比两种市场下的跨区整合公交系统,社会福利最大化市场下公交系统则表现得更加出色。总之,区域间的公交系统整合能够给乘客、运营者以及公交管理者都带来显著的好处。

需要指出的是,在计算表8-2中的数据时,本章假设两区公交系统整合前后的公交需求是相等的。然而,实际情况并非如此。例如,在佛山市,系统整合前不方便的跨区域公交服务导致跨区公交出行需求严重不足。在此情况下,实际上运营者的收益不好且公交乘客的等车时间成本较高。另外,本章的理论模型没有考虑固定成本,即假设两区公交系统整合前后公交运营者的固定成本是相同的。这一假设实际上低估了系统整合前的成本,因为整合系统通常能够实现规模经济,从而有效降低固定成本。即便在此假设下,原有独立运营公交系统的表现依然远远不如跨区整合公交系统。

8.7.3 寡头竞争公交市场内的竞争

跨区整合后的公交系统中,在没有补贴的情况下,公交市场是寡头竞争环境,其竞争的结果可以通过求解 VIP(8-10)获得。本章使用对角化算法来求解该 VIP,求解结果如表 8-3 所示。

固定c_1和不同c_2条件下寡头竞争公交市场的主要结果 表 8-3

c_1 [元/(辆·km)]	c_2 [元/(辆·km)]	f_1 (人/h)	f_2 (人/h)	运营者1的利润(元)	运营者2的利润(元)	系统频率(辆/h)	系统等待成本(元)	系统车内拥挤成本(元)	系统运营成本(元)	社会成本(元)
5.66	5.66	4.4	4.4	1000.0	1000.0	8.8	2037.6	14109.2	2000.0	30146.8
	5.09	4.4	4.9	896.7	1108.8	9.3	1935.0	9738.1	1994.3	25667.4
	4.53	4.3	5.4	790.5	1234.1	9.8	1834.2	6764.1	1975.4	22573.7
	3.96	4.2	6.1	677.8	1384.6	10.4	1731.6	4667.1	1937.5	20336.2
	3.40	4.1	6.9	563.3	1561.1	11.0	1630.8	3240.4	1875.5	18746.7
	2.83	3.9	7.8	444.4	1777.7	11.7	1528.2	2234.3	1777.7	17540.3

由表 8-3 发现,当两家运营者的运营效率相同时(即$c_1 = c_2$),平衡状态下,他们愿意提供相同的服务频率并获得相等的利润。如果运营者 2 改进了他的运营效率(降低c_2的值),他将乐意提供更多的服务频率并获得更高的利润。相反,由于市场竞争的存在,运营者 1 不得不降低他的服务频率并承受一部分利润的损失。另外,从该表可以得出均衡状态下两运营者的频率关系为$f_1/f_2 = c_2/c_1$。于是,运营者$i(i=1,2)$的市场份额(MS_i)可计算为:

$$MS_i = \frac{f_i}{f_i + f_j} = \frac{1}{1+\frac{f_j}{f_i}} = \frac{1}{1+\frac{c_i}{c_j}} = \frac{c_j}{c_i + c_j},\quad i \neq j,\ i,j = 1,2 \tag{8-21}$$

显然,在寡头竞争公交市场内,高效率运营者(具有较低的单位运营成本)能够获得更多的市场份额并获得更多的利润。因此,寡头竞争公交市场内的运营者都愿意提升他们的运营效率。

随着c_2值的降低,总的系统频率增加了,而总的运营成本却降低了。同时,系统等车时间成本、系统车内拥挤成本和社会成本在这一过程中持续降低。在寡头竞争公交市场内，由于总的系统收入是一个固定值（即 pq），那么，总系统成本的降低意味着总系统利润的增加。此外，系统等车时间成本和车内拥挤成本的降低意味着乘客可以节省等车时间并获得更好的乘车体验。社会成本的降低则正是公交管理者希望获得的结果。因此，寡头竞争公交市场内的竞争机制使得公交运营者愿意提升他们的运营效率，进而使参与者各方都获得更多的收益。值得注意的是，本章中的运营者本质上是无差别的。在$c_1 > c_2$时的结果与$c_2 > c_1$时的结果正好相反，两种情况下得到的结论是相同的。因此，这里只呈现并分析了$c_1 > c_2$时的结果。

8.7.4　社会福利最大化公交市场内的竞争与诱导

本节考虑社会福利最大化公交市场的表现，即公交管理者通过补贴的经济手段引导公交运营者的竞争，以达到社会福利最大化的目的。该目的可以通过求解 8.6 节中的三层规划模型来获得。这里为了便于求解，首先把该三层规划问题的中层和下层 BP 转化为单层规划问题，再把新的 BP 转化为单层规划问题。比较常用的方法是把下层模型替换为其等价的一阶最优性条件（KT 条件），并代入上层问题作为约束条件（Wang 等，2014）。注意，本节对整合公交系统市场表现的分析中假设补贴没有财政约束上限，即公交管理者不遗余力地降低社会成本，此时所需要的公交补贴量被称为最大公交补贴量。

针对本节的数值实验，转化后的单层规划问题如下：

$$\min_{s, f_1, f_2} \quad q\left[\frac{v_1}{f_1 + f_2} + v_2 t + v_3 g(f_1, f_2)\right] + \sum_{i=1,2} 2 c_i f_i k \tag{8-22}$$

$$\text{s.t.} \quad pq\frac{f_2}{(f_1 + f_2)^2} + s - 2c_1 L + \lambda_1 = 0 \tag{8-23}$$

$$\lambda_1 f_1 = 0 \tag{8-24}$$

$$pq\frac{f_1}{(f_1 + f_2)^2} + s - 2c_2 L + \lambda_2 = 0 \tag{8-25}$$

$$\lambda_2 f_2 = 0 \tag{8-26}$$

$$\lambda_1, f_1, \lambda_2, f_2 \geqslant 0 \tag{8-27}$$

$$s \geqslant 0 \tag{8-28}$$

其中，公式（8-23）~（8-27）为 VIP（8-10）的 KT 条件。那么，上述单层规划问题的解可以通过现有的非线性规划求解软件获得。

表 8-4 列出了社会福利最大化公交市场下的计算结果。可以看出，随着c_2值的降低，表 8-4 中的各性能指标的变化趋势与表 8-3 是相同的。然而，表 8-4 内的具体数值与表 8-3 不同，在寡头竞争公交市场内存在的关系式 $f_1/f_2 = c_2/c_1$，在社会

福利最大化公交市场不再成立。一方面,在公交管理者的补贴量给定的情况下,运营者的寡头竞争是相同的,竞争机制在社会福利最大化公交市场内也发挥着重要的作用。另一方面,由于受公交补贴的影响,寡头竞争的结果被补贴策略引导,从而走向使社会福利最大化的结果。

固定c_1和不同c_2条件下社会福利最大化公交市场的结果　表 8-4

c_1 [元/(辆·km)]	c_2 [元/(辆·km)]	f_1 (人/h)	f_2	运营者 1 的利润 (元)	运营者 2 的利润 (元)	系统频率 (辆/h)	系统等待成本 (元)	系统车内拥挤成本 (元)	系统运营成本 (元)	社会成本 (元)
5.66	5.66	7.8	7.8	1000.0	1000.0	15.6	1151.1	565.7	3540.2	17257.1
	5.09	7.2	8.6	827.5	1188.7	15.8	1136.3	536.0	3389.2	17061.6
	4.53	6.6	9.5	668.6	1397.8	16.1	1115.8	497.0	3221.2	16834.0
	3.96	5.9	10.6	515.9	1642.7	16.5	1086.3	445.9	3029.3	16561.5
	3.40	5.2	11.9	372.6	1931.0	17.2	1044.1	381.5	2820.2	16245.9
	2.83	4.4	14.1	227.8	2318.7	18.5	974.5	294.7	2589.9	15859.1

接下来分析社会福利最大化公交市场下的补贴问题。固定c_1和不同c_2条件下,对比每车次的补贴、每个运营者获得的总补贴以及整个系统的总补贴如表 8-5 所示。从表中可以看出,随着运营者 2 运营效率的提高,每车次的公交补贴是逐步降低的。也就是说,运营者与自身相比时,如果运营成本较高,每车次的公交补贴应该相应较大,可以缓解运营者的运营压力;相反,当运营效率提高时,所需要的每车次公交补贴则较少。当两个运营者相比时,与运营效率低的运营者(运营者 1)相比,运营效率较高的运营者(运营者 2)将会获得更多的公交补贴,从而有激励运营者提升效率的作用。显然,社会福利最大化公交市场中的公交补贴会影响运营者的收益,进而影响运营者之间的频率竞争。

固定c_1和不同c_2条件下社会福利最大化公交市场的补贴情况　表 8-5

c_1 [元/(辆·km)]	c_2 [元/(辆·km)]	每车补贴 (元)	运营者 1 的总补贴 (元)	运营者 2 的总补贴 (元)	总系统补贴 (元)
5.66	5.66	98.50	770.14	770.14	1540.27
	5.09	88.74	639.32	766.22	1405.54
	4.53	79.82	526.46	761.18	1287.64
	3.96	71.70	426.69	761.35	1188.05
	3.40	65.19	342.99	780.86	1123.85
	2.83	61.52	271.18	865.22	1136.41

总之,在社会福利最大化公交市场,竞争机制使得运营者运营效率的提高不仅能够改善运营者自身的利益,而且能够改善乘客体验以及增加社会福利。另外,公交补贴进一步刺激了公交运营者提高他们的运营效率,最终实现了一种良性循环。可以说,竞争机制和补贴手段使得社会福利最大化整合公交市场更具吸引力。

8.7.5 寡头竞争与社会福利最大化市场对比分析

接下来,本节将对比寡头竞争公交市场和社会福利最大化公交市场,以确定最优的公交系统整合方案。用于比较的社会福利最大化公交市场没有考虑补贴约束。有补贴约束上限时对社会福利最大化公交市场的影响将会在 8.7.6 小节中讨论。

首先,两类跨区整合公交市场下最优的服务频率的对比结果如图 8-2 所示。

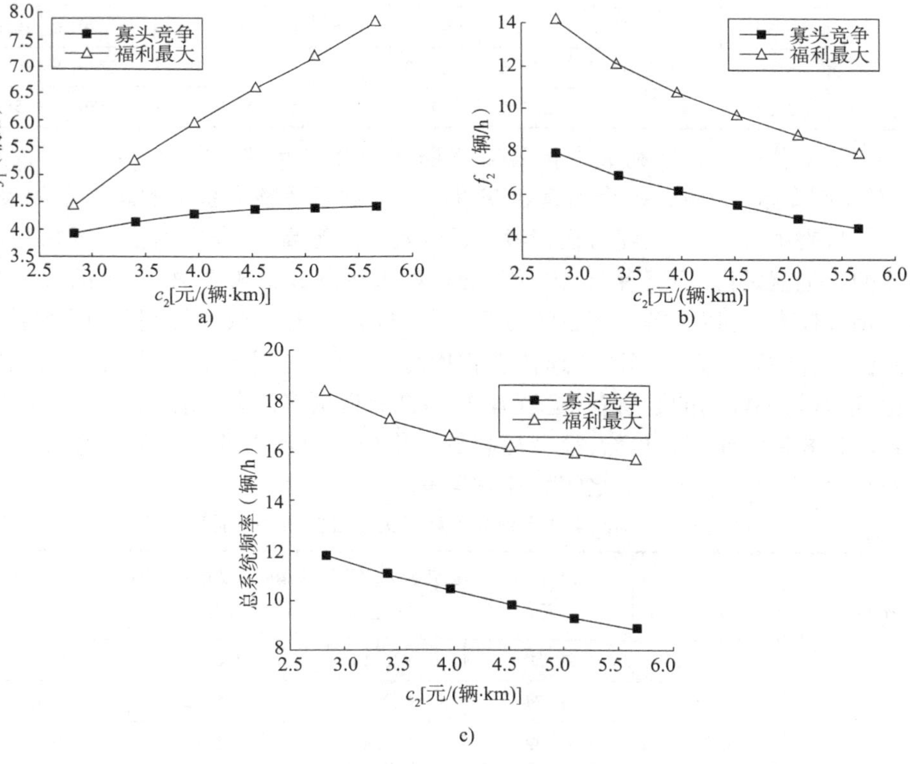

图 8-2 两市场条件下运营者频率随变量c_2变化的趋势对比结果

由图 8-2a)可知,在相同的运营条件(即相同的 c_1 和 c_2)下,运营者 1 在社会福利最大化市场下的发车频率明显高于其在寡头竞争市场下的发车频率。并且,社会福利最大化市场下运营者1的发车频率随变量c_2变化的灵敏度也明显高于寡头竞争市场。对于运营者2,也可以观测到类似的现象,如图8-2b)所示。这些现象说明,与寡头竞争市场相比,社会福利最大化公交市场中的运营者愿意提供更多的服务频率,并且面临更加激烈的竞争环境。因此,社会福利最大化公交市场中的补贴不仅能够诱导运营者提供更多的服务频率,而且能为运营者改进他们的运营效率提供额外的动力。

由图8-2c)可知,在相同的运营条件下,社会福利最大化市场的总系统频率明显高于寡头竞争市场。面对运营条件的变化,社会福利最大化市场提供的总系统频率更加稳定。显然,社会福利最大化市场内的公交乘客能够获得较为稳定的更好的乘车体验。

同时对比表8-3和表8-4中的数据可以发现,在相同的运营条件下,社会福利最大化市场下的总系统等车成本、拥挤成本和社会成本都明显低于寡头竞争市场。也就是说,与寡头竞争市场相比,社会福利最大化市场能够极大地降低乘客成本(包括等车时间成本和拥挤成本)和社会成本。因此,公交乘客和公交管理者都愿意支持社会福利最大化系统整合方案。另外,社会福利最大化市场的总运营成本明显高于寡头竞争市场。这是由于社会福利最大化市场内的运营者愿意提供更多的服务,以获取更多的利润。为了进一步对比两市场的运营者利润情况,绘制了两种市场下运营者利润的对比图(图8-3)。

由图8-3a)可知,当$c_1=c_2$时,运营者1在两种市场条件下的利润是相等的;当$c_1>c_2$时,运营者1在社会福利最大化市场条件下的利润总是低于其在寡头竞争市场下的利润。与运营者1相反,运营者2在社会福利最大化市场条件下的利润总是高于其在寡头竞争市场下的利润,如图8-3b)所示。显然,与寡头竞争市场相比,社会福利最大化市场下的高效率运营者能够获得更多的利润,而低效率运营者的利润则有所减少。因此,与寡头竞争市场相比,社会福利最大化市场条件下的运营者更愿意提升他们的运营效率。从另一方面来讲,寡头竞争市场会使得低效率运营者变得更加消极。

图8-3c)表明,当两运营者的运营效率相同时,寡头竞争市场和社会福利最大化市场的总系统利润是相同的;如果一个运营者提高其运营效率,两市场的总系统利润都会增加。进一步地,在给定的c_1和c_2($c_1>c_2$)条件下,社会福利最大化市场的总系统利润总是高于寡头竞争市场的总系统利润。这些现象说明竞争机制使得运营效率与运营者利润直接相关,运营者可以通过提高运营效率来增加自己的利润。

显然,两市场的差异是与公交补贴相关的,因此,有必要对社会福利最大化市场的公交补贴进行进一步的研究。

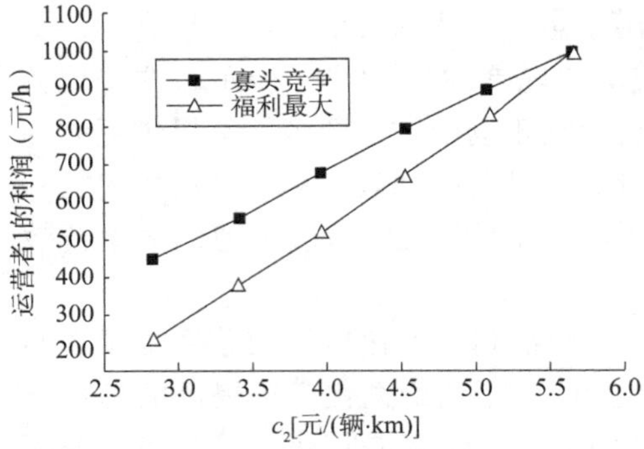

a)

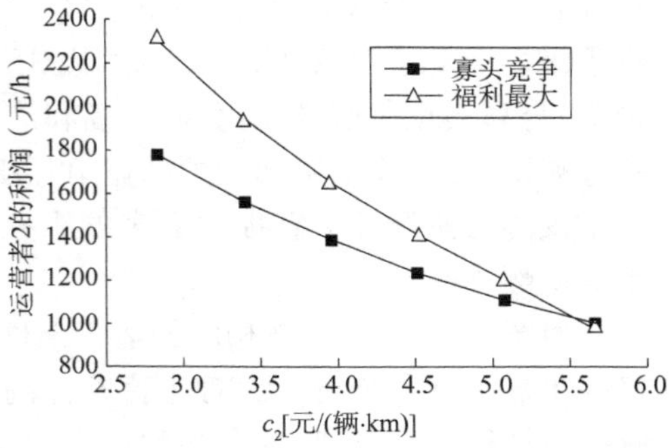

b)

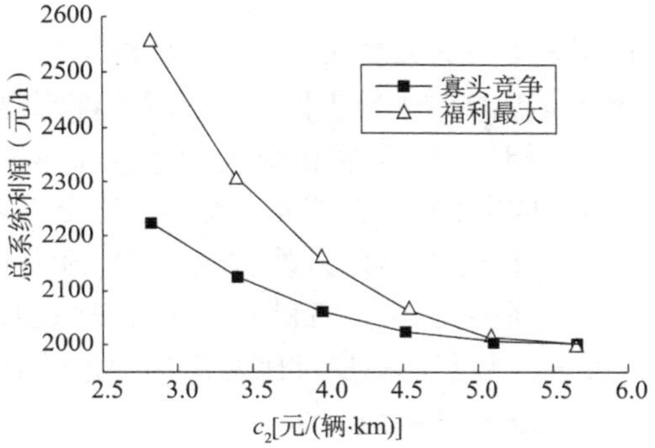

c)

图 8-3　两市场条件下运营者利润随变量c_2变化的趋势对比结果

令 I 为寡头竞争市场与社会福利最大化市场的社会成本之差，S 为社会福利最大化市场的最大公交补贴量（即无补贴约束上限时的补贴量）。由表 8-6 可以看出，在相同的运营条件下，变量 I 的值总是大于变量 S 的值。因此，使用补贴来引导运营者竞争以减少更多的社会成本（或获取更多的社会福利）是值得的。

固定c_1和不同c_2条件下变量 I 和 S 的值　　表 8-6

c_1	c_2	S	I
5.66	5.66	1540.27	12889.72
	5.09	1405.54	8605.82
	4.53	1287.64	5739.77
	3.96	1188.05	3774.75
	3.40	1123.85	2500.85
	2.83	1136.41	1681.18

为了进一步了解在不同公交需求下公交补贴对社会福利最大化公交市场的影响作用,图 8-4 示出了每公交车次补贴以及总系统补贴随公交需求的变化图。不失一般性,运营者 1 和运营者 2 的每车公里的运营成本分别为 5.66 元和 4.53 元。

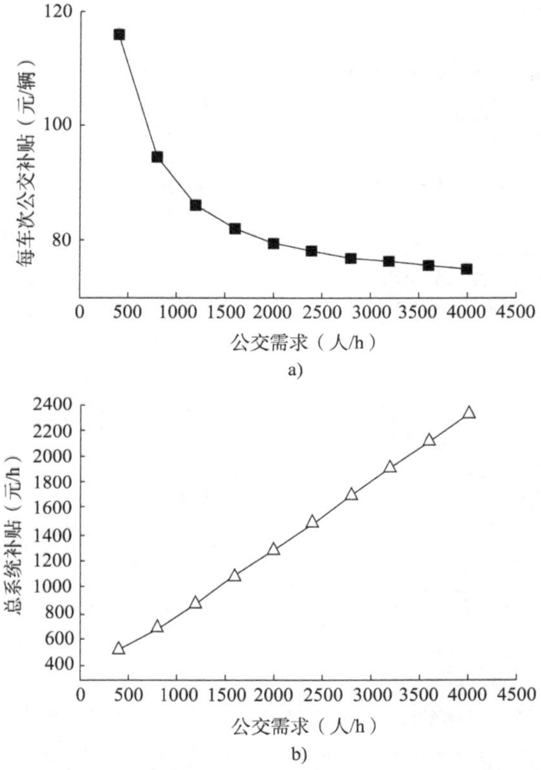

图 8-4　每车次公交补贴和总系统补贴随公交需求变化趋势

图 8-4a)显示每车次公交补贴随公交需求的增长不断降低,且每车次公交补贴随公交需求增长的边际降低率不断减小。这意味着当公交需求较低时,公交管理者需要提供较多的每车次公交补贴来鼓励运营者提供足够的服务频率;而当公交需求充足时,运营者的运营状况较好,需要的每车次公交补贴也相应较低。另外,从该图也可以看出,公交需求对服务频率的刺激作用并不能替代或者消除公交补贴的影响。因此,在现有的运营条件下,公交补贴是社会福利最大化市场内管理者实现目标的有效经济手段。

图 8-4b)则描述了总系统公交补贴随公交需求的增长而增加的现象。当公交需求较高时,由于每车次公交补贴相对稳定,该曲线基本呈线性增长。显然,由于公交

服务的公益性，较高的公交需求不可避免地为管理部门带来了较高的财政负担。

最后，图 8-5 示出了两市场总系统等车时间成本、拥挤成本、利润以及社会成本随公交需求增长的变化情况。运营者 1 和运营者 2 的每车公里运营成本依然分别为 5.66 元和 4.53 元。

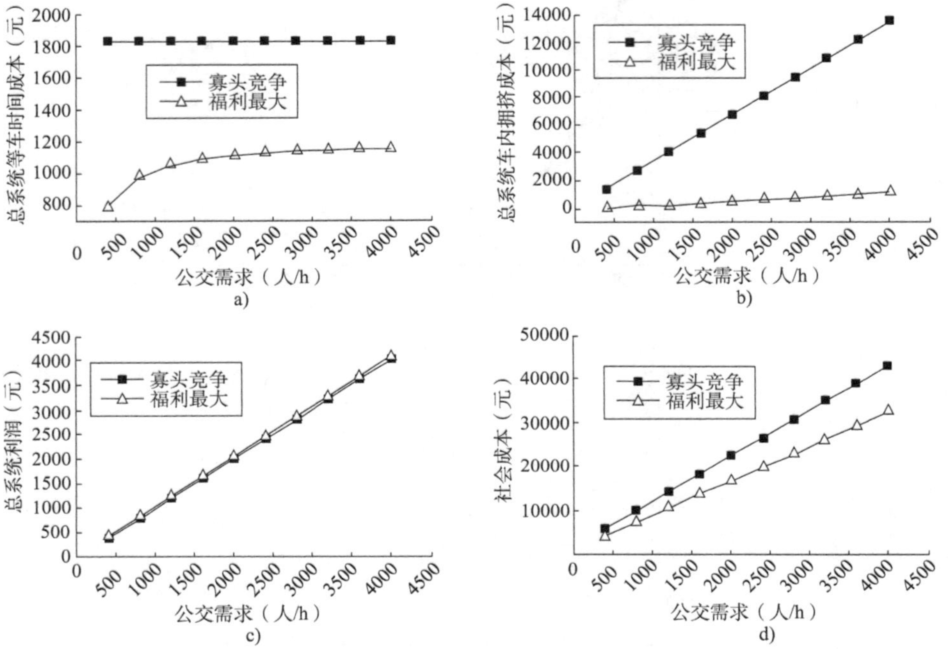

图 8-5　两市场下总系统等车时间成本、拥挤成本、利润以及社会成本随公交需求的变化趋势

在图 8-5a) 中，无论公交需求状况如何，寡头竞争市场的总系统等车时间成本始终保持不变。而在社会福利最大化市场条件下，总系统等车时间成本随着公交需求的增长呈非线性增长。具体来说，当公交需求充足时(例如 $q>2000$ 人/h)，总系统频率与公交需求基本上成正比，且增长缓慢；而当公交需求不足时(例如 $q<1600$ 人/h)，社会福利最大化市场提供了相对较高的服务频率以保证服务质量。因此，与寡头竞争市场相比，社会福利最大化市场在需求较高时并没有显著增加系统的等车时间成本，而在需求较低时又能够有效保证服务质量。

由图 8-5b) 可知，两市场的总系统车内拥挤成本都随着公交需求的增长而增加，而寡头竞争市场总系统车内拥挤成本对公交需求的灵敏度明显高于社会福利最大化市场。特别地，当 $q=4000$ 人/h 时，寡头竞争市场的总拥挤成本为 13528.34 元，而社会福利最大化市场的总系统车内拥挤成本为 1160.95 元，两者显示出巨大的差异。因此,社会福利最大化公交市场能够更加有效地控制系统车内拥挤成本。且在公交需求较高时,社会福利最大化公交市场的优势更加明显。同理,由图 8-5d)可知,社会福利最大化公交市场也能更加有效地控制社会成本。

图 8-5c)表明,两市场的总系统利润都随着公交需求的增长而增加。在相同的需求条件下,两市场的总系统利润差异很小。因此,社会福利最大化公交市场的补贴机制并没有显著增加运营者利润。因此,公交补贴更多地作用于乘客出行成本的节约而并非增加运营者利润,即提供给公交运营者的补贴实际上受惠更多的是公交出行者。

8.7.6 财政约束对社会福利最大化公交市场的影响

本节将分析财政约束的上限对社会福利最大化整合公交市场的影响作用。数值算例中依然假设运营者 1 和运营者 2 的每车公里运营成本分别为 5.66 元和 4.53 元。另外,根据表 8-6 的结果,公交管理者共需要花费 1287.64 元/h(最大公交补贴)能使社会成本达到最小化。据此,图 8-6 描述了社会成本随财政约束变化(从无补贴到 1287.64 元/h)的变化趋势。

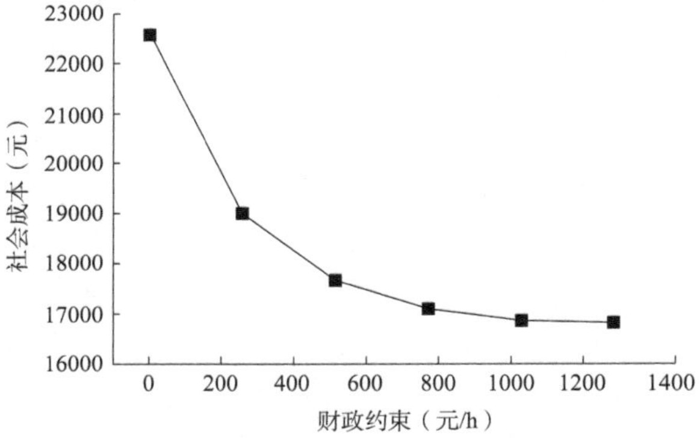

图 8-6 社会福利最大化市场下社会成本随财政约束的变化情况

由图 8-6 可知,随着财政补贴上限的增加,社会成本不断降低,且公交补贴的边际效用在不断降低。因此,运营者没有必要花费 1287.64 元/h 去实现社会成本的最小化,1000 元/h 的补贴量就能达到较好的效果。当然,各地公交管理部门可以根据自己的财政能力和目标,灵活地选择补贴措施。

8.8 小　　结

在跨区域公交系统的优化整合问题中,寡头竞争和社会福利最大化是两种常见的市场制度。寡头竞争市场是一种无财政补贴的公交市场,运营者的竞争活动在该市场机制下起到了主导地位;社会福利最大化市场不仅包含了运营者之间的竞争活动,而且还存在公交管理者的监管和策略诱导。本章提出两个优化模型分别描述上述两类市场下的跨区整合公交系统。数值结果表明,无论在寡头竞争市场还是在社会福利最大化市场下,竞争机制都扮演着十分重要的角色。它不仅能够促使运营者提供更高的服务频率,同时也能刺激运营者提升他们的运营效率,进而改善跨区整合公交系统内各方参与者(包括乘客、运营者以及管理者)的利益。此外,社会福利最大化市场的市场表现要优于寡头竞争市场。总之,跨区域公交系统整合要充分利用运营者的竞争机制和公交管理者的经济诱导策略,以达到一定的规划目标。

第9章 弹性需求下跨区整合公交系统的补贴和票价优化模型

9.1 概　　述

在第 8 章的跨区公交系统整合优化模型中，假设跨区域的乘客需求是固定且已知的。然而，现实中的乘客出行需求往往要受到公交服务水平等各种因素的影响。例如，公交服务的改善（降低票价或者提高服务频率）会带来乘客需求的增加；车内拥挤的加剧会降低乘客的乘车体验，使部分乘客选择其他出行方式或者改变他们的出行时间段，甚至放弃他们的出行计划。因此，在进行公交系统的优化建模时考虑乘客需求的弹性是更加符合实际的。

Lam 等（1999b）提出了一个考虑弹性需求的拥挤公交系统 SUE 客流分配模型。Chien 和 Spasovic（2002）研究了考虑弹性需求的网格公交系统的优化问题，他们指出，固定需求的假设有助于模型解析特性的分析和讨论，但在实际应用中有很大的局限性。Tsai 等（2008）采用优化的方法研究了城际公交系统，他们的模型假设公交需求受公交票价和等车时间的影响，并考虑了公交车容量和车队规模的限制。

Lam 和 Zhou（2000）提出了一个 BP 模型以优化公交系统的票价结构。他们的模型专门考虑了需求弹性，其中上层问题旨在最大限度地提高运营者的收入，下层问题是一个有能力限制的 SUE 分配模型。Zhou 等（2005）提出了一个具有 BP 框架的广义纳什平衡模型，以描述不同运营者之间的票价竞争问题，同时，他们的模型也考虑了运营者与乘客之间的相互关系。上层问题中，公交市场竞争是 n 个参与者的非合作博弈问题，下层问题则是在均衡价格下的具有弹性需求的 SUE 客流分配问题。Chien 和 Tsai（2007）通过联合优化发车间隔和公交票价实现一条公交线路利润的最大化。Tsai 等（2012）联合优化了城际公交系统不同时间段的服务频率和公交票价，并重点考虑了不同的弹性需求特性。

这些公交优化问题探讨了需求弹性下乘客的出行选择模型或公交系统的票价

优化模型,但没有考虑通过优化公交补贴或同时优化补贴和票价来引导不同运营者竞争下的公交系统,尤其是不同地区整合下的公交系统。

王健等(2006)通过对乘客交通行为的分析,从系统科学的角度出发,创新性地设计了在政府补贴下的公交收费策略,并证明了这一策略的有效性。Cheranchery 和 Maitra(2019)通过考虑乘客选择的需求,改善公交的服务水平,构建了广义成本函数和乘客需求模型,其数值结果显示,边际票价的增加和服务水平的提高,有助于降低对于补贴的需求。曹名放(2019)通过对公交票价构成进行分解,分析公交成本、票价收入及政府补贴的票价补偿方式,探讨城市公交企业生存发展之路。这些模型同时探讨了公交系统中的补贴和票价问题及二者之间的关系,但都没有全面考虑公交系统中三方参与者决策之间的关系,特别是不同地区整合下的公交系统的补贴和票价组合优化问题。

本章依然根据我国佛山市跨区公交系统整合的实践,建立优化模型,以研究弹性需求条件下的跨区整合公交系统的决策机制,利用补贴和票价对系统进行优化。同第 8 章一样,本章也考虑公交系统中的三类参与者:运营者优化各自的服务频率以实现利润最大化,从而产生竞争关系;公交乘客在运营者确定服务频率后进行线路选择;公交管理部门以公交补贴或补贴和票价一起作为经济手段引导运营者的竞争趋向社会福利最大化。同时,模型中乘客需求是弹性的,公交管理者的公交补贴和票价,以及运营者的频率优化都会影响需求的变化,从而影响公交在综合运输系统中的分担率以及公交系统未来的发展。因此有必要探讨三类参与者决策行为之间的关系,进而从三方利益出发对公交系统进行优化。

在本章所提出的模型中,公交需求受广义出行费用(包括公交票价、等车时间、车内行驶时间、车内拥挤)的影响,车内拥挤函数是根据行人流理论提出的(见第 8 章)。通过研究和对比寡头竞争市场和社会福利最大化市场的公交系统表现,进一步分析弹性需求条件下的竞争机制和补贴、票价策略对跨区整合公交系统的作用和效果并进行优化。另外,除特别指出,本章的变量符号和基本假设与第 8 章一致。

9.2 下层弹性需求下的客流分配模型

本章的一个基本假设是跨区整合公交线路上的公交需求量受广义公交出行费用的影响。为了描述公交乘客对广义公交出行费用的反应,本章采用如下负指数形式的弹性需求函数:

$$q = Q\exp(-\theta U) \tag{9-1}$$

函数(9-1)被广泛应用于弹性需求条件下的公交配流模型中(Williams 和 Abdulaal,1993;Li 等,2009;Li 等,2011;Li 等,2012)。式中,q 为跨区整合线路上的实际公交需求量;Q 为跨区整合线路上的潜在公交需求量;θ 为给定的参数,反映公交需求量对广义公交出行费用的灵敏度;U 为乘客广义出行费用,可表示为:

$$U = v_1 w + v_2 t + v_3 g + p \tag{9-2}$$

公式(9-2)中的符号含义与第 8 章中式(8-12)~式(8-16)一致。

在需求函数(9-1)中,跨区公交线路上的公交需求量 q 是广义公交出行费用 U 的函数。根据广义公交出行费用的定义式(9-2),广义公交出行费用将受车内拥挤费用 g 的影响。而由公式(8-16)可知,车内拥挤费用又是乘客需求量 q 的函数。因此,在给定公交运营者服务频率的前提下,函数(9-1)可以看作乘客需求量 q 的不动点问题。

假设弹性需求函数(9-1)和车内拥挤费用函数(8-16)是连续的,那么函数(9-1)的解集为有界闭集。根据附录 A 中的 Brouwer 不动点定理,函数(9-1)至少存在一个解(Li 等,2012)。进一步地,假设弹性需求函数和车内拥挤费用函数是严格单调的,则不动点问题函数(9-1)存在唯一解(Patriksson,2015)。

如第 8 章所述,跨区整合公交线路上的公交运营者提供了相同的乘车环境。在此情况下,乘客们不会关心公交服务具体由哪个运营者提供。也就是说,假设不考虑公交车容量的限制,乘客们将选择乘上第一辆到达的公交车辆。于是,每个运营者服务的乘客数可以用下列公式计算获得:

$$q_i(\boldsymbol{f}) = q\frac{f_i}{\sum_{j \in N} f_j}, \quad i \in N \tag{9-3}$$

公式(9-3)中各符号含义同第 8 章。

注:由于本章的跨区整合公交线路较为简单,乘客广义出行费用可以直接由式(9-2)计算,因此弹性需求简化为一个 CP(9-1)。如果在一般公交网络上,乘客广义出行费用则要依据客流分配的结果,则不动点需要嵌套一个公交配流模型,或者直接建立基于弹性需求的公交配流模型(Lam 等,1999b;Chien 和 Spasovic,2002)。

9.3　中层运营者的频率优化模型

本节讨论弹性需求下不同地区运营者之间的竞争关系。如第 8 章所述,假设公交管理者负责监督和管理跨区公交系统内公交运营者的行为而不直接参与公交服务的运营,且系统内公交运营者相互竞争以实现他们各自利润的最大化,那么跨区整合公交系统是一个无补贴的公交市场，称作寡头竞争公交市场。第 8 章介绍了固定需求下的运营者寡头竞争市场模型，本节将建立弹性需求下的寡头竞争市场模型。

同样考虑一条跨区整合公交线路，该线路上运营者 $i(i \in N)$ 的利润函数表示为：

$$\Pi_i(\boldsymbol{f}_i, \boldsymbol{f}_{-i}) = p\, q_i(\boldsymbol{f}_i, \boldsymbol{f}_{-i}) - 2\, c_i \boldsymbol{f}_i k \tag{9-4}$$

式中，$\boldsymbol{f}_{-i}$为跨区公交线路上除运营者 i 以外其他运营者的频率向量。

在寡头竞争市场，运营者们通过制定发车频率决策，以实现各自利润的最大化。那么，根据公式(9-4)，跨区公交线路上某个公交运营者的利润将显著地受该线路上其他运营者策略、实际公交需求及乘客选择的影响，同时，该运营者的策略也会对同线路上的其他运营者的决策、实际公交需求及乘客选择产生影响。运营者之间的相互竞争最终会达到一个平衡状态。在该状态下，没有运营者能够通过单方面地改变其发车频率来增加其利润。与 8.4 节一致，同样可以建立一个满足弹性需求下运营者竞争的平衡状态的 VIP：$\boldsymbol{f}^*$ 满足

$$-\nabla \boldsymbol{\Pi}(\boldsymbol{f}^*)^{\mathrm{T}}(\boldsymbol{f} - \boldsymbol{f}^*) \geqslant 0, \quad \forall \boldsymbol{f} \geqslant \boldsymbol{0} \tag{9-5}$$

其中，$\nabla \boldsymbol{\Pi}(\boldsymbol{f}^*)^{\mathrm{T}} = [\nabla_{f_1}\Pi_1(\boldsymbol{f}^*), \cdots, \nabla_{f_i}\Pi_i(\boldsymbol{f}^*), \cdots, \nabla_{f_{|N|}}\Pi_{|N|}(\boldsymbol{f}^*)]^{\mathrm{T}}$。

需要注意的是，式(9-4)中的q_i是通过下层弹性需求客流分配模型(9-1)～(9-3)得到的。

9.4 补贴优化的三层规划模型

本节考虑社会福利最大化市场中管理者的补贴策略优化问题。在该市场下，参与跨区公交系统整合的公交管理者通过补贴运营者的方式参与到跨区公交市场的运营中，以达到有效控制、引导和管理市场的目的；公交运营者们依然相互竞争，以获取他们各自利润的最大化，他们的收入包含两部分：票箱收入和公交补贴。那么，社会福利最大化整合公交系统的补贴优化模型可以表示为：

$$\max_u \frac{q}{\theta} + pq - \sum_{i \in N} 2\, c_i\, f_i k \tag{9-6}$$

$$\text{s.t.} \quad u\left(\sum_{i \in N} f_i\right) \leqslant B \tag{9-7}$$

$$u \geqslant 0 \tag{9-8}$$

式中，公交管理者对运营车辆的补贴为 u(元/辆)，其他符号与第 8 章中定义一致，所不同的是，这里的乘客需求是弹性的，并由下层的乘客选择决定。

社会福利最大化公交市场中公交管理者的目标是社会福利最大化，在目标函

数(9-6)中，$\frac{q}{\theta}$为消费者剩余，它表示潜在公交需求的感知收益，该定义可参考Evans(1987)；$pq-\sum_{i\in N}2c_i f_i k$ 为跨区整合线路上总的票箱收入减去总的运营成本。由于本章没有考虑公共资金(公交补贴)的边际成本，因此目标函数中不包含公交补贴项。

基于前面两小节的分析，本节同样给出跨区整合公交系统在弹性需求的社会福利最大化市场下的三层规划模型。在该模型中，公交管理者通过补贴公交运营者的方式引导运营者的竞争行为。公交运营者们依然如他们在寡头公交市场中的竞争行为一样，不同的是在给定的公交补贴量下进行竞争，其收益中包括补贴收益。与第 8 章内容不同的是，补贴和服务频率都会影响公交乘客最终是否会选择公交作为出行方式或者是否会放弃出行。社会福利最大化公交市场下补贴优化的三层规划模型可以表示为如下形式。

上层问题：

$$\max_{u}\frac{q}{\theta}+pq-\sum_{i\in N}2c_i f_i k \tag{9-6}$$

$$\text{s.t.}\quad u\left(\sum_{i\in N}f_i\right)\leqslant B \tag{9-7}$$

$$u\geqslant 0 \tag{9-8}$$

中层问题：

$$-\nabla\boldsymbol{\Pi}(\boldsymbol{f}^*)^{\mathrm{T}}(\boldsymbol{f}-\boldsymbol{f}^*)\geqslant 0,\quad \forall\boldsymbol{f}\geqslant 0 \tag{9-5}$$

下层问题：

$$q=Q\exp(-\theta U) \tag{9-1}$$

$$q_i(\boldsymbol{f})=q\frac{f_i}{\sum_{j\in N}f_j},\quad i\in N \tag{9-3}$$

其中，运营者 i 的利润函数为$\boldsymbol{\Pi}_i(\boldsymbol{f},u)=p\,q_i(\boldsymbol{f})+u\,f_i-2c_i f_i k$。

由于本章构建的跨区整合公交网络较为简单，根据三层规划模型各层规划之间的关系，利用最优性条件，可以将这个复杂模型转化为一个单层的优化问题：

$$\max_{u,q_i,f_i}\frac{q}{\theta}+pq-\sum_{i\in N}2c_i f_i k \tag{9-9}$$

$$\text{s.t.}\quad \nabla_{f_i}\boldsymbol{\Pi}_i(q,\boldsymbol{f},s)+w_i+v_i\nabla_{f_i}[q-Q\exp(-\theta U)]=0,\quad \forall i\in N \tag{9-10}$$

$$\nabla_q\boldsymbol{\Pi}_i(q,\boldsymbol{f},s)+v_i\nabla_q(q-Q\exp(-\theta U))=0,\quad \forall i\in N \tag{9-11}$$

$$w_i f_i=0,\quad \forall i\in N \tag{9-12}$$

$$w_i,f_i\geqslant 0,\quad \forall i\in N \tag{9-13}$$

$$v_i\text{无限制},\quad \forall i\in N \tag{9-14}$$

$$q - Q\exp(-\theta U) = 0 \tag{9-15}$$

$$q_i(\boldsymbol{f}) = q\frac{f_i}{\sum_{j\in N} f_j},\quad i\in N \tag{9-16}$$

$$u\left(\sum_{i\in N} f_i\right) \leqslant B \tag{9-17}$$

$$u \geqslant 0 \tag{9-18}$$

其中,约束(9-10)～(9-14)为公交运营者模型的一阶最优性条件;式(9-15)和式(9-16)为乘客选择模型;式(9-17)和式(9-18)为公交管理者所面临的财政约束和非负约束。同第8章一致,由于没有考虑运营者之间的合作,均衡状态不必为帕累托最优的。

模型(9-9)～(9-18)是一个非线性约束优化问题,它描述了弹性需求的社会福利最大化市场下跨区整合公交系统的补贴优化决策机制。

9.5 补贴和票价组合优化的三层规划模型

本节在上一节内容的基础上,进一步考虑弹性需求的社会福利最大化市场中管理者的补贴和票价的组合优化问题。在该市场下,参与跨区公交系统整合的公交管理者通过补贴运营者同时确定票价的方式参与到跨区公交市场的运营中,以达到有效控制、引导和管理市场的目的;公交运营者们依然相互竞争,以获取他们各自利润的最大化,他们的收入包含两部分:票箱收入和公交补贴。那么,在社会福利最大化整合公交系统的补贴和票价组合优化模型中,上层规划可以表示为:

$$\max_{u,p}\frac{q}{\theta} + pq - \sum_{i\in N} 2\,c_i\,f_i k \tag{9-19}$$

$$\text{s.t.}\ \ u\left(\sum_{i\in N} f_i\right) \leqslant B \tag{9-20}$$

$$u, p \geqslant 0 \tag{9-21}$$

其中,公交管理者的决策变量包括对运营车辆的补贴 u 和票价 p,与上一节的上层补贴优化模型(9-6)～(9-8)中决策变量只有补贴 u 是不同的。

这样就可以给出跨区整合公交系统在社会福利最大化市场下的补贴和票价组合优化的三层规划模型。在该模型中,公交管理者通过同时优化补贴和票价来引导运营者的竞争行为,并且公交需求也是弹性变化的。弹性需求的社会福利最大化公交市场下补贴和票价组合优化的三层规划模型可以表示为如下形式。

上层问题:

$$\max_{u,p}\frac{q}{\theta} + pq - \sum_{i\in N} 2\,c_i\,f_i k \tag{9-19}$$

$$\text{s.t.}\quad u\left(\sum_{i\in N} f_i\right)\leqslant B \tag{9-20}$$

$$u, p\geqslant 0 \tag{9-21}$$

中层问题：

$$-\nabla \boldsymbol{\Pi}(\boldsymbol{f}^*)^{\mathrm{T}}(\boldsymbol{f}-\boldsymbol{f}^*)\geqslant 0,\quad \forall \boldsymbol{f}\geqslant 0 \tag{9-5}$$

下层问题：

$$q = Q\exp(-\theta U) \tag{9-1}$$

$$q_i(\boldsymbol{f}) = q\frac{f_i}{\sum_{j\in N} f_j},\quad i\in N \tag{9-3}$$

其中，运营者 i 的利润函数仍为$\boldsymbol{\Pi}_i(\boldsymbol{f},u)=p\,q_i(\boldsymbol{f})+u\ f_i-2\ c_i\ f_i k$，不同之处在于：上层决策变量同时包括补贴 u 和票价 p；中层规划则在补贴 u 和票价 p 给定的情况下对各自的服务频率进行优化，以使自己的收益最大化；下层规划则是弹性需求的客流选择模型。

由于本章构建的跨区整合公交网络较为简单，根据三层规划模型各层规划之间的关系，利用最优性条件，仍然可以将这个复杂模型转化为一个单层的优化问题：

$$\max_{u,p,q_i,f_i}\frac{q}{\theta}+pq-\sum_{i\in N}2\ c_i\ f_i k \tag{9-22}$$

$$\text{s.t.}\quad \nabla_{f_i}\boldsymbol{\Pi}_i(q,\boldsymbol{f},s)+w_i+v_i\nabla_{f_i}[q-Q\exp(-\theta U)]=0,\quad \forall i\in N \tag{9-23}$$

$$\nabla_q\boldsymbol{\Pi}_i(q,\boldsymbol{f},s)+v_i\nabla_q[q-Q\exp(-\theta U)]=0,\quad \forall i\in N \tag{9-24}$$

$$w_i f_i=0,\quad \forall i\in N \tag{9-25}$$

$$w_i, f_i\geqslant 0,\quad \forall i\in N \tag{9-26}$$

$$v_i\text{无限制},\quad \forall i\in N \tag{9-27}$$

$$q-Q\exp(-\theta U)=0 \tag{9-28}$$

$$q_i(\boldsymbol{f})=q\frac{f_i}{\sum_{j\in N} f_j},\ i\in N \tag{9-29}$$

$$u\left(\sum_{i\in N} f_i\right)\leqslant B \tag{9-30}$$

$$u,p\geqslant 0 \tag{9-31}$$

模型(9-22)～(9-31)是一个非线性约束优化问题，它描述了弹性需求的社会福利最大化市场下跨区整合公交系统的补贴和票价组合优化决策机制，与模型(9-9)～(9-18)的不同之处在于式(9-22)和式(9-31)。

9.6 数值分析

本节通过数值分析来研究和对比弹性需求下的寡头竞争市场和社会福利最大

化市场。所假设的实验场景与第 8 章一致。与弹性需求函数相关的参数为 $Q=4000$ 人/h，$\theta=0.05$，其他参数则与第 8 章一致。

9.6.1 跨区公交市场整合前后对比分析

首先对比弹性需求下跨区公交系统整合前后的市场表现情况，以便进一步了解跨区整合公交系统的特点和优势。

假设跨区公交系统整合前后两运营者的运营效率保持不变[即 $c_1=5.66$ 元/(辆·km)和 $c_2=4.53$ 元/(辆·km)]，往来不同区域的潜在公交需求也保持不变(即 $Q=4000$ 人/h)。在公交系统整合前，区域 1 和区域 2 的票价均为 1 元，线路 L_1 和 L_2 的长度均为 10km，运营者 1 和运营者 2 在他们各自区域内提供的服务频率均为 15.39 辆/h(为了同条件对比，该数值被简单地假定为与寡头竞争跨区整合公交系统的服务频率一致，理由同第 8 章)，乘客的换乘成本等价于 20min 的车内行驶成本，其他参数也与整合后公交系统一致。那么，对跨区公交系统整合前后的市场表现可进行简单的比较，如表 9-1 所示。

跨区公交服务整合前后的比较结果(元) 表 9-1

运营状况	消费者剩余	运营者 1 的利润	运营者 2 的利润	总系统利润	社会福利
整合前	41343.80	325.04	672.86	997.90	42341.70
寡头竞争	48366.62	538.30	1233.76	1772.06	50138.67
福利最大	51690.97	728.61	1764.74	2493.35	52301.03

如表 9-1 所示，与整合前的公交系统相比，寡头竞争市场下跨区整合公交系统的消费者剩余增加了 16.99%，总系统收益增加了 77.58%，社会福利增加了 18.41%；社会福利最大化市场下公交系统的消费者剩余增加了 25.03%，总系统收益增加了 149.86%，社会福利增加了 23.52%。显然，跨区公交系统整合后的市场表现明显优于原有的各自独立运营的公交系统，公交乘客、公交运营者以及整个社会都从跨区公交系统优化整合中获益。对比整合后的两种公交市场，社会福利最大化公交市场表现出更加显著的优势。因此，跨区公交系统优化整合需要公交管理者和公交运营者的共同参与。

9.6.2 寡头竞争公交市场的结果

弹性需求下，寡头竞争公交市场的数值结果可以通过求解 VIP(9-5)获得[满足约束(9-1)~(9-3)]。仍然采用对角化算法来求解该模型。寡头竞争公交市场在固定 c_1 和不同 c_2 条件下的一些主要结果如表 9-2 所示。

固定c_1和不同c_2条件下寡头竞争公交市场的主要结果 表 9-2

c_1 [元/(辆·km)]	c_2 [元/(辆·km)]	q (人/h)	f_1 (辆/h)	f_2 (辆/h)	运营者1的利润(元)	运营者2的利润(元)	系统频率(辆/h)	系统等待成本(元)	系统车内拥挤成本(元)	系统运营成本(元)	消费者剩余(元)	总系统利润(元)	社会福利(元)
5.66	5.66	2356.0	7.1	7.1	746.3	746.3	14.2	1491.2	4602.7	3219.3	47120.1	1492.6	48612.7
	5.09	2388.4	6.6	8.1	639.0	976.1	14.8	1453.6	4071.0	3161.7	47768.8	1615.2	49384.0
	4.53	2418.3	6.1	9.2	538.3	1233.7	15.4	1414.6	3577.6	3064.6	48366.6	1772.1	50138.6
	3.96	2446.8	5.6	10.4	439.9	1531.1	16.1	1372.3	3104.6	2922.6	48937.4	1971.1	50908.5
	3.40	2473.2	5.1	11.7	347.1	1862.5	16.7	1327.8	2668.6	2736.7	49463.2	2209.6	51672.8
	2.83	2498.2	4.4	13.1	256.6	2246.8	17.6	1278.8	2254.7	2492.9	49964.1	2503.4	52467.5

由表 9-2 可知，当两运营者拥有相同的运营效率（即$c_1 = c_2$）时，两运营者在平衡状态下提供相同的服务频率并获得相同的利润。如果运营者 2 能改进他的运营效率（降低 c_2的值），那么他将愿意提供更高的服务频率以获得更高的利润。与之相反，此时运营者 1 不得不在竞争中减少自己的服务频率，并因此损失一部分利润。此外，随着运营者 2 运营效率的不断改进，整个跨区整合公交系统提供了更多的服务频率并吸引了更多的乘客；乘客的等车时间成本和拥挤成本以及运营者的运营成本都随之降低；消费者剩余、总系统利润以及社会福利都随之增加。

由上述结果并结合第 8 章中的分析，可以得出下列结论：不论是否考虑需求弹性，市场竞争机制都能够促使跨区整合公交系统内的运营者主动改进他们的运营效率，以便在竞争中占据更多的市场份额，并获得更多的利润。同时，公交乘客能节省等车时间并享有更好的乘车体验。而社会福利的不断增长，说明公交管理者也可以通过运营者的效率改进达到全局的或设定的目标。

9.6.3 社会福利最大化的结果

弹性需求下，社会福利最大化公交市场的结果可以通过求解带有非线性约束的优化问题(9-9) ~ (9-18)获得。在实际问题中，跨区整合公交线路的长度应控制在一定范围内。相应地，每条跨区整合公交线路上，参与合作的运营者数目较少，则上述优化问题可以通过现有软件直接求解。

表 9-3 呈现了考虑弹性需求时，固定c_1和不同c_2条件下社会福利最大化公交市场的主要结果。值得注意的是，本节的数值结果是在不考虑补贴上限约束(9-17)的条件下获得的，也就是说，本小节假设政府不遗余力地补贴运营者，以获得最高的社会福利。相应地，所需的最优公交补贴量也是最大的。

表9-3中各项指标随着变量c_2的变化趋势与表9-2是一致的，然而，社会福利最大化公交市场的具体表现却与寡头竞争市场截然不同。也就是说，同寡头竞争市场一样，竞争机制在社会福利最大化市场依然发挥着重要的作用；但是，由于受到公交补贴的引导，社会福利最大化公交市场的表现又与寡头竞争市场存在较大差异。为此，在表9-4中单独列出了社会福利最大化公交市场下公交补贴的数值结果。

固定c_1和不同c_2条件下社会福利最大化公交市场的主要结果 表9-3

c_1[元/(辆·km)]	c_2[元/(辆·km)]	q(人/h)	f_1(辆/h)	f_2(辆/h)	运营者1的利润(元)	运营者2的利润(元)	系统频率(辆/h)	系统等待成本(元)	系统车内拥挤成本(元)	系统运营成本(元)	消费者剩余(元)	总系统利润(元)	社会福利(元)
5.66	5.66	2577.1	11.1	11.1	1174.6	1174.6	22.1	1047.3	995.1	5013.8	51542.1	2349.2	51682.5
	5.09	2580.3	10.0	12.4	939.1	1451.4	22.4	1033.6	947.2	4802.6	51606.2	2390.5	51964.2
	4.53	2584.5	8.9	13.9	728.6	1764.7	22.9	1014.7	884.5	4559.0	51690.9	2493.3	52301.0
	3.96	2590.2	7.8	15.7	533.5	2138.6	23.6	987.6	801.8	4273.4	51804.9	2672.2	52711.9
	3.40	2597.7	6.6	17.9	358.3	2586.1	24.6	948.7	695.6	3955.7	51945.9	2944.4	53194.6
	2.83	2608.8	5.2	21.3	191.2	3200.6	26.5	883.1	546.4	3600.5	52176.2	3391.8	53793.3

固定c_1和不同c_2条件下社会福利最大化公交市场的补贴情况 表9-4

c_1[元/(辆·km)]	c_2[元/(辆·km)]	每车次补贴(元)	运营者1的总补贴(元)	运营者2的总补贴(元)	总系统补贴(元)
5.66	5.66	99.74	1104.41	1104.41	2208.82
	5.09	90.47	906.10	1126.42	2032.53
	4.53	82.16	736.72	1146.56	1883.28
	3.96	74.78	587.98	1177.16	1765.13
	3.40	69.18	462.43	1242.26	1704.69
	2.83	66.76	348.62	1426.16	1774.77

由表9-4可以看出，如果运营者2改进了其运营效率，那么他将获得更多的公交补贴，同时实现社会福利最大化这一目标所需要的每车次公交补贴逐步降低。也就是说，公交运营者能够从自己的效率改进中获益，而且公交管理部门也可以节省大量补贴资金。相反，如果运营者因循守旧，他能获得的补贴支持将较少。由此推断，跨区整合公交系统的合理补贴机制是推动系统高效运营的有效措施。

另外，在运营者2的c_2从5.66元/(辆·km)改进并降低到2.83元/(辆·km)的后期过程中，总系统补贴额先是逐步降低，最后又略有上升，这是由于公交补贴标准是在综合考虑跨区整合公交线路上每个运营者效率的基础上确定的。如果运营者之间的运营效率相差较大，那么公交管理者所制定的补贴标准对高效率运营者而言是偏高的，而这种偏高的补贴标准过度刺激了高效率运营者提供更多的服务频率。因此，尽管每车次补贴在不断减少，而总系统补贴却有所增加。这一现象表明，为了更加有效地应用补贴机制，参与跨区公交系统整合的各运营者之间的运营效率不应差别过大。

9.6.4　寡头竞争和社会福利最大化的对比分析

本小节将对弹性需求下寡头竞争和社会福利最大化市场的跨区整合公交系统进行对比分析。为了便于比较，这里假设两运营者的运营效率分别为$c_1=5.66$元/(辆·km)和$c_2=4.53$元/(辆·km)。在社会福利最大化市场下，假设公交管理者没有补贴约束的限制，也就是说，用于对比的社会福利最大化市场数据是该市场环境下能够获得的最优结果。

首先，两种市场环境下运营者频率随c_2变化的对比结果如图9-1所示。由图9-1a)和b)可以看出，与固定需求模型一致，在相同的运营条件下，弹性需求下社会福利最大化市场促使每个运营者提供了比其在寡头市场更多的服务频率；且随着c_2的降低，运营者1服务频率的下降明显，而运营者2服务频率的上升也更加明显。因此，社会福利最大化市场的补贴机制能够激励有能力的运营者改进他们的运营效率，并且提供更高的服务频率，从而在竞争中占据更加有利的位置。由图9-1也可以看出，社会福利最大化市场下运营者之间的竞争比寡头竞争市场表现得更为激烈。

图9-1c)表明，当两运营者运营效率的差异控制在一定范围内时[例如，$c_1=5.66$元/(辆·km)，c_2在3.40~5.66元/(辆·km)之间]，两种市场下总系统频率之间的差异较小；当两运营者的运营效率相差较大时[例如，$c_1=5.66$元/(辆·km)和$c_2=2.83$元/(辆·km)]，两种市场下总系统频率的差异显著增大。这是由于高效率运营者在市场竞争中占有绝对优势，而社会福利最大化市场的补贴机制进一步刺激了高效率运营者提供更多的服务频率，以占有更多的市场份额。因此，为了使各方公交运营者都积极参与到跨区公交系统的整合规划中，不同运营者的运营效率差异最好控制在一定的合理范围内。

接下来分析各运营者的利润情况。图9-2中绘出了两种市场环境下运营者的利润随c_2变化的对比结果。

由图9-2a)和b)可以看到，当两运营者的运营效率相差不大时[例如，$c_1=5.66$元/(辆·km)，c_2在3.40~5.66元/(辆·km)之间]，社会福利最大化市场下每个运营者的利润皆大于他们在寡头竞争市场下的利润。当两运营者的运营效率相差较大时(例如，$c_1=5.66$元/(辆·km)，$c_2=2.83$元/(辆·km)]，低效率运营者(运营者1)在社会福利最大化市场条件下的利润低于其在寡头竞争市场下的利

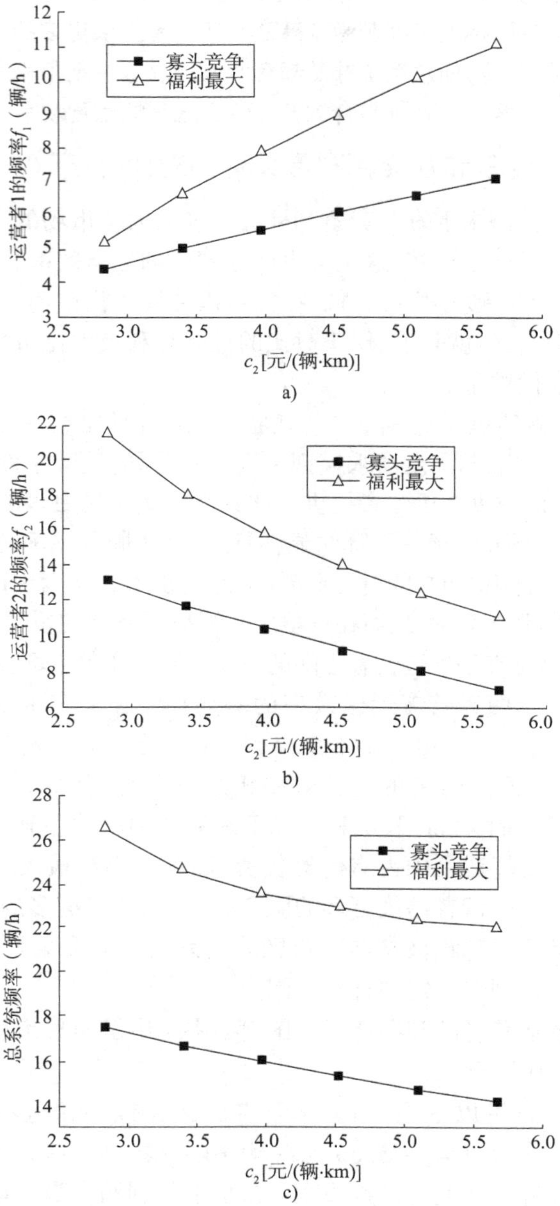

图 9-1　两市场下运营者频率随c_2变化的对比结果

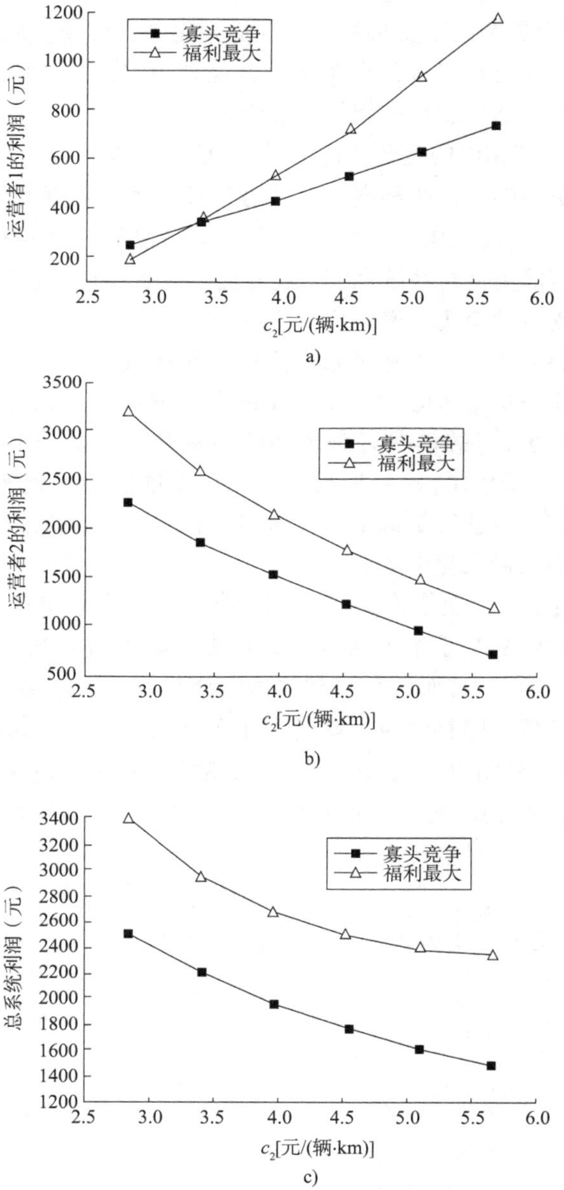

图 9-2　两市场条件下运营者利润随c_2变化的变化趋势对比结果

润，高效率运营者（运营者2）则获得了更高的利润。因此，只要两运营者的运营效率相差不大，他们都更倾向于支持社会福利最大化公交市场。从利润角度考虑，为了使运营者积极地参与到跨区公交系统整合规划中，公交管理者也应该确保运营者的运营效率差异能够控制在一定的范围内。

图9-2c）表明，在相同的运营条件下，社会福利最大化公交市场总能获得比寡头竞争公交市场更多的总系统利润。且当运营者的运营效率都较低时［例如，c_1 = 5.66元/（辆·km），c_2在5.09~5.66元/（辆·km）之间］，社会福利最大化市场比寡头竞争市场更有能力使总系统利润保持稳定。因此，在上述两种公交市场中，运营者们更倾向于支持社会福利最大化公交市场。

最后，对比表9-1和表9-2中的数据还可以发现，在相同的运营条件下，社会福利最大化市场的总系统等车时间成本和车内拥挤成本明显低于寡头竞争市场，同时，社会福利最大化市场的消费者剩余和社会福利也均显著高于寡头竞争市场。因此，与寡头竞争市场相比，社会福利最大化市场能够极大地改善乘客的乘车体验，增加消费者剩余，并获得更高的社会福利。因此，公交乘客和管理者也都更加倾向于支持社会福利最大化市场。

图9-3中绘出了当公交票价$p=2$元时跨区整合公交系统在不同补贴约束下的市场表现情况。由图9-3可看出，随着补贴约束上限不断放宽，跨区整合公交系统的社会福利也在不断增长，而社会福利的边际增长率在不断减小。这意味着公交管理者没有必要花费无贴补约束上限情况下的最优补贴值1883.28元/h，以实现社会福利的最大化，补贴值在1500元/h左右就能得到较高的引导效果。因此，公交管理者可以综合考虑财务状况和管理目标后作出最合适的优化策略选择。

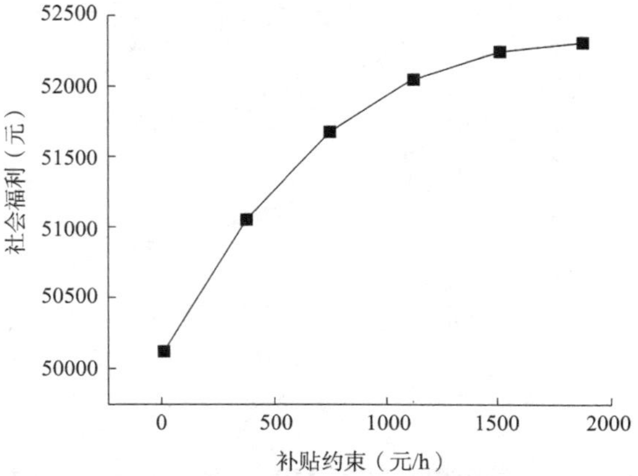

图9-3　不同补贴约束上限下的社会福利

9.6.5 补贴和票价组合优化的结果分析

本小节将分析补贴和票价组合优化模型的数值结果,分析补贴和票价组合优化的联合效果以及二者间的相互影响。假设潜在的公交需求 Q 为 4000 人/h,整合公交线路的长度 L 为 20km,公交车的平均行驶速度为 20km/h,该线路上乘客的平均车上行驶时间 t 为 0.6h。另外,假设两地居民的平均工资水平为 20 元/h。国内公交车辆的单位运营成本大约为 5.66 元/(辆·km)。考虑到不同地区的公交车运营成本的差异性,本书假设 c_1 为 5.66 元/(辆·km),c_2 为 4.53 元/(辆·km)(c_1 的 80%)。

此外,车上行驶时间价值大约为居民工资水平的 50%,等车时间价值大约为车上行驶时间价值的 1.8 倍。因此,本节假设 $v_1 = 18$ 元/h,$v_2 = 10$ 元/h,$v_3 = 10$ 元/h。其他参数:$\kappa = 100$ 人/h,$a = 0.0015$,$b = 6.5$,$\theta = 0.05$。

首先,主要的系统性能指标在不同补贴约束下的结果如表 9-5 所示。

不同补贴约束下整合公交系统的性能特征 表 9-5

补贴约束 B(元)	实际补贴(元)	公交票价 p	系统总频率(辆/h)	消费者剩余(元)	运营者1的收益(元)	运营者2的收益(元)	社会福利(元)
0	0.00	3.20	20.76	48460.79	1325.07	2263.08	52048.95
1000	1000.00	2.50	21.69	50256.17	986.72	1967.13	52210.02
2000	2000.00	1.84	22.55	52010.97	643.56	1662.94	52317.48
3000	3000.00	1.19	23.23	53748.71	300.05	1350.38	52399.14
∞	4395.95	0.43	24.78	55977.24	0.00	1120.19	52701.48

在表 9-5 中,当补贴约束 $B = 0$ 时,公交管理者只能通过调整票价水平来优化整合公交系统。此时,最优的公交票价为 3.2 元/人。在平衡状态下,运营者 2(高效运营者)的收益明显高于运营者 1(低效运营者)的收益。也就是说,低效运营者在竞争中处于不利的位置。

当 $B = 1000$ 时,公交管理者同时利用补贴和票价来优化跨区整合的公交系统,此时的公交补贴是约束限制较大,补贴量较小。在这种情况下进行系统优化,与无补贴情况相比,所得到的最优票价降低,总系统发车频率增加。相应地,每一个运营者的收益减少了,而消费者剩余和社会福利增加了。此外,当补贴约束上限进一步放宽(例如,$B = 2000$ 或者 $B = 3000$)时,优化后所需要的补贴量增加了,表 9-5 中各项指标都继续如上所述的趋势进一步变化。

当 $B = \infty$ 时,政府将不遗余力地使社会福利最大化,此时最优的票价值很低,而政府将花费 4395.95 元/h 来补贴运营者们。也就是说,绝对最大的社会福利可以通过有限的公交补贴实现,这个有限的补贴量称为最大公交补贴量。值得注意的是,在 $B=\infty$ 这种极限情况下,低效运营者退出了整合公交市场,但其始终对高效运营者保持着进入威胁,这使得高效运营者必须提供足够的服务频率,以防止低效运营者再次进入整合公交市场。

总之,从表 9-5 可以看出,公交补贴可以保障票价在较低水平运营,诱导运营者提供较高的发车频率,增加消费者剩余和社会福利,并限制公交运营者的收益。因此,与单独的票价优化方法相比,票价和补贴的组合优化能够给乘客及整个社会带来更多的利益。事实上,当使用组合优化方法时,发放给运营者的补贴有效地改善了公交乘客的利益,而不是为了增加运营者的收益,这正是政府解决具有公益性的公交问题的初衷,但却对公交运营者不友好。另一方面,我们也应看到,单独的票价优化方法可以使公交运营者能够获得更多的收益,且公交管理者面临较小的财政补贴负担。因此,如何选择票价和补贴的优化方法,要根据具体目标和实际情况灵活运用。

接下来分析一下票价和补贴组合优化方法中两运营者的最优发车频率随补贴约束上限而变化的情况,如图 9-4 所示。

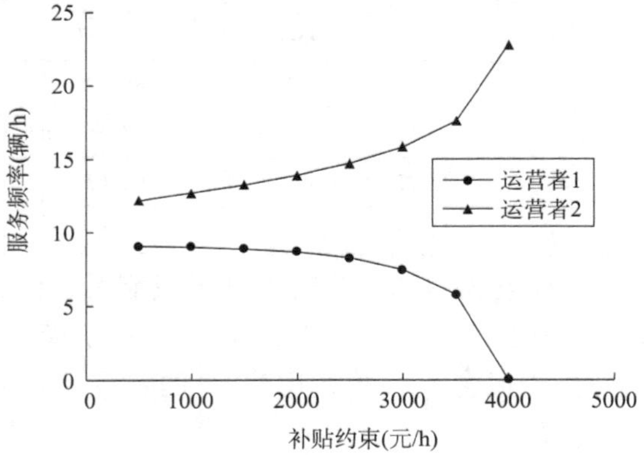

图 9-4　两运营者的服务频率随补贴约束上限的变化情况

从图 9-4 可以看出,在相同的补贴约束下,运营者 2 的最优发车频率总是高于运营者 1 的最优发车频率。随着补贴的增加,高效运营者的频率在不断增大,而低效运营者的频率则在不断地减小。这说明,在补贴力度加大的过程中,高效运营者表现得更加积极,他们更愿意通过增大频率抢占市场份额。相反,低效运营者表现得较为消极,他们不得不减小发车频率以降低成本。上述变化也表明,公交补贴加剧了运营者之间的竞争激烈程度。

最后，分析一下运营者1改善其运营效率的情况下整合公交系统的性能表现，其结果如表9-6所示。这里c_2固定为4.53元/(辆·km)，以与运营者1改进的运营效率形成对比。

不同c_1和固定c_2条件下整合公交系统的性能特征　　表9-6

c_1 [元/(辆·km)]	公交票价 p	f_1 (辆/h)	f_2 (辆/h)	运营者1的收益(元)	运营者2的收益(元)	消费者剩余(元)	社会福利(元)
5.66	3.20	9.00	11.76	1325.07	2263.08	48460.79	52048.95
5.09	3.07	9.85	11.32	1482.31	1956.46	48844.56	52283.33
4.53	2.94	10.80	10.80	1658.43	1658.43	49229.92	52546.77
3.96	2.80	11.92	10.18	1865.16	1361.23	49629.89	52856.29
3.40	2.67	13.20	9.45	2102.73	1078.96	50029.15	53210.83

由表9-6可知，运营者1在不断改进其运营效率的过程中，其市场占有率和收益状况也都不断得到改善。相反，运营者2的市场占有率受到了挤压，收益状况明显降低。更为重要的是，最优的票价水平降低了，消费者剩余和社会福利状况得到了进一步的改善。也就是说，一方面整合公交线路上的运营者倾向于主动改进他们的运营效率；另一方面，线路上的乘客、公交管理者和运营者都可以获得明显的好处。因此，整合公交系统具有明显的效率刺激特性。

9.7 小　　结

本章提出了多层规划模型来研究寡头竞争市场及社会福利最大化市场下跨区整合公交系统的运营者竞争和合作行为，以及公交管理者的补贴、票价等公交系统优化策略。数值研究表明，竞争机制具有效率激励特性，公交补贴能够诱使运营者竞争加剧，并提供更高的服务频率，还可以降低票价，从而使乘客获得更多益处，并使社会福利增加。在跨区公交系统整合过程中，公交管理者需要合理引导运营者的竞争，并充分利用公交补贴实现对跨区整合公交系统的有效管理和激励。

附录A 变分不等式

本附录对本书需要用到的变分不等式问题作简单介绍,主要包括双层规划、交通平衡理论及相关算法方面的基础知识。本附录所介绍的内容主要来自《城市动态交通流分配模型与算法》[高自友、任华玲(2005)]中的部分章节和内容,有关定理的详细证明过程均可参考该书。

变分不等式(Variational Inequality,VI)作为描述一般系统平衡现象的有效的数学工具,与对策论有着密切的联系,考虑到变分不等式在处理公交配流问题中乘客出行费用关系的复杂性和各项费用函数非对称方面的优势以及其清晰的解析特性,它可为公交配流、公交网络设计和优化以及公交发展中的一体化模型的研究提供更多的支持。由于基于变分不等式问题(Variational Inequality Problem,VIP)的公交配流问题的模型构造及求解算法设计是本书的一项核心内容,因此本附录主要介绍 VIP 的有关内容。VIP 最初源于研究一类力学问题中定义在无穷维空间上的偏微分方程,它是作为一种研究工具而发展起来的,它与优化问题、互补问题、不动点问题等有着密切的关系。VI 已被广泛地应用于经济领域的平衡问题、运筹学及城市交通网络建模等问题中,目前求解 VIP 的算法有很多,包括对角化算法、投影算法、交替方向法、各种非数值算法等。本附录将介绍定义在有限维空间上的 VIP,包括 VIP 解的情况,以及 VIP 的几种求解算法。

A.1 变分不等式定义

首先给出 VIP 的精确定义:

定义 A-1:有限维 VIP 就是确定一个向量$\boldsymbol{x}^*\in D\subseteq R^n$,使得

$$\boldsymbol{F}(\boldsymbol{x}^*)^{\mathrm{T}}(\boldsymbol{x}-\boldsymbol{x}^*)\geqslant 0,\quad \forall \boldsymbol{x}\in D \tag{A-1}$$

其中,$\boldsymbol{F}(\boldsymbol{x}):D\mapsto R^n$是给定的连续向量值函数,$D$ 是非空闭凸集,这个 VIP 又可以记为 VIP($\boldsymbol{F}$,D)。

VIP(A-1)可解释为确定$\boldsymbol{x}^*\in D$,在$\boldsymbol{x}^*$处向量场$\boldsymbol{F}(\boldsymbol{x}^*)$与可行集 D 是正交的,并指向可行集的内部。

对于两个向量 $\boldsymbol{u},\boldsymbol{v}\in R^n$,其内积$(\boldsymbol{u}^{\mathrm{T}},\boldsymbol{v}) = \|\boldsymbol{u}\|\|\boldsymbol{v}\|\cos\theta$,这里 θ 是向量 $\boldsymbol{u}$ 和 $\boldsymbol{v}$ 的

夹角。因此,当 θ 满足 $0\leqslant\theta\leqslant 90°$ 时,有 $(\boldsymbol{u}^{\mathrm{T}},\boldsymbol{v})\geqslant 0$。再来看 VIP($\boldsymbol{F},D$),则 $\boldsymbol{x}^*$ 是它的解,当且仅当向量 $\boldsymbol{F}(\boldsymbol{x}^*)^{\mathrm{T}}$ 和 $\boldsymbol{x}-\boldsymbol{x}^*$ 的夹角小于或等于 90°,其中 $\boldsymbol{x}$ 和 $\boldsymbol{x}^*$ 属于集合 D。

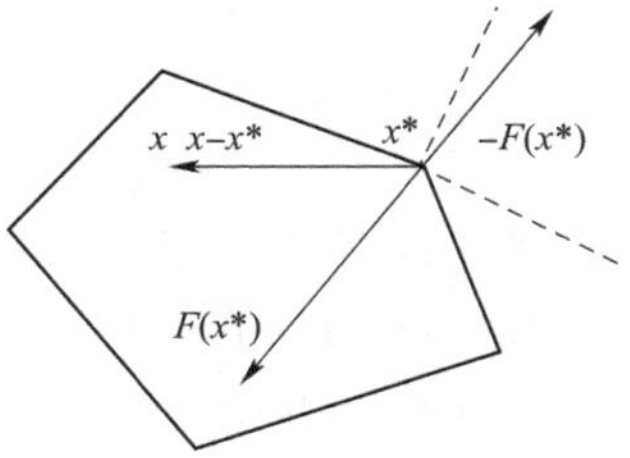

图 A-1　变分不等式的几何解释

那么,用几何术语(图 A-1)来描述,VIP(A-1)表明 $\boldsymbol{F}(\boldsymbol{x}^*)$ 在点 $\boldsymbol{x}^*$ 处与可行集 D 是正交的。可以看出,$\boldsymbol{x}^*$ 是 VIP($\boldsymbol{F},D$) 的解的充分必要条件是 $-\boldsymbol{F}(\boldsymbol{x}^*)\in C(\boldsymbol{x}^*)$,这里 $C(\boldsymbol{x})$ 表示 D 在 $\boldsymbol{x}$ 处的法锥面,其定义为 $C(\boldsymbol{x})\equiv\{\boldsymbol{y}\in R^n\mid(\boldsymbol{y}^{\mathrm{T}},\boldsymbol{x}'-\boldsymbol{x})\leqslant\boldsymbol{0},\forall\boldsymbol{x}'\in D\}$。

VI 描述的方便之处在于它提供了统一处理平衡问题和优化问题的方法。因此,把一些平衡条件描述成等价的优化问题,一般需要两步:首先把平衡条件化为 VIP,再进一步把 VIP 转化为等价的优化问题。

A.2　优化问题(Optimization Problem,OP)

一般 OP 的特征是:有一个取最小或最大值的目标,同时满足一定的约束。因此,OP 可描述为:

$$\min_{\boldsymbol{x}\in D} f(\boldsymbol{x}) \tag{A-2}$$

式中,f 是特定的优化目标,为决策变量 $\boldsymbol{x}=(x_1,x_2,\cdots,x_n)^{\mathrm{T}}$ 的函数,D 是可行集。

OP 一直是运筹学专家们的研究对象,与 OP 相比,VIP 在求解算法上是不完善的,但是它可以很好地进行定性分析。当两类问题的定义域相同时,建立两者之间的关系是非常有用的。下述两个定理描述了 OP 与 VIP 之间的关系。

定理 A-1:(最优性条件)

令 $f:D\mapsto R^1$ 是非空闭凸集 $D\subseteq R^n_+$ 上的连续可微函数,且 $\boldsymbol{F}(\boldsymbol{x})\equiv\nabla f(\boldsymbol{x})$,若 $\boldsymbol{x}^*\in D$ 是 OP(A-2)的解,那么 $\boldsymbol{x}^*$ 也是 VIP(A-1)的解。反之,当 $f(\boldsymbol{x})$ 伪凸时成立。

上述定理结果表明,只要向量值 $\boldsymbol{F}(\boldsymbol{x})$ 是实值函数 $f(\boldsymbol{x})$ 的梯度,那么 VIP(A-1)的解可以通过求解 OP(A-2)得到。注意,若 $D=R^n$,无约束 OP 的解也是 VIP 的解。

定理 A-2:如果 $\boldsymbol{F}(\boldsymbol{x})=(f_1(\boldsymbol{x}),\cdots,f_n(\boldsymbol{x}))^{\mathrm{T}}$ 在 D 上是连续可微的,且其雅可比矩阵 $\nabla\boldsymbol{F}(\boldsymbol{x})$ 是对称且半正定的,则存在一个实值函数 $f(\boldsymbol{x})$ 满足 $\nabla f(\boldsymbol{x})=\boldsymbol{F}(\boldsymbol{x})^{\mathrm{T}}$,此时上述 VIP 的解 $\boldsymbol{x}^*$ 也是下面 OP 的最优解。

$$\min f(\boldsymbol{x}) \tag{A-3}$$

$$\text{s.t.} \quad \boldsymbol{x} \in D \tag{A-4}$$

在对称条件下，根据实分析中的格林（Green）定理［见高自友、任华玲(2005)中的附录A］，线积分

$$f(\boldsymbol{x}) = \oint \boldsymbol{F}(\boldsymbol{w})\,\mathrm{d}\boldsymbol{w} \tag{A-5}$$

与积分路径无关，且 $\boldsymbol{F}(\boldsymbol{x})$ 是可积的。因此，VIP(A-1)能描述成具有式(A-5)形式目标的等价 OP。当对称性条件和半正定条件成立时，VIP 能重新转化成凸 OP。

注意，只有当对称条件和半正定条件成立时，才能把 VIP 描述为凸 OP。然而，在许多实际问题中，上述条件一般不成立。

A.3 互补问题(Complementarity Problem, CP)

定义 A-2：令 $\boldsymbol{F}: R^n_+ \mapsto R^n$ 是连续的，CP 即确定 $\boldsymbol{x}^* \in R^n$，使得

$$\boldsymbol{F}(\boldsymbol{x}^*)^{\mathrm{T}} \boldsymbol{x}^* = 0 \tag{A-6}$$

$$\boldsymbol{F}(\boldsymbol{x}^*) \geqslant \boldsymbol{0} \tag{A-7}$$

$$\boldsymbol{x}^* \geqslant \boldsymbol{0} \tag{A-8}$$

CP 是定义在非负卦限上由等式和不等式构成的系统。当映射 $\boldsymbol{F}$ 是仿射的，即当 $\boldsymbol{F}(\boldsymbol{x}) = \boldsymbol{M}\boldsymbol{x} + \boldsymbol{b}$，其中 $\boldsymbol{M}$ 是 $n \times n$ 矩阵，$\boldsymbol{b}$ 是 $n \times 1$ 向量时，CP(A-6)~(A-8)是线性互补问题，否则是非线性互补问题。

定理 A-3：定义在 $D = R^n_+$ 上的 VIP(2-1)和 CP(A-6)~(A-8)若都有解，则其解相同。

交通平衡配流问题所满足的 Wardrop 平衡原则，用数学语言可以描述成一个 CP，在定理 A-3 的基础上，可以转化成一个等价的 VIP，并用 VIP 的各种求解算法进行求解。

A.4 变分不等式定义不动点问题(Fixed Point Problem, FPP)

定义 A-3：令 $\boldsymbol{F}: D \mapsto R^n$ 连续，不动点问题(FPP)就是确定 $\boldsymbol{x}^* \in D$，使得

$$\boldsymbol{F}(\boldsymbol{x}^*) = \boldsymbol{x}^* \tag{A-9}$$

在交通平衡配流问题的研究领域中，FPP 是建立 VI 模型或 CP 模型解的存在性的工具。一般的证明都是基于定义一个合适的连续映射，它把原模型变为等价

的 FPP,通过对原问题的约束加上足够强的条件来建立 FPP 的存在性。FPP 有多种存在性结果。

定理 A-4:FPP 解的存在性,Brouwer 不动点定理。

令 D 是有上界的,且 $\boldsymbol{F}$ 是 D 到 D 的连续映射,那么 FPP(A-9)的解存在。

定理 A-5:FPP 解的唯一性。

令 $\boldsymbol{F}$ 是 D 上的压缩映射,那么 FPP(A-9)存在唯一解。进而由$\boldsymbol{x}^0 \in D$ 定义的序列$\{\boldsymbol{x}^k\}$,$\boldsymbol{x}^{k+1}=\boldsymbol{F}(\boldsymbol{x}^k)$,$k=0,1,\cdots$,收敛到唯一的不动点。

为了证明 FPP(A-9)与 VIP(A-1)之间的等价性,我们首先不加证明地给出下述引理和定理。

引理 A-1:令 D 是 R^n 中的闭凸集,那么对每个 $\boldsymbol{x} \in R^n$,存在唯一的点 $\boldsymbol{x} \in D$,使得

$$\|\boldsymbol{x}-\boldsymbol{x}^*\| \leqslant \|\boldsymbol{x}-\boldsymbol{y}\|, \quad \forall \boldsymbol{y} \in D \tag{A-10}$$

且$\boldsymbol{x}^*$是 $\boldsymbol{x}$ 在集合 D 上关于欧氏范数的正交投影,即

$$\boldsymbol{x}^* = P_D\boldsymbol{x} = \arg\min_{\boldsymbol{y}\in D}\|\boldsymbol{x}-\boldsymbol{y}\| \tag{A-11}$$

定理 A-6:令 D 是R^n中的闭凸集,那么$\boldsymbol{x}^*=P_D\boldsymbol{x}$,当且仅当

$$\boldsymbol{x}^{*\mathrm{T}}(\boldsymbol{y}-\boldsymbol{x}^*) \geqslant \boldsymbol{x}^{\mathrm{T}}(\boldsymbol{y}-\boldsymbol{x}^*), \quad \forall \boldsymbol{y} \in D \tag{A-12}$$

或

$$(\boldsymbol{x}^*-\boldsymbol{x})^{\mathrm{T}}(\boldsymbol{y}-\boldsymbol{x}^*) \geqslant 0, \quad \forall \boldsymbol{y} \in D \tag{A-13}$$

VIP 与 FPP 之间的关系可以通过投影算子来描述。

定理 A-7:向量$\boldsymbol{x}^* \in D$ 是 VIP(A-1)的解,当且仅当对任意的 $\rho>0$,$\boldsymbol{x}^*$ 是投影 $P_D(\boldsymbol{I}-\rho\boldsymbol{F}):D \mapsto D$ 的不动点,即

$$\boldsymbol{x}^* = P_D[\boldsymbol{x}^*-\rho\boldsymbol{F}(\boldsymbol{x}^*)] \tag{A-14}$$

其中 $\boldsymbol{I}$ 为相应维数的单位矩阵,$P_D(\cdot)$表示在 D 上的欧几里得投影。

A.5 变分不等式问题解的存在性和唯一性

在某种单调性条件下,很容易得到 VIP 解的存在性和唯一性。下面给出保证 VI 问题解集非空的条件。

定理 A-8:VIP 解的存在性。

若 D 是有界闭凸集,且 $\boldsymbol{F}(\boldsymbol{x})$在 D 上连续,那么 VIP 至少有一个解$\boldsymbol{x}^*$。

定理 A-9:VIP 解的唯一性。

若 $\boldsymbol{F}$ 在 D 上严格单调,那么若 VIP 的解集非空,则存在唯一解。

对于可行集 D 无界的情形，函数 $\boldsymbol{F}$ 的强单调性或强制性(Coercive)能够保证解的存在性和唯一性。即如果 $\boldsymbol{F}(\boldsymbol{x})$ 是强单调的或强制的，那么 VIP 恰好有一个解(Patriksson,1994)。若 D 是有界闭凸集，由定理 2-2 可知，当 $\boldsymbol{F}$ 连续时，就能保证解的存在性，而只有严格单调条件才能保证解的唯一性。

注 A-1：如果存在向量 $\boldsymbol{x}^0 \in \boldsymbol{X}$ 满足

$$\lim_{\substack{x \in X \\ \|x\| \to +\infty}} \frac{\boldsymbol{F}(\boldsymbol{x})^{\mathrm{T}}(\boldsymbol{x}-\boldsymbol{x}^0)}{\|\boldsymbol{x}\|} = +\infty \tag{A-15}$$

则称 $\boldsymbol{F}$ 在集合 $\boldsymbol{X}$ 上是强制的。

A.6　变分不等式问题的求解算法

A.6.1　一般迭代格式

本小节给出求解 VIP(A-1)的一般迭代格式。一般迭代格式中实际上包括许多算法，如投影算法、线性化方法、松弛方法(对角化方法)、交替方向法以及其他一些新方法(高自友、任华玲,2005)。

在实际中，求解 VIP 就是要进行搜索确定 $\boldsymbol{x}^* \in D \subseteq R^n$，使得

$$\boldsymbol{F}(\boldsymbol{x}^*)^{\mathrm{T}}(\boldsymbol{x}-\boldsymbol{x}^*) \geqslant 0, \quad \forall \boldsymbol{x} \in D \tag{A-16}$$

这里 $\boldsymbol{F}$ 是一个给定的连续函数，$\boldsymbol{F}: D \mapsto R^n$，$D$ 是给定的闭凸集。D 通常也假设为有界闭凸集，且 $\boldsymbol{F}(\boldsymbol{x})$ 是连续可微的。

假设存在一个连续可微函数

$$\boldsymbol{g}(\boldsymbol{x},\boldsymbol{y}): D \times D \mapsto R^n \tag{A-17}$$

具有以下性质：

(1) $\boldsymbol{g}(\boldsymbol{x},\boldsymbol{x}) = \boldsymbol{F}(\boldsymbol{x})$，$\forall \boldsymbol{x} \in D$；

(2) 对每个固定的 $\boldsymbol{x},\boldsymbol{y} \in D$，$n \times n$ 矩阵 $\nabla_x \boldsymbol{g}(\boldsymbol{x},\boldsymbol{y})$ 是对称正定的。

任何具备上述属性的函数 $\boldsymbol{g}(\boldsymbol{x},\boldsymbol{y})$ 都可以产生如下 VIP 算法的一般迭代格式。

算法 A-1：

第 1 步：初始化。从初始点 $\boldsymbol{x}^0 \in D$ 开始，令 $m=1$。

第 2 步：构造和计算。通过求解如下的 VI 子问题：

$$\boldsymbol{g}(\boldsymbol{x}^{(m)},\boldsymbol{x}^{(m-1)})^{\mathrm{T}}(\boldsymbol{x}-\boldsymbol{x}^{(m)}) \geqslant 0, \quad \forall \boldsymbol{x} \in D \tag{A-18}$$

来计算 $\boldsymbol{x}^{(m)}$。

第 3 步：收敛性检验。如果 $\|\boldsymbol{x}^{(m)}-\boldsymbol{x}^{(m-1)}\| \leqslant \varepsilon$，($\varepsilon$ 为事先给定的迭代精度)则停止；否则，令 $m=m+1$，转第 2 步。

假设$\nabla_x \boldsymbol{g}(\boldsymbol{x},\boldsymbol{x}^{(m-1)})$为对称正定阵，则线积分$\oint \boldsymbol{g}(\boldsymbol{x},\boldsymbol{x}^{(m-1)})\mathrm{d}\boldsymbol{x}$定义了一个$D\times D\mapsto R^n$上的函数$f(\boldsymbol{x},\boldsymbol{x}^{(m-1)})$，使得对固定的$\boldsymbol{x}^{(m-1)}\in D$，$f(\cdot,\boldsymbol{x}^{(m-1)})$是严格凸的，且

$$\boldsymbol{g}(\boldsymbol{x},\boldsymbol{x}^{(m-1)})=\nabla_x f(\boldsymbol{x},\boldsymbol{x}^{(m-1)}) \tag{A-19}$$

因此，VIP(A-1)等价于严格凸 OP 如下：

$$\min_{\boldsymbol{x}\in D} f(\boldsymbol{x},\boldsymbol{x}^{(m-1)}) \tag{A-20}$$

它存在唯一解$\boldsymbol{x}^{(m)}$，式(A-20)的解可由任何合适的数学规划算法求解。如果有充分利用实际结构特点的特殊目的的算法，那么从计算效率角度考虑，通常采用这种算法。当然，式(A-19)在构造时应该满足：在第m次迭代中，VI 子问题是容易求解的。

注意，若序列$\{\boldsymbol{x}^{(m)}\}$是收敛的，即当$m\to\infty$时，$\boldsymbol{x}^{(m)}\to\boldsymbol{x}^*$，那么，由于$g(\boldsymbol{x},\boldsymbol{x}^{(m-1)})$的连续性，由式(A-20)得出

$$\boldsymbol{F}(\boldsymbol{x}^*)^{\mathrm{T}}(\boldsymbol{x}-\boldsymbol{x}^*)=\boldsymbol{g}(\boldsymbol{x}^*,\boldsymbol{x}^*)^{\mathrm{T}}(\boldsymbol{x}-\boldsymbol{x}^*)\geqslant 0,\quad \forall \boldsymbol{x}\in D \tag{A-21}$$

因此，$\boldsymbol{x}^*$是 VIP(A-1)的解。

现在给出一个保证序列$\{\boldsymbol{x}^{(m)}\}$收敛的关于$\boldsymbol{g}(\boldsymbol{x},\boldsymbol{y})$的条件。

定理 A-10：VIP 算法一般迭代格式的收敛性定理。

假设对所有$(\boldsymbol{x}^{(1)},\boldsymbol{y}^{(1)}),(\boldsymbol{x}^{(2)},\boldsymbol{y}^{(2)}),(\boldsymbol{x}^{(3)},\boldsymbol{y}^{(3)})\in D$，有

$$\|\nabla_x \boldsymbol{g}^{-\frac{1}{2}}(\boldsymbol{x}^{(1)},\boldsymbol{y}^{(1)})\nabla_y \boldsymbol{g}(\boldsymbol{x}^{(2)},\boldsymbol{y}^{(2)})\nabla_x \boldsymbol{g}^{-\frac{1}{2}}(\boldsymbol{x}^{(3)},\boldsymbol{y}^{(3)})\|<1 \tag{A-22}$$

其中，$\|\cdot\|$表示一个$n\times n$矩阵作为R^n上线性变换的标准范数，那么序列$\{\boldsymbol{x}^{(m)}\}$是R^n中的柯西列。

注 A-2：满足柯西准则的数列称为柯西列。

注 A-3：(柯西准则)序列$\{\boldsymbol{x}^{(m)}\}$的极限存在的充分必要条件是：对任意给定的$\varepsilon>0$，都存在正整数$N=N(\varepsilon)$，使得当$m>N$时，不等式$\|\boldsymbol{x}^{(m)}-\boldsymbol{x}^{(m+p)}\|<\varepsilon$对一切正整数$p>0$都成立。

A.6.2　对角化方法(Diagonalization Method)

对角化方法(也称松弛方法)把 VIP(A-1)的求解分解成一系列 VI 子问题(A-18)，其中，每个 VI 子问题都可以转化成一个非线性规划问题来求解。在一般的迭代格式中，松弛方法相应选择为：

$$g_i(\boldsymbol{x},\boldsymbol{x}^{(m-1)})=F_i(x_1^{(m-1)},\cdots,x_{i-1}^{(m-1)},x_i,x_{i+1}^{(m-1)},\cdots,x_n^{(m-1)}),\quad i=1,\cdots,n \tag{A-23}$$

对角化方法可描述如下。

算法 A-2:

第 1 步:初始化。从初始可行点 $\boldsymbol{x}^{(0)}\in D$ 开始,令 $m=1$。

第 2 步:对角化。求解数学规划子问题:

$$\min_{x\in D} f(\boldsymbol{x},\boldsymbol{x}^{(m-1)}) \tag{A-24}$$

得到解$\boldsymbol{x}^{(m)}$。

第 3 步:收敛性检验。若$\|\boldsymbol{x}^{(m)}-\boldsymbol{x}^{(m-1)}\|\leqslant\varepsilon$($\varepsilon$ 为事先给定的迭代精度),则停止;否则,令 $m=m+1$,转第 2 步。

注 A-4:由于上述优化问题是一个凸规划问题,我们可以使用任意适合的优化方法求解,这里不再赘述。但对于有些交通问题,由于其特殊的网络结构,使用 F-W 方法或 MSA 算法则比较适合。

A.6.3 投影方法(Projection Method)

(1)一般的投影方法

根据定理 A-7,设计求解 VIP(A-1)的投影算法如下。

算法 A-3:

第 1 步:初始化。从初始可行点$\boldsymbol{x}^{(0)}\in D$ 开始,令 $m=0$。

第 2 步:检查停止条件。若满足某种停止条件,则计算终止;否则,令 $m=m+1$,转第 3 步。

第 3 步:执行投影。求解如下投影问题:

$$\boldsymbol{x}^{(m)}=P_D[\boldsymbol{x}^{(m-1)}-\rho\boldsymbol{F}(\boldsymbol{x}^{(m-1)})] \tag{A-25}$$

得到解$\boldsymbol{x}^{(m)}$,转第 2 步。

注 A-5:投影步长 ρ 需要满足 $0<\rho<1/L$。其中,L 为函数 $\boldsymbol{F}(\boldsymbol{x})$的李普西茨常数。在实际应用中,函数 $\boldsymbol{F}(\boldsymbol{x})$的李普西茨常数 L 很难得到。ρ 的取值太小会导致算法收敛速度慢,而 ρ 的取值过大则可能导致算法不收敛。此外,投影算法收敛的充分条件为函数 $\boldsymbol{F}(\boldsymbol{x})$连续且严格单调。

(2)线性投影方法

考虑 $D=\{\boldsymbol{x}\geqslant 0\mid \sum_{i=1}^{n}x_i=q\}$ 上的线性投影问题:

$$\boldsymbol{x}=P_D(\boldsymbol{z}) \tag{A-26}$$

其中,n 为投影空间的维度,q 为参数,$\boldsymbol{x}=[x_i,i\in\{1,2,\cdots,n\}]$,$\boldsymbol{z}=[z_i,i\in\{1,2,\cdots,n\}]$。

线性投影算法的具体步骤如下。

算法 A-4：

第 1 步：初始化。设置参数 q，生成初始解 $\boldsymbol{x}^{(0)}$，置迭代次数 $m=0$。

第 2 步：检查停止条件。检查是否满足 $\boldsymbol{x}^{(m)} \geqslant 0$，如果满足，则计算终止；否则，执行第 3 步。

第 3 步：执行投影。计算集合 $I=\{i \mid x_i^{(m)}>0\}$。对于每一个 $i \in \{1,2,\cdots,n\}$，如果 $i \notin I$，则 $x_i^{(m+1)}=0$；否则，$x_i^{(m+1)}=x_i^{(m)}+\left(q-\sum\limits_{j \in I} x_j^{(k)}\right)/|I|$。置 $m=m+1$。

(3)双投影方法

双投影算法利用两个投影算子进行预测和校正，使得算法对参数具有很好的适应性。此外，理论上，双投影算法具有更宽松的收敛条件。求解 VIP(A-1)的双投影算法步骤如下。

算法 A-5：

第 1 步：初始化。设置预测投影的初始步长 ρ^0 和可接受的误差 ε，选择用于更新预测和校正步长的参数 β 和 ξ，生成初始解 $\boldsymbol{x}^{(0)}$，置迭代次数 $m=0$。

第 2 步：检查停止条件。如果给定间隙函数满足可接受的误差 ε，则停止迭代；否则，执行第 3 步。

第 3 步：执行预测投影。计算 $\bar{\boldsymbol{x}}^{(m)}=P_D[\boldsymbol{x}^{(m)}-\rho^{(m)}\boldsymbol{F}(\boldsymbol{x}^{(\mathrm{m})})]$。

第 4 步：检查是否满足 $\rho^{(m)}>\beta \dfrac{\|x^{(m)}-\bar{x}^{(m)}\|}{\|F(x^{(m)})-F(\bar{x}^{(m)})\|}$，如果满足则执行第 5 步；否则，执行第 7 步。

第 5 步：计算投影步长。令 $\rho^{(m)}=\min\left\{\xi \rho^{(m)}, \beta \dfrac{\|\boldsymbol{x}^{(m)}-\bar{\boldsymbol{x}}^{(m)}\|}{\|\boldsymbol{F}(\boldsymbol{x}^{(m)})-\boldsymbol{F}(\bar{\boldsymbol{x}}^{(m)})\|}\right\}$。

第 6 步：执行预测投影。计算投影 $\bar{\boldsymbol{x}}^{(m)}=P_D[\boldsymbol{x}^{(m)}-\rho^{(m)}\boldsymbol{F}(\boldsymbol{x}^{(m)})]$，返回第 3 步。

第 7 步：执行校正投影。计算投影 $\boldsymbol{x}^{(m+1)}=P_D[\boldsymbol{x}^{(m)}-\rho^{(m)}\boldsymbol{F}(\bar{\boldsymbol{x}}^{(m)})]$，置 $m=m+1$，返回第 2 步。

附录B 双层规划

本附录对本书需要用到的双层规划问题作简要介绍。本附录所介绍的内容主要来自《城市动态交通流分配模型与算法》[高自友、任华玲(2005)]中的部分章节和内容,有关定理的详细证明过程均可参考该书。

由于交通投资决策过程涉及政府部门和公众的相互作用以及他们之间的联合决策行为,是一个典型的双层决策问题,可以用双层规划(Bi-level Programming,BP)的方法进行建模,因此BP模型成为描述交通投资决策过程的理想工具。

BP是具有两个层次系统的规划与管理(控制)问题。很多决策问题由多个具有层次性的决策者组成,这些决策者具有相对独立性,即上层决策仅通过自己的决策去指导(或引导)下层决策者,不直接干涉下层的决策;而下层决策者只需把上层的决策作为参数或约束,其可以在可能范围内自由决策。如果组成这种上、下层关系不止一个时,这样的系统为多层决策系统。如果只有一个上、下层关系时,这样的系统通常称为双层规划问题。由此可见,双层规划问题是多层决策系统的特殊形式,它也是最基本的形式,可以认为多层系统由多个BP问题复合而成。

BP系统按如下过程进行决策:上层给下层一定的信息,下层根据这些信息,按自己的利益或偏好作出反应(决策),上层再根据这些反应,作出符合全局利益的决策。上层给出的信息是以一种可能的决策形式给出的,下层的反应实际上是对上层决策的对策,这种对策在下层看来是最好的,它显然与上层给出的信息有关。为了使整个系统获得"最好的"利益,上层必须综合下层的对策,调整自己的决策。如果每个决策者都按规定的指标函数在其可能范围内作出决策,那么双层决策系统可能描述为双层规划问题。如果每个决策者的指标函数由单个函数组成,这样的双层规划为双层单目标规划问题;如果有的决策者的指标函数是一组函数,这样的双层规划问题为双层多目标规划问题。

本附录将介绍BP的基本概念,以方便在公交频率、公交票价、公交补贴等策略优化问题中应用。

B.1 双层规划的定义

一般来说,BP 模型具有如下形式:

$$\min_{x} F(\boldsymbol{x},\boldsymbol{y}) \tag{B-1}$$

$$\text{s.t.} \quad \boldsymbol{G}(\boldsymbol{x},\boldsymbol{y}) \leqslant \boldsymbol{0} \tag{B-2}$$

其中,$\boldsymbol{y}=\boldsymbol{y}(\boldsymbol{x})$,由下述规划求得:

$$\min_{y} f(\boldsymbol{x},\boldsymbol{y}) \tag{B-3}$$

$$\text{s.t.} \quad \boldsymbol{g}(\boldsymbol{x},\boldsymbol{y}) \leqslant \boldsymbol{0} \tag{B-4}$$

其中,$\boldsymbol{x}\in R^{n_1}$,$\boldsymbol{y}\in R^{n_2}$,$F:R^{n_1}\times R^{n_2}\to R^1$,$\boldsymbol{G}:R^{n_1}\times R^{n_2}\to R^{n_1}\times R^{m_1}$,$f:R^{n_1}\times R^{n_2}\to R^1$,$\boldsymbol{g}:R^{n_1}\times R^{n_2}\to R^{m_2}$。

BP 模型是由上层模型(B-1)和(B-2)及下层模型(B-3)和(B-4)组成。上层决策者通过设置 $\boldsymbol{x}$ 的值影响下层决策者,因此限制了下层决策者的可行约束集,上层决策者通过下层决策者的目标函数与下层决策者相互作用。需要注意的是,下层决策变量 $\boldsymbol{y}$ 是上层决策变量 $\boldsymbol{x}$ 的函数,即 $\boldsymbol{y}=\boldsymbol{y}(\boldsymbol{x})$,这个函数一般被称为反应函数。

假设上层决策者控制的决策变量的集合为 $X\subset R^{n_1}$,下层决策者控制的决策变量的集合为 $Y\subset R^{n_2}$,并且假设 $X\cap Y=\varnothing$。在双层优化过程中,上层决策者首先选择变量 $\boldsymbol{x}$,这样一来,就会影响下层决策者的可行策略集合。对固定的 $\boldsymbol{x}$,下层决策者所要解决的问题变为:

$$\min(f(\boldsymbol{x},\boldsymbol{y}):\boldsymbol{y}\mid\boldsymbol{x}) \tag{B-5}$$

$$\text{s.t.} \quad \boldsymbol{x},\boldsymbol{y}\in S=\{(\boldsymbol{x},\boldsymbol{y}):\boldsymbol{G}(\boldsymbol{x},\boldsymbol{y})\leqslant\boldsymbol{0},\boldsymbol{g}(\boldsymbol{x},\boldsymbol{y})\leqslant\boldsymbol{0}\} \tag{B-6}$$

下层决策者的解集属于定义如下的合理反应集(Rational Reaction Set):

定义 B-1:如果对给定的一个点 $\boldsymbol{x}\in X$,存在唯一的解 $\boldsymbol{y}\in Y$,由式(B-6)所定义的集合 S 上 f 的合理反应集如下:

$$W_f(S)\equiv\{\boldsymbol{x}\in X,\boldsymbol{y}\in Y:(\boldsymbol{x},\boldsymbol{y})\in S,f(\boldsymbol{x},\boldsymbol{y})=\min(f(\boldsymbol{x},\boldsymbol{y}):\boldsymbol{y}|\boldsymbol{x})\} \tag{B-7}$$

进一步地,对于每一个 $\bar{\boldsymbol{x}}$,如果存在一个 $\bar{\boldsymbol{y}}$ 使 $f(\bar{\boldsymbol{x}},\boldsymbol{y})$ 在所有的点 $(\bar{\boldsymbol{x}},\boldsymbol{y})\in S$ 上唯一最小,那么可定义如下的合理映射:

$$\bar{\boldsymbol{y}}=\boldsymbol{\Phi}_f(\bar{\boldsymbol{x}}) \tag{B-8}$$

上层决策者控制两个变量的问题变为:

$$\min(F(\boldsymbol{x},\boldsymbol{y}):(\boldsymbol{x},\boldsymbol{y})\in W_f(S)) \tag{B-9}$$

定义 B-2:如果满足 $\bar{\boldsymbol{y}}=\boldsymbol{\Phi}_f(\bar{\boldsymbol{x}})$,这里映射 $\boldsymbol{\Phi}_f$ 为点 $\bar{\boldsymbol{x}}$ 处的合理映射,即点 $\bar{\boldsymbol{y}}$ 对点

$\bar{x}$ 来说是最优的,则称这样的一对点$(\bar{x},\bar{y})$是 BP(B-1) ~ (B-2)的可行解。

定义 B-3:如果(x^*,y^*)满足以下两个条件,就认为(x^*,y^*)是 BP 的最优解。

(1)(x^*,y^*)是可行的。

(2)对所有的$(\bar{x},\bar{y})\in S$,都有:

$$F(x^*,y^*)\leqslant F(\bar{x},\bar{y}) \tag{B-10}$$

其中,假设 S 为非空有界紧集合。

B.2 双层规划的求解算法概述

一般来说,BP 问题的求解都是非常复杂的,原因之一就是 BP 问题是一个 NP-hard 问题。Ben-Ayed 和 Blair (1988) 在 Jeroslow (1985)的研究基础上继续深入探讨了这一问题,他们指出:即使是很简单的双层线性规划问题也是 NP-hard 问题,也不存在多项式求解算法。双层规划的非凸性是造成双层规划问题求解异常复杂的另一重要原因。即使上层问题和下层问题均为凸问题,整个双层问题仍然为非凸问题的可能性非常大。而双层问题的非凸性表明:即使能找出双层问题的解,通常也只可能是局部最优解,而非全局最优解。

到目前为止,对于连续 BP 的求解大约有十几种求解算法。归纳起来,可以分为以下 6 大类,即极点搜索法(Extreme Point Search Method)、库恩-塔克法(Karush-Kuhn-Tucker Method,简称 KKT 法)、下降法(Descent Method)、直接搜索法(Direct Search Method)、双罚函数法和非数值优化方法(包括混沌优化方法、模拟退火算法、遗传算法和蚁群算法等)。

(1)极点搜索法:这种方法主要用于求解双层线性规划问题。其基本观点是:双层线性规划问题的任何解都出现在下层问题的约束集合的极点位置。因此,首先可以利用各种方法来寻找约束空间的极点(不要求寻找全部极点),然后从中找出双层问题的局部最优解或全局最优解。

(2)KKT 法:这种方法将双层问题中的下层问题用它的 Karush-Kuhn-Tucker 条件代替,把它作为约束放到上层规划中,从而转化成单层规划问题进行求解,以达到求解双层规划问题的目的。该方法最初用于求解双层线性资源控制问题。

(3)下降法:这种方法基于用各种可能的方法得到的下层问题对上层决策变量的梯度信息,主要用于求解非线性连续变量的双层规划问题。从本质上说,这是一种迭代求解方法,利用得到的下层问题对上层决策变量的梯度信息来产生一系列使上层目标函数减小的点,比如下降投影算法(Chiou,1999)、灵敏度分析法(Gao

和 Song,2002)等。

(4)直接搜索法:直接使目标函数最小的方法,如 Abdulaal 和 LeBlanc(1979)使用的 Hooke-Jeeves 搜索法就属于此类。采用搜索解的过程中,取决于上层目标函数值的变化。

(5)双罚函数法:其基本思想是把双层规划问题中的下层问题用带有广义目标函数的无约束问题代替,进而再用它的稳定点条件来代替,从而把双层规划问题转化为一系列的单层无约束问题(Bard,1998)

(6)非数值优化方法:这类方法主要包括模拟退火算法、遗传算法和混沌优化方法。由于非数值优化方法仅需要知道目标函数的一般信息,而不需要某些严格假设条件的要求,从而具有广泛的适应性;同时,这些采用启发式的搜索算法,往往能在搜索空间高度复杂的问题上取得比传统算法更好的效果。对于双层规划问题,许多学者也尝试采用非数值算法来求解。

总之,在实际应用中,人们设计了各种不同形式的求解算法来求解双层规划问题,但这些算法一般都是启发式的算法。在本书的第 8 ~9 章就利用双层规划建立了公交频率、公交票价、公交补贴等策略优化问题的多层规划模型,并转化为多层的规划问题进行求解。

参考文献

[1] Abdulaal M, Leblanc LJ. Continuous equilibrium network design models. Transportation Research Part B, 1979, 13 (1): 19-32.

[2] Afandizadeh S, Khaksar H, Kalantari N. Bus fleet optimization using genetic algorithm a case study of Mashhad. International Journal of Civil Engineering, 2013: 11:43-52.

[3] Arbex RO, Da Cunha CB. Efficient transit network design and frequencies setting multi-objective optimization by alternating objective genetic algorithm. Transportation Research Part B, 2015, 81:355-376.

[4] Baaj MH, Mahmassani H S. TRUST: a LISP program for the analysis of transit route configurations. Transportation Research Record, 1990, 1283, 125-135.

[5] Baaj MH, Mahmassani H S. An AI-based approach for transit route system planning design. Journal of Advanced Transportation, 1991, 25 (2): 187-209.

[6] Baaj MH, Mahmassani H S. Hybrid route generation heuristic algorithm for the design of transit networks. Transportation Research Part C, 1995:3 (1):31-50.

[7] Bazaraa MS, Sherali H, Shetty CM. Nonlinear programming. Theory and Algorithms. Third ed. John Wiley, 2006.

[8] Beckmann M, Mcguire CB, Winsten CB. Studies in the Economics of Transportation. Yale University Press, 1956.

[9] Bekhor S, Ben-Akiva ME, Ramming MS. Evaluation of choice set generation algorithms for route choice models. Annals of Operations Research, 2006, 144 (1):235-247.

[10] Bekhor S, Toledo T. Investigating path-based solution algorithms to the stochastic user equilibrium problem. Transportation Research Part B, 2005, 39 (3): 279-295.

[11] Borndörfer R, Grötschel M, Pfetsch M. A column-generation approach to line planning in public transport. Transportation Science, 2007, 41 (1):123-132.

[12] Bouzaïene-Ayari B, Gendreau M, Nguyen S. Modeling bus stops in transit networks: a survey and new formulations. Transportation Science, 2001, 35 (3):304-321.

[13] Bouzaïene-Ayari B, Nguyen S, Gendreau M. Equilibrium-fixed point model for passenger assignment in congested transit networks. Traffic Congestion CRT-95-57, 1995.

[14] Burrell JE. Multipath route assignment and its applications to capacity restraint. Proceedings of the 4th International Symposium on the Theory of Road Traffic Flow. Karlsruhe. West Germany, 1968.

[15] Burrell G, Jamieson. Antenna radiation pattern measurement using time-to-frequency transformation techniques. Antennas and Propagation, IEEE Transactions, 1973.

[16] Cancela H, Mauttone A, Urquhart ME. Mathematical programming formulations for transit network design. Transportation Research Part B, 2015, 77: 17-37.

[17] Cats O, Koutsopoulos HN, Burghout W, Toledo T. Effect of Real-Time Transit Information on Dynamic Path Choice of Passengers. Transportation Research Record, 2011, 2217: 46-54.

[18] Cepeda M, Cominetti R, Florian M. A frequency-based assignment model for congested transit networks with strict capacity constraints. Characterization and computation of equilibria. Transportation Research Part B, 2006, 40 (6): 437-459.

[19] Chen H K, 1999. Dynamic travel choice model: a variational inequality approach. Springer.

[20] Chen P, Nie Y. Optimal transit routing with partial online information. Transportation Research Part B, 2015, 72: 40-58.

[21] Cheranchery MF, Maitra B. Improving Ridership and Reducing Subsidy for Premium Bus Service in Kolkata Metro City. Journal of Transportation Engineering Part A, 2019, 145 (7) 04019030. 1-04019030. 11.

[22] Chien S I J Y, Spasovic L N. Optimization of grid bus transit systems with elastic demand. Journal of advanced transportation, 2002, 36 (1): 63-91.

[23] Chien S I J Y, Tsai C F M. Optimization of fare structure and service frequency for maximum profitability of transit systems. Transportation Planning and Technology, 2007, 30 (5): 477-500.

[24] Chriqui, C, Robillard P. Common bus lines. Transportation Science, 1975, 9 (2): 115-121.

[25] Codina E. A variational inequality reformulation of a congested transit assignment model by Cominetti, Correa, Cepeda, Florian. Transportation Science, 2013, 47

(2):231-246.

[26] Codina E, Rosell F. A heuristic method for a congested capacitated transit assignment model with strategies. Transportation Research Part B, 2017, 106 (8): 293-320.

[27] Cominetti R, Correa J. Common lines and passenger assignment in congested transit networks. Transportation Science, 2001, 35 (3):250-267.

[28] DeCea J, Fernández E. Transit assignment for congested public transport system: An equilibrium model. Transportation Science, 1993, 27 (2):133-147.

[29] Dial R B. Transit pathfinder algorithms. Highway Research. Record, 1967, 205:67-85.

[30] Dial R B. A probabilistic multipath traffic assignment model which obviates path enumeration. Transportation Research, 1971, 5 (2):83-111.

[31] Evans A. A theoretical comparison of competition with other economic regimes for bus services. Journal of Transport Economics and Policy, 1987:7-36.

[32] Evans A. Competition and the structure of local bus markets. Journal of Transport Economics and Policy, 1990:255-281.

[33] Fearnside K, Draper D P. Public transport assignment: a new approach. Traffic Engineering Control, 1971, 13 (7):298-299.

[34] Fernández E, DeCea J, Malbran R H. Demand responsive urban public transport system design: Methodology and application. Transportation Research Part A, 2008, 42 (7):951-972.

[35] Florian M. A traffic equilibrium model of travel by car and public transit modes. Transportation Science, 1977, 11 (2):166-179.

[36] Florian M, Guélat J, Spiess H. An efficient implementation of the PARTAN variant of the linear approximation method for the network equilibrium problem. Networks, 1987, 17:319-339.

[37] Florian M, Spiess H. On binary mode choice/assignment models. Transportation Science, 1983, 17 (1):32-47.

[38] Frank M, Wolfe P. An algorithm for quadratic programming, 1956, 3 (1-2): 95-110.

[39] Fu Q, Liu R H, Hess S. A review on transit assignment modelling approaches to congested networks: a new perspective. Procedia - Social and Behavioral Sciences, 2012, 54:1145-1155.

[40] Gao Z Y, Qu Y C, Li X G , et al. Simulating the dynamic escape process in large public places. Operations Research, 2014, 62 (6): 1344-1357.

[41] Garcia-Martinez A, Cascajo R, Jara-Diaz S. R, et al. Transfer penalties in multimodel public transport networks. Transportation Research Part A, 2018, 114: 52-66.

[42] Hamdouch Y, Szeto W Y, Jiang Y. A new schedule-based transit assignment model with travel strategies and supply uncertainties. Transportation Research Part B, 2014, 67: 35-67.

[43] Han A F, Wilson N H M. The allocation of buses in heavily utilized networks with overlapping routes. Transportation Research Part B, 1982, 16 (3): 221-232.

[44] Han S. A route-based solution algorithm for dynamic user equilibrium assignments. Transportation Research Part B, 2007, 41 (10): 1094-1113.

[45] Harker P T. A variational inequality approach for the determination of oligopolistic market equilibrium. Mathematical Programming, 1984, 30 (1): 105-111.

[46] Harker P T. Private market participation in urban mass transportation: application of computable equilibrium models of network competition. Transportation science, 1988, 22 (2): 96-111.

[47] Helbing D, Buzna L, Johansson A, Werner T. Self-organized pedestrian crowd dynamics: Experiments, simulations, and design solutions. Transportation science, 2005, 39 (1): 1-24.

[48] Helbing D, Farkas I, Vicsek T. Simulating dynamical features of escape panic. Nature, 2000, 407 (6803): 487-490.

[49] Helbing D, Molnar P. Social force model for pedestrian dynamics. Physical review E, 1995, 51 (5): 4282-4286.

[50] Huang D, Liu Z Y, Liu P, et al. Optimal transit fare and service frequency of a nonlinear origin-destination based fare structure. Transportation Research Part E, 2016, 96: 1-19.

[51] Jiang Y, Szeto W Y. Reliability-based stochastic transit assignment Formulations and capacity paradox. Transportation Research Part B, 2016, 96: 181-206.

[52] Kurauchi F, Bell M G H, Schmöcker J D. Capacity constrained transit assignment with common lines. Journal of Mathematical Modeling and Algorithms, 2003, 2 (4): 309-327.

[53] Lam W H K, Gao Z Y, Chan K S, et al. A stochastic user equilibrium assignment model for congested transit networks. Transportation Research B, 1999a, 33 (5):

351-368.

[54] Lam W H K, Zhou J. Optimal fare structure for transit networks with elastic demand. Transportation Research Record, 2000, 1733: 8-14.

[55] Lam W H K, Zhou J, Yang H. Stochastic transit assignment with elastic demand. Journal of Eastern Asia Society for Transportation Studies, 1999b, 3 (2): 75-87.

[56] Last A, Leak S E. A Bus Model. Traffic Engineering & Control, 1976, 17 (1): 14-17.

[57] LeClercq F. A public transport assignment model. Traffic Engineering and Control, 1972, 14 (2): 91-96.

[58] Li Q F, Chen P, Nie Y. Finding optimal hyperpaths in large transit networks with realistic headway distributions. European Journal of Operational Research, 2015, 240: 98-108.

[59] Li Z C, Lam W H K, Sumalee A. Modeling impact of transit operator fleet size under various market regimes with uncertainty in network. Transportation Research Record, 2008, 2063: 18-27.

[60] Li Z C, Lam W H K, Wong S C. The optimal transit fare structure under different market regimes with uncertainty in the network. Networks and Spatial Economics, 2009, 9 (2): 191-216.

[61] Li Z C, Lam W H K, Wong S C. On the allocation of new lines in a competitive transit network with uncertain demand and scale economies. Journal of Advanced Transportation, 2011, 45 (4): 233-251.

[62] Li Z C, Lam W H K, Wong S C. Optimization of number of operators and allocation of new lines in an oligopolistic transit market. Networks and Spatial Economics, 2012, 12 (1): 1-20.

[63] Lo H K, Yip C W, Wan Q K. Modeling competitive multi-modal transit services: a nested logit approach. Transportation Research Part C, 2004, 12 (3): 251-272.

[64] Martínez H, Mauttone A, Urquhart M E. Frequency optimization in public transportation systems: formulation and metaheuristic approach. European Journal of Operational Research, 2014, 236 (1): 27-36.

[65] Mclanghlin A L, Frederick P. Propulsion system for continuous mining machine. Potash Company of America, 1968.

[66] Moore E F. The shortest path through a maze. Symposium on the Theory of Switching, Proceeding. Harvard University Press, Cambridge, MA, USA, 1957:

285-292.

[67] Nagurney A. Network economics: a variational inequality approach. Kluwer Academic Publishers, Norwell, MA, USA, 1993.

[68] Nes V, Hamerslag R., Immers R. The design of public transport network. Transportation Research Record, 1988, 1202: 74-83.

[69] Nguyen S, Pallottino S. Equilibrium traffic assignment for large transit networks. Quardero IAC, 1985, 14.

[70] Nguyen S, Pallotino S. Hyperpaths and shortest hyperpaths. Quardero, 1986, N 19: 258-271.

[71] Nguyen S, Pallotino S. Equilibrium traffic assignment in large scale transit networks. European Journal of Operational Research, 1988, 37 (2): 176-186.

[72] Nguyen S, Pallottino S, Gendreau M. Implicit enumeration of hyperpaths in logit models for transit networks. Transportation Science, 1998, 32 (1): 54-64.

[73] Nguyen S, Pallottino S, Malucelli F. A modeling framework for passenger assignment on a transport network with timetables. Transportation Science, 2001, 35(3): 238-249.

[74] Noor M A. Extragradient methods for pseudomonotone variational inequalities. Journal of Optimization Theory and Applications, 2003, 117 (3): 475-488.

[75] Nuzzolo A. Transit path choice and assignment models. In Advanced Modeling for Transit Operations and Service Planning(H. K. Lam and M. G. H. Bell, eds). Oxford, U. K. Pergamon, Elsevier Science, 2003a: 93-124.

[76] Nuzzolo A. Schedule-based transit assignment models. In Advanced Modeling for Transit Operations and Service Planning(Lam W. H. K. and Bell M. G. H., eds). Oxford, U. K. Pergamon, Elsevier Science, 2003b: 125-163.

[77] Nuzzolo A, Russo F, Crisalli U. A doubly dynamic schedule-based assignment model for transit networks. Transportation Science, 2001, 35: 268-285.

[78] Panicucci B, Pappalardo M, Passacantando M. A path-based double projection method for solving the asymmetric traffic network equilibrium problem. Optimization Letters 1, 2007: 171-185.

[79] Parisi D R, Gilman M, Moldovan H. A modification of the social force model can reproduce experimental data of pedestrian flows in normal conditions. Physica A, 2009, 388 (17): 3600-3608.

[80] Patriksson M. The traffic assignment problem: models and methods. Courier Dover

Publications,2015.

[81] Ran B,Boyce D E. Modeling dynamic transportation network:an intelligent transportation system-oriented approach. Springer,Heidelberg,1996.

[82] Ren H L,Gao Z Y,Lam W H K,Long J C. Assessing the benefits of integrated en-route transit information systems and time-varying transit pricing systems in a congested transit network. Transportation Planning Technology,2009,32 (3):215-237.

[83] Ren H L,Long J C,Gao Z Y. Passenger Assignment Model Based on Common Route in Congested Transit Networks. Journal of Transportation Engineering,2012,138 (12):1484-1494.

[84] Rinks D B. Revenue allocation methods for integrated transit systems. Transportation Research Part A,1986,20 (1):39-50.

[85] Rivasplata C,Iseki H,Smith A. Transit coordination in the US:a survey of current practice. Journal of Public Transportation,2012,15 (1):53-73.

[86] Roumboutsos A, Kapros S. A game theory approach to urban public transport integration policy. Transport Policy,2008,15 (4):209-215.

[87] Schneider K R. Traffic in graduated flow. Traffic Quarterly,1956,10 (1):22-37.

[88] Shi J G,Yang L X,Yang J,Gao Z Y. Service-oriented train timetabling with collaborative passenger flow control on an oversaturated metro line,an integer linear optimization approach. Transportation Research Part B,2018,110:26-59.

[89] Small K A,Verhoef E T. The economics of urban transportation. Routledge,2007.

[90] Smith M J. The marginal cost taxation of a transportation network. Transportation Research Part B,1979,13 (3):237-242.

[91] Spiess H. Contributions à la théorie et aux outils de planification dex réseaux de transport urbain. Ph. D. thesis, Département d' informatique et Recherche Opérationnelle,Publication 382,CRT,Université de Montréal,1984.

[92] Spiess H,Florian M. Optimal strategies:A new assignment model for transit networks. Transportation Research Part B,1989,23 (2):83-102.

[93] Stern R. Passenger transfer system review. Synthesis of Transit Practice,Transportation Research Board,Washington,D. C,1996.

[94] Szeto W Y,Jiang Y. Transit assignment Approach-based formulation,extragradient method,and paradox. Transportation Research Part B,2014a,62:51-76.

[95] Szeto W Y,Jiang Y. Transit route and frequency design:Bi-level modeling and hy-

brid artificial bee colony algorithm approach. Transportation Research Part B, 2014b,67:235-263.

[96] Szeto W Y,Jiang Y,Wong K I,Solayappan M. Reliability-based stochastic transit assignment with capacity constraints:Formulation and solution method. Transportation Research Part C,2013,35:286-304.

[97] Szeto W Y,Solayappan M,Jiang Y. Reliability-Based Transit Assignment for Congested Stochastic Transit Networks. Computer Civil Information Engineering, 2011,26 (4):311-326.

[98] Tian Q,Huang H J,Yang H. Equilibrium properties of the morning peak-period commuting in a many-to-one mass transit system. Transportation Research Part B, 2007,41 (6):616-631.

[99] Tong C O,Wong S C. A stochastic transit assignment model using dynamic schedule-based network. Transportation Research Part B,1999,33:107-121.

[100] Tong C O,Wong S C,Poon M H,Tan M C. A scheduled-based dynamic transit network model:recent advances and prospective future research. Journal of Advanced Transportation,2001,35:175-195.

[101] Tsai F M,Chien S,Spasovic L. Optimizing distance-based fares and headway of an intercity transportation system with elastic demand and trip length differentiation. Transportation Research Record,2008,2089:101-109.

[102] Tsai F M, Chien S, Wei C H. Joint optimization of temporal headway and differential fare for transit systems considering heterogeneous demand elasticity. Journal of Transportation Engineering,2012,139 (1):30-39.

[103] Tscharaktschiew S,Hirte G. Should subsidies to urban passenger transport be increased? A spatial CGE analysis for a German metropolitan area. Transportation Research Part A,2012,46 (2):285-309.

[104] Tyson W J. Effects of deregulation on service co-ordination in the metropolitan areas. Journal of Transport Economics and Policy,1990:283-293.

[105] Uchida K,Sumalee A,Watling D,et al. A study on network design problems for multi-modal networks by probit-based stochastic user equilibrium. Networks and Spatial Economics,2007,7 (3):213-240.

[106] Viton P A. Privately-provided urban transport services:entry deterrence and welfare. Journal of Transport Economics and Policy,1982:85-94.

[107] Wang G M,Gao Z Y,Xu M,et al. Joint link-based credit charging and road ca-

pacity improvement in continuous network design problem. Transportation Research Part A,2014:67:1-14.
[108] Wang J Y T, Yang H. A game-theoretic analysis of competition in a deregulated bus market. Transportation Research Part E,2005,41 (4):329-355.
[109] Wang R. Autos, transit and bicycles: comparing the costs in large Chinese cities. Transport policy,2011,18 (1):139-146.
[110] Williams H C, Abdulaal J. Public transport services under market arrangements, part I: A model of competition between independent operators. Transportation Research Part B,1993,27 (5):369-387.
[111] Wu J H, Florian M, Marcotte P. Transit equilibrium assignment. A model and solution algorithms. Transportation Science,1994,28(3):193-203.
[112] Yang H, Kin W K. Modeling bus service under competition and regulation. Journal of transportation engineering,2000,126 (5):419-425.
[113] Zhao F, Zeng X. Simulated Annealing-Genetic Algorithm for Transit Network Optimization. Journal of Computing in Civil Engineering,2006,20 (1):57-68.
[114] Zhou J, Lam W H K, Heydecker B G. The generalized Nash equilibrium model for oligopolistic transit market with elastic demand. Transportation Research Part B,2005,39 (6):519-544.
[115] Zubieta L. A network equilibrium model for oligopolistic competition in city bus services. Transportation Research Part B,1998,32 (6):413-422.
[116] 曹名放. 建立公交票价补偿机制,促进公交优先发展[J]. 中国房地产业,2019,33:33-34.
[117] 方可. 公共交通系统整合与服务优化[J]. 城市交通,2010,8(5):14-17.
[118] 高自友,任华玲. 城市动态交通流分配模型与算法[M]. 北京:人民交通出版社,2005.
[119] 高自友,宋一凡,四兵锋. 公交网络中基于弹性需求和能力限制条件下的SUE配流模型及算法(Ⅰ)[J]. 北京交通大学学报,2000a,24 (6):1-7.
[120] 高自友,宋一凡,四兵锋. 公交网络中基于弹性需求和能力限制条件下的SUE配流模型及算法(Ⅱ)[J]. 北京交通大学学报,2000b, 24 (6):8-13.
[121] 黄海军. 城市交通网络平衡分析:理论与实践[M]. 北京:人民交通出版社,1994.
[122] 贾顺平. 交通运输经济学[M]. 北京:人民交通出版社,2009.
[123] 刘小明. 我国"公交都市"建设发展现状与展望[J]. 交通工程,2017, 17

(1):2-8.
[124] 任华玲,杨东赤,四兵锋.一种改进的公交配流模型与算法[J].应用数学和力学[J],2013, 34 (2):199-208.
[125] 四兵锋,高自友.交通运输网络流量分析与优化建模[M].北京:人民交通出版社,2013.
[126] 王健,安实,赵泽斌.基于财政补贴的拥挤定价下公交收费策略研究[J].管理工程学报 ,2006,20 (2):84-88.